西部民族地区
定向教师教学胜任力研究

Teaching Competency of Teachers Oriented to Ethnic Regions in the Western Area of China

马文姝 著

中国农业出版社
北 京

APSS

本著作由高原科学与可持续发展研究院资金支持出版

前言

课题研究围绕西部民族地区定向教师教学胜任力，采用实证研究和理论研究相结合的方法，旨在构建西部民族地区定向教师教学胜任力模型，以提升教学效果和质量。本研究从多元视角出发，系统探讨了定向教师教学胜任力的结构框架及其要素的构建。研究过程遵循以下逻辑顺序：首先，基于理论与实践需求，构建定向教师教学胜任力的结构模型及要素体系；其次，通过结构与要素的验证研究，确立模型的有效性和可行性；再次，通过在岗定向教师教学胜任力水平的实证测查，客观评估其胜任力现状，通过问题诊断，识别存在的主要问题及其成因；最后，根据问题分析结果，提出有针对性的胜任力提升策略。研究中使用文献法对相关领域进行了广泛的文献回顾和分析，为理论构建奠定了基础。利用行为事件访谈法进行深入访谈，准确理解定向的实际行为和反应；使用修正的任务分析法确定教学胜任特征在工作中的优先级和权重，并进行数据分析。利用德尔菲法和问卷法收集和了解定向教师的观点、态度、意见、行为和胜任特征等信息。问卷法预测试中共发放问卷220份，回收有效问卷200份，回收率为90.9%，正式施测中共发放问卷1 300份，回收有效问卷1 204份，回收率为92.6%，被测者来自西藏自治区，甘肃天祝藏族自治县，宁夏回族自治区，青海黄南藏族自治州、玉树藏族自治州、果洛藏族自治州、海北藏族自治州等。研究中使用了前期自编的“西部民族地区定向教师教学胜任核检表”，发放给在职定向教师，要求列举出其中10～15项胜任特征。共发放115份问卷，回收104份问卷，回收率为90.4%，剔除无效问卷2份，有效问卷共102份。凝练定向教师教学胜任力模型，形成西部民族地区定向教师教学胜任力模型，对西部民族地区定向教师教学胜任力模型进行验证与结果分析，提出西部民族地区定向教师教学胜任力提升策略与建议。本研究的主要结论如下：

第一，形成定向教师教学胜任基准性特征和鉴别性胜任力特征。根据访谈数据T检验结果，找出定向教师群体中教学胜任特征差异具有显著性的特征，结合“西部民族地区定向教师教学胜任特征核检表”频次统计表中的统计数据，将部分核检表中的特征进行合并，析出定向教师主观诉求中的教学胜任基准性特征和鉴别性特征。

第二，构建西部民族地区定向教师教学胜任力模型。通过前期对国家政策文本、地方政策文本、文献资料、行为事件访谈综合提取要素，构建了西部民族地区定向教师教学胜任力结构与要素，本研究通过初步构建的西部民族地区定向教师教学胜任力框架，制定了相应的问卷，并通过两轮德尔菲法专家咨询，对提出的胜任力要素进行了严格的筛选与调整。经过专家的质疑和建议，最终确定了覆盖知识特征、技能特征、教学特征、成就特征和自我特质5个一级维度和42个二级要素的西部民族地区定向教师教学胜任力结构模型。

第三，形成西部民族地区定向教师教学胜任力测查工具量表。根据定向教师教学胜任力结构与要素编制“西部民族地区定向教师教学胜任力问卷”并进行预测和正式施测两轮实证检验。得出西部民族地区定向教师教学胜任力问卷整体*Cronbach's Alpha*系数在0.921以上，5个一级维度的*Cronbach's Alpha*在0.919以上，问卷的整体自评具有较高的内部一致性。42个胜任要素中有16个要素能区分出优秀组与普通组，这16个胜任要素分别为教学探索创新、学习能力、综合实践能力、教学问题解决能力、西部民族地区学生发展知识、教学共情、国家通用语言文字与民族地区语言交互教学能力、教学适应、跨学科教学能力、多学科设计与教学能力、知识整合能力、教学坚守、多样文化教学经验互递、身心健康与体能维护、教学影响力、本土化教学资源开发，与行为事件访谈形成互证，印证出本研究建构的西部民族地区定向教师教学胜任力量表具有较好的信度与效度。

第四，进行西部民族地区在职定向教师教学胜任力测评。结果表明当地在职定向教师教学胜任水平较高。研究揭示出定向教师教学胜任力水平受多个因素影响，其中教龄是最重要的因素。随着教龄的增长，教师的教学胜任力水平有所提高。此外，性别和学校类型也对定向教师的胜任力水平有显著影响。教授的学科对教师教学胜任力水平的影响并不显著。

西部民族地区有其特殊的教学需求和挑战，定向教师不仅要应对一般的教学挑战，还需要适应特定的文化和社会环境。本研究的结论对定向教师职前培养方案的制定、职后个人专业能力的提升、实际工作中绩效的评估、教师的选拔及定向培养政策的进一步完善有重要应用价值。

著 者

2024年2月6日

目 录

第一章 绪 论

一、研究背景

（一）政策背景

新时期我国转向教育高质量发展阶段，随着经济、文化、科技、政治的深入协同，国内国际双循环新格局的发展，新的增长动能不断积聚，深刻影响着生产生活方式、思维模式。[①] 人民向往更加公平而有质量的教育，教师成为教育发展的第一资源，教师教学能力成为衡量教师专业发展的关键。中共中央 国务院《关于全面深化新时代教师队伍建设改革的意见》中指出，要注重新时代教师素质能力和专业化水平的提升。2021 年 7 月教育部、国家发展改革委、财政部在《关于深入推进义务教育薄弱环节改善与能力提升工作的意见》（教财〔2021〕3 号）中指出，要高度重视加强义务教育教师队伍建设工作，加大对欠发达地区的倾斜力度。习近平总书记关于教育的重要论述和全国教育大会精神中也多次提及加强新时代教师队伍建设，努力造就一支热爱乡村、数量充足、素质优良、充满活力的教师队伍，落实《中国教育现代化 2035》。

为加强中西部欠发达地区的教育发展，提高欠发达地区中小学教师队伍质量，由地方实践驱动，实施了教师定向培养。定向培养教师从 2011 年开始进入国家政策视野，2015 年以后获得高度重视（表 1－1）。2011 年，教育部师范教育司在《师范教育司 2011 年工作要点》（教师司〔2011〕3 号）中提出，要实施“定向培养农村幼儿教师”，“实施‘农村学校薄弱学科教师培养计划’，通过免费教育、定向培养等特殊措施，为农村学校培养‘下得去、教得好、留得住’的合格教师”。这是继中等师

① 国务院关于印发全民科学素质行动规划纲要（2021—2035 年）的通知。

范教育退出历史舞台后，首次从国家层面提出“定向培养”教师，不过，此时主要针对的还是幼儿教师和薄弱学科教师。2012 年，教育部等五部委联合印发《关于大力推进农村义务教育教师队伍建设的意见》（教师〔2012〕9 号），其中提出“鼓励支持地方结合实际实施师范生免费教育制度，为农村学校定向培养补充‘下得去、留得住、干得好’的高素质教师”，“采取定向委托培养等特殊招生方式，扩大双语教师，音乐、体育、美术等紧缺薄弱学科和小学全科教师培养规模”。此规定扩大了教师定向培养范围，并鼓励将定向培养嵌套在地方师范生免费教育政策中同步实施。2015 年，国务院办公厅印发《乡村教师支持计划（2015—2020 年）》（国办发〔2015〕43 号），提出要拓展乡村教师补充渠道，“鼓励地方政府和师范院校根据当地教育实际需求加强本土化培养，采取多种方式定向培养‘一专多能’的乡村教师”。此规定更是着眼于培养方面：在培养模式上提出要根据地方实际加强本土化培养；在培养目标上，要求培养的教师具备“一专多能”的素质，能够胜任多学科教学。此后，在全国 31 个省（自治区、直辖市）和新疆生产建设兵团出台的乡村教师支持计划实施办法中，有 30 个省（自治区、直辖市）将乡村教师定向培养列为实施项目。之后，《国务院办公厅关于加快中西部教育发展的指导意见》（国办发〔2016〕37 号）、《国务院关于统筹推进县域内城乡义务教育一体化改革发展的若干意见》（国发〔2016〕40 号）、《国务院关于印发国家教育事业发展“十三五”规划的通知》（国发〔2017〕4 号）、《中共中央 国务院关于全面深化新时代教师队伍建设改革的意见》（2018 年 1 月 20 日）、《教师教育振兴行动计划（2018—2022 年）》（教师〔2018〕2 号）等多个国家文件也提出推动实施农村教师定向培养。2016 年 9 月 7 日，国务院副总理刘延东同志在全国乡村教师队伍建设工作推进会上的讲话中也提到，要“把乡村教师定向培养作为投入重点之一，让承担培养任务的师范院校有更充裕的经费保障”。

近两年来，国家对定向培养教师的关注更为密切，指导性文件的下发级别更高，部门联合更为凸显。2021 年 8 月教育部等九部门印发《中西部欠发达地区优秀教师定向培养计划》（以下简称《优师计划》）指出，加强中西部欠发达地区优秀教师定向培养，提高欠发达地区中小学教师队伍质量。2022 年 4 月 2 日，教育部等八部门印发了《新时代基础教育强师计划》(以下简称《强师计划》),提出全面深化新时代教师队伍建设改革,培养造就高素质专业化创新型中小学教师队伍,为中西部欠发达地区定向培养一批优秀中小学教师,推动教育高质量发展。政策的制定为教育改革与提高教育教学质量提供了广泛支持,同时也为开展定向培养教师研究提供了良好的政策环境。国家政策文件中有关定向教师的具体规定如表1-1所示。

表1-1 国家政策文件中有关定向教师的具体规定

发布日期	发文机关	公文标题	具体内容
2011年	教育部师范教育司	《关于印发〈师范教育司2011年工作要点〉的通知》	实施“幼儿教师培养培训计划”,定向培养农村幼儿教师。实施“农村学校薄弱学科教师培养计划”,通过免费教育、定向培养等特殊措施,为农村学校培养“下得去、教得好、留得住”的合格教师
2012年	教育部 中央组织部 中央编办* 国家发展改革委 财政部 人力资源社会保障部	《关于大力推进农村义务教育教师队伍建设的意见》	鼓励支持地方结合实际实施师范生免费教育制度,为农村学校定向培养补充“下得去、留得住、干得好”的高素质教师。采取定向委托培养等特殊招生方式,扩大双语教师、音体美等紧缺薄弱学科和小学全科教师培养规模……
2015年	国务院办公厅	《乡村教师支持计划(2015—2020年)》	鼓励地方政府和师范院校根据当地乡村教育实际需求加强本土化培养,采取多种方式定向培养“一专多能”的乡村教师
2016年	国务院办公厅	《关于加快中西部教育发展的指导意见》	以地方师范院校为基地,采取免费教育、学费补偿、贷款代偿等多种方式,为乡村学校定向培养更多的合格、优秀教师
2016年	国务院	《国务院关于统筹推进县域内城乡义务教育一体化改革发展的若干意见》	结合乡村教育实际,定向培养能够承担多门学科教学任务的教师……
2016年9月	国务院办公厅	《国务院办公厅转发教育部等部门支援新疆汉语教师工作方案的通知》	加大师范教育培养力度,从内地新疆班学生中择优定向培养汉语教师

（续）

发布日期	发文机关	公文标题	具体内容
2017年	国务院	《国务院关于印发国家教育事业发展“十三五”规划的通知》	鼓励地方政府和师范院校加强本土化培养，采取多种方式定向培养“一专多能”的乡村教师
2018年1月	国务院	《中共中央 国务院关于全面深化新时代教师队伍建设改革的意见》	鼓励地方政府和相关院校因地制宜采取定向招生、定向培养、定期服务等方式，为乡村学校及教学点培养“一专多能”教师，优先满足老、少、边、穷地区教师补充需要
2018年	教育部	《教师教育振兴行动计划（2018—2022年）》	推进本土化培养，面向师资补充困难地区逐步扩大乡村教师公费定向培养规模，为乡村学校培养“下得去、留得住、教得好、有发展”的合格教师。 各地要以集中连片特困地区县和国家级贫困县为重点，通过公费定向培养、到岗退费等多种方式，为乡村小学培养补充全科教师……
2020年9月	教育部 中央组织部 中央编办 国家发展改革委 财政部 人力资源社会保障部	《关于加强新时代乡村教师队伍建设的意见》	各地要加强面向乡村学校师范生委托培养院校建设，高校和政府、学生签订三方协议，采取定向招生、定向培养、定向就业等方式，精准培养本土化乡村教师
2021年7月	教育部、国家发展改革委、财政部	《关于深入推进义务教育薄弱环节改善与能力提升工作的意见》	以农村义务教育学校薄弱环节为重点，根据教育变化趋势提前研判，加大对欠发达地区的倾斜力度，高度重视加强农村义务教育教师队伍建设工作
2021年8月	教育部　中央宣传部中央编办发展改革委财政部人力资源社会保障部　住房城乡建设部人民银行　国家乡村振兴局	《中西部欠发达地区优秀教师定向培养计划》	加强中西部欠发达地区优秀教师定向培养，提高欠发达地区中小学教师队伍质量

（续）

发布日期	发文机关	公文标题	具体内容
2021年12月	教育部 国家发展改革委 公安部 财政部 人力资源社会保障部 自然资源部 住房和城乡建设部 税务总局 医疗保障局	《"十四五"学前教育发展提升行动计划》《"十四五"县域高中发展提升行动计划》	实施中西部欠发达地区优秀教师定向培养计划
2022年3月25日	国务院	国务院关于落实《政府工作报告》重点工作分工的意见	促进教育公平与质量提升，推动义务教育优质均衡发展，加强乡村教师定向培养。继续加大对中西部和农村地区倾斜力度
2022年4月14日	教育部、中央宣传部、中央编办、国家发展改革委、财政部、人力资源社会保障部、住房和城乡建设部、国家乡村振兴局	《新时代基础教育强师计划》	为中西部欠发达地区定向培养一批优秀中小学教师；根据各地需求，每年为中西部欠发达地区定向培养一批高素质教师；毕业后定向就业县中小学履约任教不少于6年

注：*表示中央机构编制委员会办公室，受篇幅限制，本书简称中央编办。

（二）现实背景

现实背景之一：定向培养教师政策的后续调整亟须完整证据链的支持

国家为促进西部欠发达地区的教育发展，在近几年中以各种方式投入了人力、物力与财力。出台了惠及西部的定向培养教师政策，西部民族地区成为定向培养教师计划的受益者之一。那么，定向培养教师计划在得到国家持续政策与财政支持的条件下，这部分教师的教学质量究竟如何呢？国家及政府部门定向培养教师的政策效益是否得到了最大化呢？研究中收集优质的、实时更新的数据有助于地方层面、国家层面记录和及时掌握定向教师教育教学表现，而这些数据的比较和研究测评可用于分析教育教学改革并指导政策的制定。通过文献梳理发现，目前对西部欠发达地区定向培养教师的信息、管理、教学胜任力、业绩、绩效的数据追踪还比较滞后，鲜有对定向培养教师这个群体教学质量的研究与数据的持续记录。定向教师在进入当地工作单位之后，评价与管理基本全部纳入了普通教师管理之列。一项政策制定的有效性检验与后继完善，需要这个政策具体参与群体的研究数据来验证。但通过文献梳理发现目前关于定向培养教师的研究较多地集中于职前培养模式、课程设置等方面，而对定向教师这个群体入职从教后的教学质量的研究较少。目前可以搜集到的关于定向培养教师教学质量零星式、片段式的信息反馈，不足以说明这部分教师当下的教学质量究竟如何。国家政策导向中明确指出“为西部欠发达地区培养定向教师”，但目前的反馈恰恰缺少来自西部地区实地的、深入的、从教于一线定向培养教师教学定性及定量的研究资料。

教育系统中充分收集的定向培养教师的研究资料与数据，是用于分析改革并指导政策制定与完善的后续动力，西部民族地区的定向培养教师数量不占优势，但其作为整体西部定向教师中的重要组成部分，对这个群体的培养质量及教学胜任力的追踪研究是不可忽视的。只有当这些证据、调查、研究和督导信息一起反馈回教育机构与政策制定部门时，证据链才能最大限度地发挥应有作用，判断也更趋于客观与正确。定向培养教师的政策需要各地进行实时反馈，作出回应。所有政策制定者和利益相关者对改革保持期望，是否初步实现实施政策改革向建立政策调节系统的方向推进，是否掌握定向培养教师在西部民族地区教学胜任力的情况，对于现实情景下政策自我调节系统的建设尤为重要。

现实背景之二：掌握定向培养教师在西部民族地区的真实教学质量情况

一个教育系统的质量无法超越该系统中教师的质量，培养具备卓越教学胜任力的教师始终是追求高质量教育的关键。全面建成小康社会、基本实现教育现代化，薄弱环节和短板在西部欠发达地区。西部欠发达地区教师教学质量受多种因素叠加影响。义务教育阶段的教师专业要求不同于其他学段教师，西部民族地区教育的特殊性也对教师提出了特殊要求。义务教育阶段的教师教学专业知识体现为综合性，更高学段教师教学专业知识体现为专深性。以往对教师教学胜任力的相关研究大多单独探讨教师性别①、教龄②、学历③、感受到的教学压力④、人格特质⑤等个体因素，鲜少有融合情境、现实条件等具体外部因素的研究，没有整体、综合、灵活考察内外部因素的作用机制。那么，西部民族地区定向教师教学到底具有什么样的特点？在西部这样一个多民族聚集区教学，教师需要具备什么样的教学能力？成为西部民族地区具有教学胜任力的教师需要哪些教学技能？未来面向西部民族地区定向教师的培养应该如何调整与完善？本研究正是基于教师教学胜任力视角，充分考虑“西部民族地区”的具体情境，关注“定向培养教师”这一具有时代特征的特殊群体，并展开研究。

（三）教师专业发展所需

20 世纪 80 年代以来，许多国家为探究教师专业的发展，进行了孜孜不倦的探索，我国也不例外。2012 年 2 月，为促进我国中小学教师专业发展，建设高素质中小学教师队伍，根据《中华人民共和国教师法》和《中华人民共和国义务教育法》，国家出台了《小学教师专业标准（试行）》《中学教师专业标准（试行）》（以下简称《专业标准》）。是国家对合格中小学教师专业素质的基本要求，是中小学教师实施教育教学行为的基本规范，是引领中小学教师专业发展的基本准则和考核依据。2020 年 9 月，为进一步提升教师队伍整体素质能力，建设高素质专业化创新型教师队伍，教育部发布了《中小学教师培训课程指导标准》（以下简称《指导标准》），对教师专业发展的重视程度达到了新高。

本研究中的定向培养教师在西部民族地区的教学胜任力研究以此为基础和依据。顾明远先生在对《专业标准》说明时提到：教师专业标准定位是国家对中小学合格教师的专业素质的基本要求，是教学行为的基本规范和教师专业发展的基本准则。在《指导标准》中也明确提出“各地要对照《指导标准》，设计、开发适合本地中小学教师情况的教师专业发展能力诊

① 王淑芳．中小学英语教师教学胜任力实证研究［D］．南昌：江西师范大学，2018．

② 徐建平．教师胜任力模型与测评研究［D］．北京：北京师范大学，2004．

③ 李雪．小学教师教学胜任力模型探究［D］．锦州：渤海大学，2014．

④ 钟朋丽．初中教师教学胜任力实证研究［D］．南昌：江西师范大学，2018．

⑤ 杨明．创新型人才培养下的高校教师胜任力关键影响因素分析［J］．中国成人教育，2017（4）：138－140．

断工具，建立教师能力诊断试题库，开展教师专业发展能力诊断，准确掌握教师需求，要创新教师发展能力诊断方式，通过观察、访谈和问卷调查等多种方式，发现教师专业发展中存在的具体问题，准确判断教师需求。”

可见，建设一支高质量的教师队伍，《专业标准》是准入的门槛和起点，但却从来不是终点。准确判断教师专业水平、判断教师教学水平，针对问题精准提出教师专业发展中的解决方案，是建设高质量教育体系和未来教师专业发展的必由之路。针对具体情境与教学现实，设计、开发适合当地中小学教师教学能力的诊断工具，开展教师专业发展能力诊断，准确掌握教师需求，是未来教师专业发展的刚需，而这些也正是本研究的“初始之心”。

二、研究目的与意义

（一）研究目的

定向教师培养是支持西部欠发达地区教师队伍建设的有力举措。这一部分教师的注入带给了西部贫困边远地区、教育落后地区稳定的、持续的师资力量。定向培养教师并不是客观意义上的定义，而是存在于这个特殊时期的、特殊政策定义之下的教师群体。那么，这部分具有特殊使命与意义的“定向培养教师”在西部欠发达地区从教的质量究竟如何？国内研究对这部分教师的关注显然是不够的。作为一项支持西部欠发达地区持续实施的政策而言，后续定向培养教师政策的完善及方向的调整需要大量来自一线的教学数据作为判断的依据。

“西部民族地区”相较于“西部地区”，学生民族成分更为复杂，成长环境与生活习惯差异更大。以青海省为例，民族自治地方面积占青海省总面积的 98%，区域自治地方的少数民族人口占全省少数民族人口的 81.55%。[①] 从土地资源类型结构特点来讲，青海省属于畜牧业用地面积大、农业耕地少、林地比重低的地区。[②] 少数民族居住地多为脑山与浅脑山地区，高原地区的部分少数民族至今保留着逐草而居，随季游牧的生活习俗，学生流动性高，民族成分与地域文化丰富。可以说青海省集西部地区、民族地区、高原地区、欠发达地区特点于一身，教育发展不平衡不充

① 青海省民族宗教概况．青海省民族宗教事务委员会［EB/OL］．http：//mzw.qinghai.gov.cn. 2016-1-12.

② 青海省概况．中新网［EB/OL］．https：//www.chinanews.com.cn. 2016-1-12.

分矛盾突出。西部民族地区大多都具有这样的特点，由于地理环境与经济条件相对落后，使得西部民族地区教师队伍的建设相较于整体“西部地区”教师队伍建设也更为艰难，关注度也更低。

本研究的目的是以定向培养教师政策圈定的区域为范围，以在西部民族地区就职的定向教师为对象，深入探析西部民族地区的定向教师群体教学的现状与问题；掌握边远地区、教育教学薄弱地区的一线定向教师的教学胜任力。关注这个群体的发展和教学效益是否达到了国家预期培养的效果。依据《小学教师专业标准》《中学教师专业标准》《中小学教师培训课程指导标准（专业发展）》，构建定向培养教师在西部民族地区的教学胜任力指标体系，评估定向培养教师在西部民族地区的教学胜任力，以期为政府后续的定向教师培养政策提供理论依据和数据支持。从特定关注主体出发，补充完善同类研究，与其他研究形成互补。

（二）研究意义

教学胜任力是衡量西部民族地区小学教师素质的重要指标，也是测查西部民族地区教育质量的重要指标。改善中西部欠发达地区教师队伍质量是顺应中西部欠发达地区对优秀教师的呼唤，满足人民群众对美好生活的需要。研究西部民族地区教师教学胜任力不仅具有重要的理论价值，也具有实践意义。

1. 理论价值

起始于人力资源管理领域的胜任力研究被广泛应用于各行各业，美、加、德、澳、西、英等发达国家胜任力研究自2000年以来越来越多地运用于教育学，我国胜任力的研究也反映出一致趋势，胜任力研究范围逐渐扩大。但在国内教育领域中，胜任力的研究多集中于对教育领导层、管理层的研究，研究并没有下沉到基层教师。对中小学教师教学胜任力的研究匮乏，以举国之力、寄予厚望培养的定向教师为胜任力调查对象的研究更未见到。本研究以国家社会科学基金课题《青海农牧区全科教师胜任力研究》为依托，研究定向培养教师在西部民族地区的教学胜任力问题。这项研究以西部欠发达民族地区为区域范围，在真实情景中研究研讨具有典型代表的定向培养教师教学胜任力框架，以期与同类研究形成互补，丰富教学胜任力研究视角与成果，为西部民族地区教师队伍的建设提供理论依据，为研究教师教学胜任力提供一定的借鉴和启示。

2. 现实意义

教学质量的高低直接关系教育的质量。西部作为我国少数民族分布最集中的地区①是广大少数民族青少年成长的摇篮。自 2006 年湖南为解决农村学校教师补充困难在全国率先启动实施农村小学教师定向培养专项计划以来，全国各省市定向教师培养已初具规模。经过十六年的发展，形成了与国家师范生相衔接，各类型、各学段、各学科教师培养全覆盖的国家与地方公费定向师范生培养体系。②

西部地区成为定向教师培养计划的受益者之一，那么这部分定向培养的教师质量如何？发展现状如何？教学胜任力如何？国家及政府部门定向培养教师的效益与期望是否最大化？西部民族地区的定向教师教学具有什么样的特点？多民族聚集地方的教学与普通地区教学相比，教师教学胜任力有何差异？影响西部民族地区定向教师教学胜任力的因素又有哪些？如何改善？未来面向西部民族地区定向教师的培养应该如何调整与完善？本研究通过对定向培养教师在西部民族地区的教学胜任力测评，了解定向教师在西部民族地区的教学胜任力现状，揭示定向教师在西部民族地区的教学胜任力存在的问题，探讨定向教师在西部民族地区的教学胜任力的影响因素，并在此基础上提出改善定向教师在西部民族地区的教学胜任力的有效策略。本研究可以为教育管理部门了解定向教师在西部民族地区的教学现状提供一定的依据，为建立定向教师在西部民族地区的教学胜任力科学评价体系提供新的路径和工具，为选拔西部民族地区教师提供参考的标准，为西部民族地区就职的教师本人精准、科学认识自身的教学胜任力和提升自身的教学胜任力提供参考。

三、概念界定

（一）胜任力

研究国内外文献，发现学术界在描述胜任力研究时所采用的术语名词

---

① 在西部地区的少数民族包括：蒙古族、回族、藏族、维吾尔族、苗族、彝族、壮族、布依族、满族、侗族、瑶族、白族、哈尼族、哈萨克族、傣族、傈僳族、佤族、拉祜族、水族、东乡族、纳西族、景颇族、柯尔克孜族、土族、达斡尔族、羌族、布朗族、撒拉族、仡佬族、锡伯族、裕固族、保安族、俄罗斯族、塔塔尔族、乌孜别克族、普米族、怒族、阿昌族、独龙族、基诺族、德昂族、门巴族和珞巴族等。

② 中华人民共和国教育部．湖南省农村教师公费定向培养工作介绍［EB/OL］. http://www.moe.gov.cn. 2017-5-8.

不统一。英文文献中出现了“competence (competences)”“competency (competencies)”，中文的术语翻译也出现了不统一的情况，有“能力”“胜任能力”“胜任力”“资质”“资格”“胜任特征”“胜任特质”“才能”“能力素质”“胜任素质”等。考查 competence 和 competency 两个词发现，competence 一词从法语 competence（合适、聪明伶俐）、拉丁语 competentia（有学问的）等语言中借用过来，两个词内涵一致。*The American Heritage Dictionary of the English Language*（2000 年美国波士顿 Houghton Mifflin 公司出版，第四次修订版）中注明：competence 同 competency，词义包括有能力的或者胜任的一种状态、品质、技能、能力；法律上有资格的，适任的、可被采纳的品质或条件，在现代英语中可以通用。中文译名中“力”指能力，胜任力是指对“胜任”这样一种结果产生的能力概括，无论“胜任能力”“胜任力”“胜任特征”“胜任特质”都涵盖了导致“胜任”这个结果的能力与个性特征和品质。研究者在研究中对这个概念达成共识点的是：都提及工作情境中个体的价值观、动机、个性特征或态度、技能、能力、知识、品质等特征，都强调与工作能力程度的密切关系，强调在情境中的优秀行为特征，都提及胜任力能预测个体未来的工作成效，可以动态性区分工作卓越者与一般者。

本研究中的胜任力概念在借鉴 *Cambridge Dictionary*（剑桥辞典）、*The American Heritage Dictionary of the English Language* 关于 competence 权威注释的同时，以国内外已有研究中达成的共识点为基准，即胜任力是工作情境中个体的价值观、动机、个性特征或态度、技能、能力、知识、品质等特征，它强调与工作成效高低的密切关系，强调在情境中卓越行为的特征，能预测个体未来的工作成效，可以动态性区分工作卓越者与一般者。本研究中统一使用“competency”“胜任力”两词。

（二）教学胜任力

教学胜任力概念的产生基于教师胜任力，教学胜任力是教师胜任力的一种。龙润认为，教学胜任力是指能将教育工作中高绩效教师与普通教师进行区分的，可测量的知识素养、教学能力、职业品格与个人特质。韦庆灵将教学胜任力界定为各个学科教学中，教师所具备的成功完成教学所需要的专业知识、教学技能、教学效能感、教学研究能力和自我学习能力等胜任特征的总和。[①] 陈海燕在对乡村初中教师教学胜任力研究中，将教学胜任力界定为教师所拥有的与成功教学、高效完成教学目标相联系的知识、技能、动机、价值观、个人特质等因素的总和。[②] 王淑芳与之类似，将教师教学胜任力界定为教师顺利完成教学任务所需的知识素养、教学能力、职业品格与个人特质的总和。[③] 熊思鹏则指出，教学胜任力又称为“教学胜任特征”，是指一个教师所具有的富有成效地完成教学目标所需求的特质群，这些特质可以用教师的教学行为方式加以描述。它除一般所说的教学能力以外，还包括教师的动机、态度、价值观、思维模式、个人特质、人际关系等内容。[④] 可见，国内学者根据个人研究需要的不同，对教师教学胜任力的概念定义也各有不同。

译介过程中形成的“教学胜任力”概念与国内教学实践中产生的概念有所不同，通过两者之间产生的某种摩擦与张力，国内形成了一种特殊的“中国意识”与“本土意识”的概念。但研究中对其达成共识观点的是：教学胜任力本质都与高效、成功完成教学目标、个人特质等分不开。本研究参照《中小学教师专业发展能力指标》《小学教师专业标准（试行）》《中学教师专业标准（试行）》《教师教育课程标准（试行）》，在充分了解国内外关于教学胜任力研究的概念基础上，认为教师教学胜任力是指在学校教育教学工作中，能将在教学工作中体现出高效能的教师与一般普通教师区分开来的可测量的个体潜在特征，同时考虑西部民族地区定向培养教师的共性特征，选取知识素养、教学能力、职业品格和人格特质四个维度为二级指标；教育知识、学科知识、通识知识、教学设计、教学实施、教学研究与改革、职业态度、职业情感、职业追求、自我特性及人际特征为三级指标，并随着研究的不断深入做出科学调整（根据文献梳理初步形成的教学胜任力框架如附录 3 所示）。

（三）定向培养教师

定向培养教师于 2006 年正式进入实践领域。“定向培养教师”是各地政府根据地方的实际需求，为了解决偏远艰苦地区义务教育阶段教师资源

---

① 韦庆灵．乡村小学教师教学胜任力提升研究［D］．重庆：西南大学，2016.

② 陈海燕．乡村初中教师教学胜任力研究［D］．南充：西华师范大学，2018.

③ 王淑芳．中小学英语教师教学胜任力实证研究［D］南昌：江西师范大学，2018.

④ 熊思鹏．高校青年教师教学胜任力模型与测评研究［D］．南昌：江西师范大学，2015.

紧缺的现状而制定的一项由政府出资、为偏远艰苦地区培养义务教育阶段师资力量的措施和政策。定向培养教师属于政策性概念。“定向培养”不是一个客观性事实，而是一个被基于情景建构的“操作性事实”，具有实践差异性，这种差异有两种表现：其一表现在不同地区的实践中，其二表现在同一地区不同时期的实践上。

地方政府在概念使用上具有广泛性，多数省份使用了明显的“定向”字眼，但也有省份使用“委托培养教师”“订单式培养教师”“免费培养教师”“卓越教师培养计划”等。在国务院、教育部下发的相关政策中，多提及“定向培养一批优秀教师、定向培养合格教师、定向培养一批农村教师、定向教师培养计划、定向全科教师培养”等表述，本研究中鉴于表述的简洁性，统一使用“定向培养教师”。关于“定向培养”，顾明远主编的《教育大辞典》将其解释为“为特定地区、部门或单位招收和培养学生的制度……可实行在指定地区、部门或单位定向招生的办法……学生毕业后须按计划到指定地区、部门或单位工作”。[①] 这一概念是从定向就业和定向招生角度界定的。也有从人才培养的角度对“定向”进行了释义，如王焕勋主编的《实用教育大词典》中解释为“企事业单位根据对人才的需求对招收的学员进行有特定方向的培养”。[②] 综合各地实践和学者观点，结合本研究的角度将定向培养教师的理解厘定为“定向招生、定向培养、定向就业”的教师。

(四) 西部民族地区

将我国划分为东部、中部和西部三个地区的时间始于 1986 年，由全国人大六届四次会议通过的“七五”计划正式公布。东部地区包括北京、天津、河北、辽宁、上海、江苏、浙江、福建、山东、广东和海南 11 个省（直辖市），中部地区包括山西、内蒙古、吉林、黑龙江、安徽、江西、河南、湖北、湖南、广西 10 个省（自治区），西部地区包括四川、贵州、云南、西藏、陕西、甘肃、青海、宁夏、新疆 9 个省（自治区）。1997 年，全国人大八届五次会议决定将重庆设为中央直辖市，并划入西部地区的范围，2000 年国家制定西部大开发计划，将内蒙古和广西两个自治区

① 顾明远．教育大辞典［M］．上海：上海教育出版社，1998.

② 王焕勋．实用教育大词典［M］．北京：北京师范大学出版社，1995.

也纳入当时西部地区划分中，享受西部大开发优惠政策。这样，西部地区就由原来的 9 个省（自治区）增加到 11 个省（自治区）。

根据国家发展改革委的解释，我国东部、中部、西部的划分，是政策上的划分，而不是行政区划，也不是地理概念上的划分。因此，东部是指最早实行沿海开放政策并且经济发展水平较高的地区，中部是指经济次发达地区，而西部则是指经济欠发达地区。西部大开发战略从 2000 年开始实施，范围包括陕西、甘肃、青海、宁夏、新疆、四川、重庆、云南、贵州、西藏、内蒙古、广西 12 个省（自治区、直辖市）①，截至 2018 年底，西部地区土地面积 678.158 9 万平方千米，占全国总面积的 70.6%；人口为 3.795 587 亿人，占全国总人口的 27.2%。除四川盆地和关中平原以外，绝大部分地区属于我国经济欠发达地区。

四、理论视角的选择与应用

（一）胜任力理论（Competency Theory）

胜任力理论包括概念、特征、模型、发展趋势、成果等。在之前的文献综述中对概念、特征、模型、发展趋势已做过详细释义，不再赘述。在此着重阐述胜任力研究理论中的成果。

1. 胜任力个体层面研究成果

1973 年，麦克利兰发表的题为《测量才能而非智力》的学术论文为胜任素质理论的诞生奠定了基础。为识别和测评才能，麦克利兰创造了“行为事件访谈法”（Behavioral Event Interview，BEI）。首次采用行为事件访谈法的是一个为美国政府甄选驻外联络官（Foreign Service Information Officers，FSIO）的项目，模型中有三种核心胜任特征：跨文化的人际敏感性——深入了解不同的文化，准确理解不同文化背景下他人的言行，并明确自身文化背景可能带来的思维定式的能力；对他人的积极期望——尊重他人的尊严和价值，即使在压力下也能保持对他人的积极期望；快速进入当地政治网络——迅速了解当地人际关系网络和相关人员政治倾向的能力。后来的事实证明，以才能为依据选择 FSIO 是明智的。虽

① 西部大开发十二五计划．中华人民共和国国家发展和改革委员会［EB/OL］．https：//www.ndrc.gov.cn.2012-2-21.

然 FSIO 项目不断修订和升级，但是直到今天，美国政府仍将这三种能力作为选拔 FSIO 的主要依据。

Boyatizis（1982）对 12 个工业行业的公共事业和私营企业 41 个管理职位的 2 000 名管理人员的胜任特征进行了全面分析，得出了管理人员胜任特征的通用模型，并且分析了不同部门、不同行业、不同管理水平的胜任特征模型的差异，提出管理者胜任特征模型包括 6 大类特征群：目标和行动管理、领导、人力资源管理、指导下属、关注他人、知识以及 19 项子胜任特征。①

埃格布·查特斯（Egbu Chartes，1999）在英国科学与工程研究委员会（The Science and Engineering Research Council，SERC）的赞助下，在 1990—1994 年对英国大型组织进行调查，采用半结构法和问卷法对高层经理、中层经理、基层经理进行调查，得出领导、沟通、激励、健康与安全、决策、预见与计划六种最为重要的管理特征。②

杜利威克兹和赫伯特（Dulewicz、Herbert，1999）对大不列颠和爱尔兰总经理的职业生涯进行了 7 年跟踪实证研究，通过因素分析得出 12 大类胜任特征因素。③

里夫金和法恩曼（Rifkin、Fineman，1999）受美国 17 家主要研发组织公司的人力资源经理委托，开发出了技术经理人员通用胜任特征模型，这个模型的特别之处在于它只是行为模型，而不包括个人属性和个人特质。④

Perdue Ninemeier Woods 于 2000 年对美国俱乐部经理协会（Club Managers Association of America，CMAA）的从业者（Certified Club Manager，CCM）教育项目中的考试内容进行了再分析，对那些认为成功的俱乐部管理的主要特征进行了再评价，得出了最重要和使用频率最高的

① Cynthia M. Pavett，Alan W. Lau，Managerial work：The Influence of Hierarchical Level Functional Specialty [J]. Academy of Management Journal，26（1）：174.

② Egbu Chartes O. Knowledge and Competencies for Managing Construction Refurbishment Works [J]. Construction Management Economics，17（1）：76－79.

③ Dulewicz V，Herbert P. Predicting Advancement to Senior Management from Competencies and Personality Data [J]. British Journal of Management，1999（3）：13－23.

④ Rifkin，Fineman. Developing Technical Managers－First You Look a Competency Model，1999.

10个胜任特征。美国波士顿大学组织行为专家蒂姆·霍尔（Tim Hall）教授提出元胜任力概念，他认为，元胜任力是个体所拥有的用来获取其他胜任力的能力，而与职业发展息息相关的元胜任力是识别能力：自我概念、自我评估、自我反馈、自我知觉和适应能力——灵活、探索、开放、自我调整。

2. 胜任力组织层面研究成果

普拉哈拉德（Prahalad）的研究超越了个体绩效的领域，进入组织绩效领域进行研究，是组织胜任力的启蒙者。普拉哈拉德发明了团队核心胜任力，本质是使组织在环境中有三个可辨别的成分：进入变化市场的潜能，对终端产品有意义的贡献，对竞争者来说很难模仿的竞争优势。①

萨克曼（Sackmann，1991）讨论了组织中的文化知识，她注意到文化认知和知识能够变成习惯，当面临一种具体情景时，文化知识的实施者不经过事先考虑就能够应用这些习惯。

戴维·乌尔里克（David Ulrich）扩展了普拉哈拉德的组织胜任力。乌尔里克（1997）把个人和组织的胜任力联系起来，在传统观念——公司竞争优势在于所拥有的独特的来自经济方面的能力、策略或市场能力、技术能力等的基础之上，提出组织能力是竞争优势的第四种能力的观点。②

3. 胜任力行业或其他层面研究成果

英国职业资格体系NVQ（National Vocational Qualification）：1986年，英国MCI（Management Charter Initiative）在开发本国人力资源思想的指导下，致力于研究通过增强经理人员的才能来提高英国组织的绩效。通过对工业、公共事业和工业分支业的大小组织中的经理人开展广泛的研究工作，MCI识别出不同职业阶层所应具备的绩效标准。后来，发展到为150种行业和专业设置了数个职业标准，形成著名的英国国家职业资格体系。

SCANS（Secretary's Commission on Achieving Necessary Skills）的

---

① Prahalad C K，Hamel G. The Core Competence of the Corporation [J]. Harvard Business Review，1990（5）.

② 戴维·乌尔里克．绩效导向的领导力［M］．北京：中国财政经济出版社，2004.

研究：1990 年，美国劳工部（United States Labour Department）决定调查年轻人成功所必需的技能，基本目的是实行鼓励高技能者获得高工资的政策。研究者评价了年轻人的工作要求，集中在美国经济的 5 个部门——制造业、工业、零售业、饮食业和办公服务业，在这些部门中通过每 50 个专业挑选五个人的方式进行行为事件访谈，这项研究使政府在学校和福利方面的改革变得易于进行。

美国国家技能标准：1996 年，美国全国技能标准委员会（National Skill Standards Board，NSSB）批准 12 个工业和研究小组建立全国义务技能标准系统。这个技能标准委员会的目标是改进专业和工业认知技能标准。美国领导效率研究项目主要聚集在公共管理领域，初始研究起源于 1990 年初，包括 2 万个管理者、监管者、主管。迄今为止，领导效率研究项目是最大的政府胜任力模型研究项目。

（二）教师专业发展理论（Teacher Professionalism Theory）

受终身教育理念的影响，教师专业发展伴随着教师职业生涯的始终，是一个动态的发展过程，而教师的职业生涯又是一个不断发展的阶段性历程，不同的阶段都有其各自的特点。教师专业发展阶段理论亦称教师职业生涯阶段论，是一种以探讨教师历经职前、入职、在职及离职整个职业生涯发展过程中呈现的阶段性发展规律为主旨的理论。在 20 世纪 50 年代中后期，富勒（Fuller F.）曾意外地发现在教师教育的职前阶段，教师的关注内容表现出明显的阶段性。此后，教师专业发展的阶段理论便逐渐发展成为一个新的研究领域[①]。综观这些不同研究视角的理论，大致可以归纳为以下几种研究取向：关注取向、生命周期取向、综合取向、社会化发展取向和自我更新取向等。[②]

1. 关注取向

“关注取向”是在教师专业发展阶段研究中较早出现的，其代表人物是富勒（Fuller F.）。1969 年，富勒在其《对教师关注的问题》研究中，就提出了教师成长过程中的教师“关注”的三阶段模式。后来又借助其编制的“教师关注问卷”（Teacher Concerns Questionnaire），进行了大量调

---

① 叶澜，白益民，王相，等．教师角色与教师发展新探［M］．北京：教育科学出版社，2001：242.

② 谭菲．美国中小学初任教师入职教育研究［D］．重庆：西南大学，2012：26－33.

查和数据分析，修订了三阶段模式，将教师专业发展分为任教前关注阶段（pre-Teaching Concerns）、早期求生存关注阶段（Early Concerns about Survival）、关注教学情境阶段（Teaching Situational Concerns）和关注学生阶段（Concerns about Pupils）四个阶段。① 任教前关注阶段为教师职前培养阶段，职前教师其身份是学生，由于没有职业经历，他们对于教师的角色还只是处于想象阶段，他们仅关注自己。在早期求生存阶段，新教师初涉教坛，主要关注的是对于教学内容、课堂管理的把握，以及来自同事的支持和帮助等与生存密切相关的问题，教师感觉压力较大。在关注教学情境阶段，教师主要关注在目前教学情境对教学方法和材料等的限制下，如何正常地完成教学任务和掌握相应的教学技能。在关注学生阶段，教师开始把学生作为关注的核心，关注他们的学习、社会和情感需要以及如何通过教学更好地影响他们的成绩和表现。

富勒的“关注取向”理论围绕教师专业发展的本身而展开，在不同的发展阶段，教师有着不同的关注对象，并且从新教师到合格教师一般是“从关注自身到关注教学任务，最后才关注学生学习及对学生的影响这样的发展阶段而逐渐递进的”。② 这为教师专业发展理论的研究奠定了坚实的基础。

2. 生命周期取向

生命周期取向是以“人生命的自然老化过程与周期来看待教师职业发展过程与周期”。③ 该取向的教师专业发展阶段理论，始于 20 世纪 60 年代，代表人物有：卡茨（Katz L.）、伯顿（Burden P.）、费斯勒（Fessler R.）、司德菲（Steffy B.）和休伯曼（Huberman M.）等。

教师职业发展阶段理论，旨在揭示教师在整个职业生涯过程中所呈现的阶段性特征。上述学者们都从不同的角度阐述了教师职业发展的阶段性特征，形成了丰富的教师职业发展阶段理论。对于刚走上工作岗位的新教师而言，其任职阶段，学者们也称之为“存活期”“生存阶段”

① 叶澜，白益民，陶志琼，等．教师角色与教师发展新探［M］．北京：教育科学出版社，2001：257.

② 连榕．教师专业发展［M］．北京：高等教育出版社，2007：180.

③ 教育部师范教育司．教师专业化的理论与实践［M］．北京：人民教育出版社，2003：45.

“预备阶段”“求生和发现期”等。在入职阶段，新教师面临着由师范生向正式教师身份的转变，无论是从新教师的人生发展还是专业发展的角度来看，这一阶段对新教师来说都将是一个从理想走进现实的“骤变和适应”并存的全新阶段，环境的骤变激起了新教师强烈的自我专业发展的忧患意识。但由于新教师缺乏实际教育教学经验，面对理想与现实的冲突，感到焦虑与紧张，迫使他们特别关注专业活动的生存技能，以得到他人的认同、帮助与支持，使自身从“局外人”尽快变成“局内人”。

3. 社会化取向

社会化取向从教师作为社会人的角度，考察其成为一名专业教师的发展过程，关注的核心集中在教师的个人需要、能力、意向和学校机构之间的相互作用，是发生于教师个体的诸种亚社会化之一。①

王秋绒把教师专业化过程分为师范生、实习教师和合格教师三个阶段，每一阶段又分为三个时期，分别考查教师的专业动态发展。师范生的专业化包括：探索适应期（一年级），刚进入师范院校，师范生处于观望、探索和适应时期，社会化的关键是增进人际关系、适应师范院校的环境；稳定成长期（二、三年级），师范生与老师、同学的关系稳定发展，此时社会化的重点转向学习教育专业知识、专门学科知识，提高人际关系和组织能力；成熟发展期（四年级），重点在于如何将已有的教学技能应用于教学实践。② 实习教师的专业社会化包括：蜜月期（Honey Moon Period），初为人师，满怀信心与快乐，积极投入教学，希望满足所有学生的需求；危机期（Crisis Period），现实与理想冲突，感到力不从心，焦虑感出现；动荡期（Learning to Get by or Failure），经历危机期的事实震撼后，认识现实与理论的差距，重新评估教师角色，寻找生存途径。合格教师的专业社会化包括：新生期（前二、三年），经过一年的实习期，教师处理问题能力增强，对教育工作又充满信心与希望；平淡期（二、三年后），基本适应教学工作，觉得不再有太大的挑战性，只须依例行事；厌倦期（从教多年后），有些教师为教育奉献终身，有些教师步入厌倦期，

① 鲁洁．教育社会学［M］．北京：人民教育出版社，1990：598.

② 叶澜，白益民，陶志琼．教师角色与教师发展新探［M］．北京：教育科学出版社，2001：257.

需要再次激发教师内化的教育动力。[①] 教师专业社会化与教师专业发展的阶段虽然有诸多的交叉，但更加侧重于对教师社会化功能的研究，注重社会化的结果；而教师专业发展则更强调教师个性化功能，关注教师形成具有自身特点的专业特质和专业发展意识，更关注这种过程对教师自身发展的影响。入职阶段是教师专业发展的一个颇为关键、特殊的阶段，其角色转变的快慢与好坏对教师专业发展起着决定性的作用。鉴于新教师专业发展的特殊性，在入职阶段，新教师面临着从书本知识向实际操作的转变，从间接经验到直接经验的过渡，熟悉教材、熟悉学生、备课、上课以及管理学生，形成关于所在学校、所教学生、所教学科、教学常规、班主任工作要求等方面的感性认识和具体的知识，解决适应实际工作规程、学校环境与教师基本功能的问题[②]。为此，有必要对他们开展入职的指导与培训，使他们在入职阶段尽快完成角色转变，在适应教学环境中提高教学实践能力。

（三）场域理论（Field Theory）

20 世纪 70 年代法国社会学家布迪厄（Pierre Bourdieu）在他的经典著作《Outline of a Theory of Practice》（《实践的逻辑》）和《The Logic of Fields》（《场域的逻辑》）中，提出了场域理论（Field Theory）[③]。书中他详细阐述了场域理论的理念和概念，并将其应用于社会学和人类学的研究领域。

布迪厄的场域理论强调社会生活中不同的领域（场域）相互作用和相互影响的过程。“场域”是指一个社会领域或社会空间，它是由各种社会力量、资源和实践所构成的[④]。简单来说，场域可以理解为一个特定的社会领域，类似于社会中的一个活动场所或一个特定的社会区域。场域中存在不同的社会力量，包括个人、群体、组织和机构等。这些社会力量在场域内相互作用和竞争，以追求不同的目标和利益。例如，在教育领域中，

① 王秋绒．教师专业社会化理论在教育实习设计上的蕴意［M］．台北：师大书苑有限公司，1991：31-46.

② 刘捷．专业化：挑战 21 世纪的教师［M］．北京：教育科学出版社，2002：141.

③ Bourdieu P. Outline of a Theory of Practice［M］．Cambridge：Cambridge University Press，1977.

④ Bourdieu P. The Rules of Art：Genesis and Structure of the Literary Field［M］．Stanford：Stanford University Press，1992.

学生、教师、学校管理者和政府部门等都是场域中的社会力量。此外，场域还涵盖各种社会资源，如经济资源、文化资源和社会关系资源等。这些资源在场域内分配和利用，影响着场域内的社会地位和权力结构。“实践”则是指在场域中的社会行为和活动。在特定的场域中，人们通过实践来获取资源、追求目标、维护利益等。

每个场域都有其独特的规则、价值观、资源分配方式和权力结构，这意味着不同的社会领域或空间具有各自独有的特征和运作方式。首先，每个场域都有一套特定的规则和规范，用来指导场域内的社会行为和活动，这些规则可能是明确的法律法规，也可能是隐含的社会惯例和传统。在本研究中，全科教师除了遵循社会惯例和传统外，由于受到地方文化的影响，工作于农牧区教育环境中的全科教师还需要理解和尊重当地的风俗习惯，在教学过程中融入地方文化元素，以更好地与学生和家长建立联系，他们的教学行为和互动必须考虑当地社会背景和文化因素，以确保教学与学生实际情况相契合，促进学生的全面发展。场域理论的角度可以帮助我们更好地理解农牧区全科教师在特定社会场域中的角色和能力要求。其次，每个场域都有其独特的价值观和信念体系，用来评价和衡量场域内的行为和成就。不同场域中的价值观可能存在差异，反映了不同社会群体的文化背景和社会观念。例如，在艺术领域中，对于艺术品的审美价值可能与商业领域中的经济价值不同。再次，资源在每个场域中的分配方式是独特的。不同场域拥有不同类型的资源，如经济资源、知识资源、社会关系资源等。这些资源在场域内的分配方式影响着场域内社会主体的地位和机会[①]。本研究中，青海农牧区与城市或发达地区相比，通常资源分配相对有限，同时，农牧区的师资力量和专业发展机会也可能相对有限。将全科教师放置于青海农牧区这个具体场域进行胜任力的评价，可以更好地反映在资源匮乏的情况下，他们是否能够灵活运用有限资源，有效开展多学科的教学；是否能在教材和教学用具有限的情况下，满足多门学科的教学需求；以及是否能在缺乏专业发展机会的情况下，不断提高自身的教学能力等：从场域理论视角进行的胜任力分析更具解释力。最后，每个场

① Bourdieu P. Distinction：A Social Critique of the Judgement of Taste［M］. Harvard：Harvard University Press，1984.

域都有其特定的权力结构，即掌握场域内资源和决策权的社会力量。权力结构决定了场域内社会主体的地位和影响力以及场域内社会互动的格局。例如，在教育场域中，校长和管理部门等拥有决策权和资源分配权，对于教师和学生的行为和发展产生重要影响。在不同的场域中，不同的社会主体（个人或团体）会展现出不同的行为和策略，以在场域内获得更多的资源和权力。

场域理论强调社会结构和文化背景对个体行为和观念的塑造作用，以及个体在不同场域中的相互作用和竞争。这一理论在解释社会现象和社会变迁方面具有重要意义，也为解释全科教师行为与能力时提供了有力的框架。在农牧区这个特定的场域中，社会结构和文化背景对全科教师的教学行为和观念产生着深刻的影响。农牧区的教育环境与教学条件艰苦，学生背景多样，寄宿制学校师生之间的关系可能更加密切。在这样的社会结构和文化背景下，全科教师需要适应并反映当地的教育需求和特点，通过将全科教师放置于农牧区进行胜任力的研究，可以更好地了解他们在这个特定场域中的教学表现和适应性。

（四）教学学术理论（Scholarship of Teaching Theory）

1990年，美国卡耐基教学促进基金会前任主席欧内斯特·博耶在《学术反思：教授工作的重点领域》报告中首次提出“教学学术”的概念，将教学视为学术工作的一部分，指出教学学术应与探究的学术、综合的学术、应用的学术一样具有学术性，是一种学术性事业。在博耶看来，学术不仅意味着通过研究来发现未知领域里新的知识，而且意味着通过课程的发展，采用一定的方法，把知识和当代的问题联系起来，通过咨询或教学传授知识。[①] 博耶将“教学学术”放在与原创性研究平等的学术地位上，肯定了教学在高校发展中的作用，强调教学和学术是相互联系而非二元对立的关系，教学发展支撑着学术，学术发展服务于教学，没有教学支撑的学术将难以为继。

博耶“教学学术”理论的提出使学术内涵更具丰富性，改变了人们长期以来对教学活动的传统认识，这一思想引起了广大高校师生的极大关注。卡罗琳·克莱博等通过整理相关文献，总结出人们关于教学学术

---

① 博耶．关于美国教育改革的演讲［M］．涂艳国，译．北京：教育科学出版社，2002：76．

的三种代表性观点：①教学学术是教师产生的可见的研究性和创造性成果，和传统的“发现”学术一样遵循科学研究的规范，其成果需要经过同行评议、专家评审；②教学学术等同于优秀教学，是促进教师与学生教学相长的实践；③教学学术和学术性教学相似，是教学领域的学者们将其了解与掌握的教育理论和研究成果运用于教学实践的学术性取向。[①] 查尔斯·格拉塞克 1997 年在著作《学术水平评价》中对适用于高校教学学术在内的所有学术形式评价标准进行了探讨，认为博耶所提出的任何一种学术形态，都必须符合六种标准才能称得上是“学术”。这些标准包括清晰的目标、充分的准备、适当的方法、显著的成果、有效的表达和反思的批评。[②] 其中清晰的目标是指能聚焦现实问题，研究范畴明确；充分的准备是指了解学科前沿发展以及其他人的工作；恰当的方法是指使用契合目标、被学术界广泛认可的研究方法；显著的成果是指对学科发展具有重要贡献，同时有益于社会问题的解决；有效的表达是指能让听众理解，易于沟通交流。后来卡耐基教学促进基金会继任者舒尔曼对教学学术思想进行了进一步完善和创新，其在《让教学成为共同的财富》中将“教学学术”拓展为“教与学的学术”，其内容不仅包括教师“如何教”，还包括教师“如何学”。同时，教学学术遵循一个共同的标准：公开并能接受团体所有成员的评价，达到教与学公开地分享与评价。

我国学者近年来对教学学术思想的借鉴及相关理论的探讨日趋增多，许多高校教师也逐渐注重自身教学学术意识与能力的提升。发展教学学术，对于初任教师的专业成长与发展具有至关重要的作用。

首先，教学学术的发展可以提升初任教师的专业化水平。专业化是指某个职业群体在一定时期内逐渐符合专业标准、成为专门职业人员并获得相应的专业地位的过程。我国 1994 年实施的《教师法》中规定，“教师是履行教育教学职责的专业人员”，第一次从法律角度确认了教师的专业地位。2000 年我国出版的《中华人民共和国职业分类大典》中首次将教师归属于“专业技术人员”一类。可见，教师职业作为一门专业的理念已经

---

① Kreber. Exploring the Scholarship of Teaching [J]. The Journal of Higher Education, 2000, 71 (4).

② 赵可．卡耐基教学促进会的学术观及其影响 [J]. 辽宁教育研究，2007 (5).

得到了社会的认同。在教学学术视角下，教师的教学和科研是有同样学术特征的工作，教学不仅是显性的专门知识经验的传授，而且是教师对教学理论和实践相结合的经验性反思，其根本目的在于促进学生的学习和创新。因此，教学学术视角下的教学实践要求教师在教学的过程中重视研究，做到教学过程的研究性、教学成果的创造性和教学实践的反思性。这对教师专业知识和技能及专业自主等方面提出了更高要求，将为促进初任教师专业化水平的提升奠定坚实的理论与实践基础。

其次，教学学术的发展有益于初任教师专业精神的形成和专业技能的提高。教学学术理念的提出对初任教师的专业发展具有很大的促进作用，尤其表现在初任教师专业精神和专业技能的提高上。教师的专业精神是教师在专业追求方面表现出的思想意识、情感、意志、信念、理想等。专业精神为教师专业发展提供坚定的追求目标，使教师的知、情、意、行和谐统一于教学活动中，对教师的专业发展起引领和定位的作用。培养与提升教师教学学术的意识与能力，可以引导教师转变教育理念，巩固其专业信念。因此，教学学术的发展不仅要求教师热爱自己所掌握的专业知识，还要求具有发现和传播专业知识的持久信念。同时，高校教师教学学术的发展强调教师群体的评价和交流，这样容易唤醒教师自身的职业意识，激发其反思与研究教学实践的内部动机，进而提升专业精神。专业技能是教师在教育教学实践中面对不同的教育教学情境，能够顺利自如地完成教育任务所需的心智和能力。教师职业技能的发展有两个显著的标志：实践活动计划精细，活动成效稳定且保持高水平；内在的活动指令与控制系统富有弹性，能够适应新的任务和情境的变化。教学学术要求教师在教学实践中不仅要具有较高的教学认知、设计与操作能力等，还要有对教学实践的反思与研究能力，这些方面正是教师的专业技能本身的要求和体现。此外，科研作为高校教师专业能力的重要表征，在教学学术的统合下也有了新的发展途径。培养与提升教学学术能力不仅有助于初任教师教学和科研结合，提高教学水平，同时也为科研发展提供了新的领域与内容，提升了教师的科研能力。因此，将高校教学与科研联系在一起，不仅拓展了高校教师的科研视角，同时也为初任教师开辟了教学与科研同步提高的新途径，进而提高了教师间接为社会服务的能力，促进高校教师专业能力的不断发展。

五、研究思路与研究方法

（一）研究目标

1. 构建西部民族地区定向教师教学胜任力指标体系。

2. 编制、检验西部民族地区定向教师教学胜任力指标体系测评工具。

3. 测评西部民族地区定向教师教学胜任力现状。

4. 分析西部民族地区定向教师教学胜任力提升中的影响因素及问题。

5. 提出西部民族地区定向教师教学胜任力提升路径。

（二）研究问题

1. 西部民族地区定向教师教学胜任力指标体系构成要素具体包括哪些？

2. 西部民族地区定向教师教学胜任力现状如何？问题何在？影响因素有哪些？

3. 如何提升西部民族地区定向教师教学胜任力？

（三）研究对象

国家政策中按照“定向招生、定向培养、定向就业”的，工作于西部民族地区的义务教育阶段教师。

（四）研究思路与技术路线

1. 研究思路

本研究逻辑思路为：研究目标和内容的确定—研究方法的选定及研究工具的开发—研究信息的收集与处理—结果分析—问题的解决。

具体研究思路是：先从理论上阐明定向培养教师在西部民族地区的教学胜任力包含的指标，继而开发调查研究工具，然后对定向培养教师在西部民族地区的教学胜任力现状进行实地调研，综合运用量化研究和质性研究方法收集与分析资料，分析定向培养教师在西部民族地区教学胜任力的“应然”与“实然”标准间的差距与问题所在，分析定向培养教师在西部民族地区教学胜任力提升中的影响因素，最后提出定向教师在西部民族地区教学胜任力的提升路径与可行性策略。

2. 研究技术路线

研究内容逐层推进，衍生出不同的研究问题，要求使用不尽相同的研究方法。总体研究思路如图 1－1 所示。

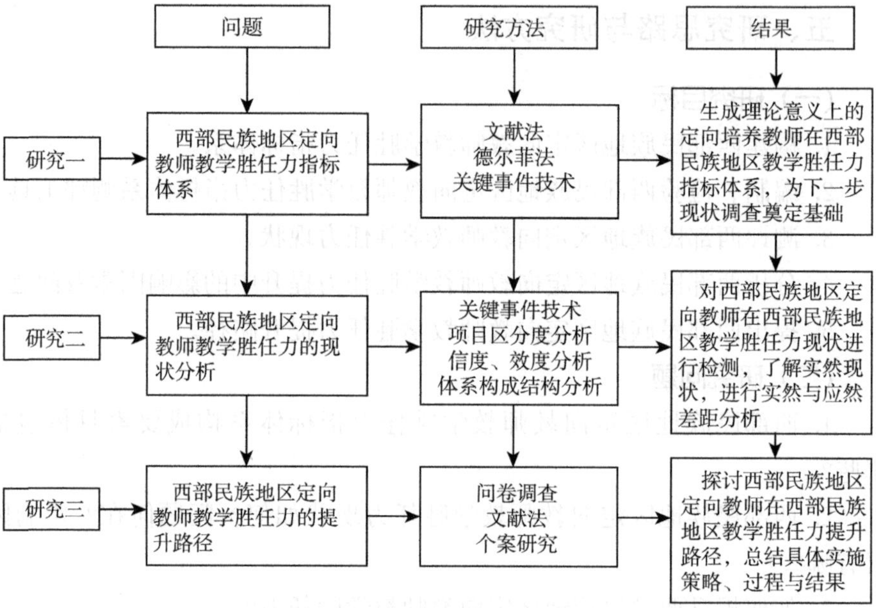

图 1-1　研究思路总体架构

（五）研究方法

本研究中，由于研究的阶段层次和内容不同，研究方法也会发生变化，整体而言本研究采用量化研究（Quantitative Research Methods）、质性研究（Qualitative Research Methods）（也称为定量研究和定性研究），以及两者相结合的混合研究方法（Mixed-Methods Approach）。

1. 访谈法

访谈法又称晤谈法，是指通过访员和受访人面对面地交谈来了解受访人的心理和行为的心理学基本研究方法。访谈法可分为结构型访谈和非结构型访谈，前者的特点是按定向的标准程序进行，后者指没有定向标准化程序的自由交谈。

西部民族地区定向培养教师教学胜任力研究中需要深度探究教师人格特质，了解其工作态度与工作动机等较深层次的内容。因此，本研究中的部分信息获取采用此方法。为保证最大程度获取信息，本研究采用结构型访谈和非结构型访谈交叠的方式进行。为避免访谈中因访问者技术及主观因素带来的研究失真及偏差，后期会与问卷调查法相结合使用。为平衡访谈法中时间成本、精力成本较高的局限，会在正式进行访谈前对访谈样本进行初步筛选，确定样本具有代表性与典型性。访谈以个人访谈为主，团体访谈为辅。

2. 文献法

文献法也称历史文献法，是指通过阅读、分析、整理有关文献材料，全面、正确地研究某一问题的方法。实施步骤：①编写大纲；②搜集并鉴别有关文献；③详细阅读有关文献，边读边摘录；④根据大纲将所摘录的材料分项分条加以组织；⑤分析研究材料，写成报告。其优点：①研究者可以选择他们不能亲自接触研究对象的课题进行研究；②不会引起研究对象的情绪反应；③抽样容量大、费用低。其缺点常来自文献本身的一些缺陷，如许多文献的作者往往带有一定的思想倾向性；保留下来的文献大多已经过某种选择或不够完整。① 基本步骤包括文献搜集、摘录信息、文献分析三个环节。

本研究开始之初，为深入了解胜任力研究领域、教师胜任力研究领域、教学胜任力研究领域、西部民族地区定向培养教师状况，充分利用了文献法的便捷与抽样容量大的优势。本研究采用文献分析归纳的方法初步完成了定向培养教师在西部民族地区教学胜任力指标体系的理论构建，为研究的继续进行奠定了研究基础，研究中后期文献法使用频率也较高。

需要说明的是，通过国内外文献比较，发现国外对教学胜任力的研究更注重纵深层面的剖析，关注具体的场景及实际教学环境中的因素影响，研究更为细化，观察更为细腻，研究持续度高，并随着研究的不断推进形成了丰富的研究层次。国内教师胜任力的研究还停留在泛化及一般性研究，研究结果的适应性与调整机制僵化，并没有下沉为具体场景式的、精准性、更迭式的研究，研究持续度不高。很多研究者在得到初步结论之后改投其他方面的研究，很少有后续的跟进、研究补漏与持续更新，即研究形成 1.0 结果之后，便很难出现 2.0、3.0 或其他更高版本，出现了研究的瓶颈期。文献作者往往带有一定的思想倾向性，保留下来的文献大多已经过某种选择或者不够完整，使教师胜任力的研究出现了“刻板印象”。鉴于此，本研究将结合关键事件技术、问卷调查法等，形成方法的互补，

① 顾明远．教育大辞典［M］. 上海：上海教育出版社，1998.

尽可能保证研究资料的全面性与客观性。

3. 关键事件技术

关键事件技术（Critical Incidents Technique，简称 CIT），是教师专业发展中广泛应用的模式，也是教师成长的重要策略，能够帮助教师思考“发生了什么”“为什么发生”“为了达成更好的教学目标还可以做什么”。[①] 沃克（Walker）在研究教师职业时率先提出关键事件这一概念。[②] 他强调要对那些对课堂专业生活存在影响的关键事件进行研究和反思，以帮助教师实现自我超载。

关键事件技术是教师生活中的重要事件，教师要围绕该事件做出某种关键决策，它促使教师对可能使教师朝向特定发展方向的某种特定行为做出选择。[③] 这些事件的详尽描述，会提示教师在事件中的胜任力，特别是潜在的个人特质，对教师产生的影响。

对教师教学胜任力的研究通常关注关键事件的四项内容：①情境，即“这个事件发生时的情境是怎样的”；②目标，即“为什么 要做这件事，原因是什么”；③行动，即“当时采取了什么样的行动”；④结果，即“采取这样的行动得到了什么结果”。[④]

本研究中关键事件技术方法主要用于定向培养教师教学胜任力指标体系构建与现状研究及问题梳理的过程中，本研究使用此方法拟分为四步：①通过访谈收集影响西部民族地区定向培养教师教学专业发展的关键事件。主要通过让教师回顾教学过程中的重要经历，并结合其自身对教学中的特定事件、特定时期、特定地域和特定人物的理解，分析这些关键事件对定向培养教师教学的影响；②登录和编码。对所有访谈录音、资料进行登录和编码，对关键事件的内涵、特征、影响因素、个体和组织差异等进行质性研究；③问卷编制；④检验量化研究结论。

---

① Crickshank D R，Applegete J. Reflective Teaching as a A trategy for Teacher Growth [J]. Educational Leadership，1981，38 (7)：553.

② Walker R，et al. Innovation，the School and the Teacher [M]. London：Open University Press，1976，127.

③ Sikes P，et al. Teacher Careers：Crisis and Continuties [M]. New York：Falmer Press，1985：57.

④ 程子樱 . 一个过程性的网络构建分析 [EB/OL]. http：//www. sociology. nju. edu. cn/sy-show. net. 2008 - 10 - 4.

4. 德尔菲法（专家调查法）

德尔菲法，也称专家调查法，本质上是一种反馈匿名函询法。德尔菲法起源于 20 世纪 40 年代，由赫尔默（Helmer）和戈登（Gordon）创立，1946 年美国兰德公司首次采用此法进行定性预测，以规避集体讨论中的权威顺从或多数服从等缺陷。此方法名称源于 Delphi，其研发背景为 20 世纪 50 年代美国兰德公司与道格拉斯公司合作，旨在开发一种有效、可靠的专家意见收集方法，并迅速在商业、军事、教育、卫生保健等领域得到广泛应用。德尔菲法因其独特的优势和适用性，逐渐受到更多研究者的青睐。

该方法主要特征包括：匿名性、反馈性和统计性。匿名性指所有参与的专家通过书面形式交流而不需召开面对面会议，有效消除了权威影响；反馈性指通过多轮（通常 3 至 4 轮）信息反馈，允许参与者深入研究，逐步集成专家的基本观点和信息认知，确保结果的客观性和可信度；统计性则通过报告中位数及两个四分位数来呈现不同观点，确保少数派意见也能被包容，克服了传统专家会议法仅反映多数人观点的局限。这些特性使得德尔菲法在专家预测领域中具有显著的区别性和应用价值。

本研究中德尔菲法主要用于应然状态下的定向培养教师教学胜任力指标体系的理论构建。考虑到德尔菲法在使用中的优越性与适用性，在本研究理论构建及问卷设计过程中，都会反复使用。

德尔菲法调研过程可分为三个主要阶段，旨在精细化专家意见并提炼预测事件的共识。

德尔菲法在本研究的实施过程中，拟设始终有两组人在活动，一是预测的组织者，二是参与的专家。研究过程拟分为四个步骤：

第一，初步探索：鉴于受限条件下可能遗漏关键事件的风险，首轮调研采用开放式查询，旨在未设限的框架下邀请专家就预测问题提出见解。此后，对收集的专家反馈进行汇总和整理，通过归类相似事件并剔除边缘事件，使用精确的术语构建一个预测事件列表，作为第二阶段调研的基础。

第二，细化评估：在此阶段，专家需对第一阶段整理出的事件列表进行详细评价，包括预测事件的可能发生时间、存在争议的焦点及其提前或延后的原因。随后，对专家的意见进行统计分析，整理得出含有预测事件、预期发生时间的中位数及四分位距，以及时间预测偏差理由的第三轮调研表。

第三，深度复审：在最后一阶段，分发含有争议焦点的第三轮调研表，邀请专家就关键争议进行复审，并针对四分位距外的意见给出评价。此外，特别鼓励修正观点的专家说明理由，通过再次收集和分析专家意见，以类似前阶段的方法更新统计数据，最终整理形成聚焦于争议双方意见的第四轮调研表。

第四，复核式的第四轮调研：发放第四张调查表，专家再次评价和权衡，作出新的预测。回收第四张调查表，计算每个事件的中位数和上下四分点，归纳总结各种意见以及争论点。这一过程重复进行，直到每一个专家不再改变自己的意见为止。①

需要说明的是，本研究中并不是所有被预测的事件都要经过四步。有的事件可能在第二步就达到统一，而不必在第三步中出现；有的事件可能在第四步结束后，专家对各事件的预测也不一定都达到统一。不统一也可以用中位数与上下四分点来作结论。研究中会有预测不到的情况出现，要结合实际出现的情形作出判断。

德尔菲法的具体实施步骤如图 1-2 所示。

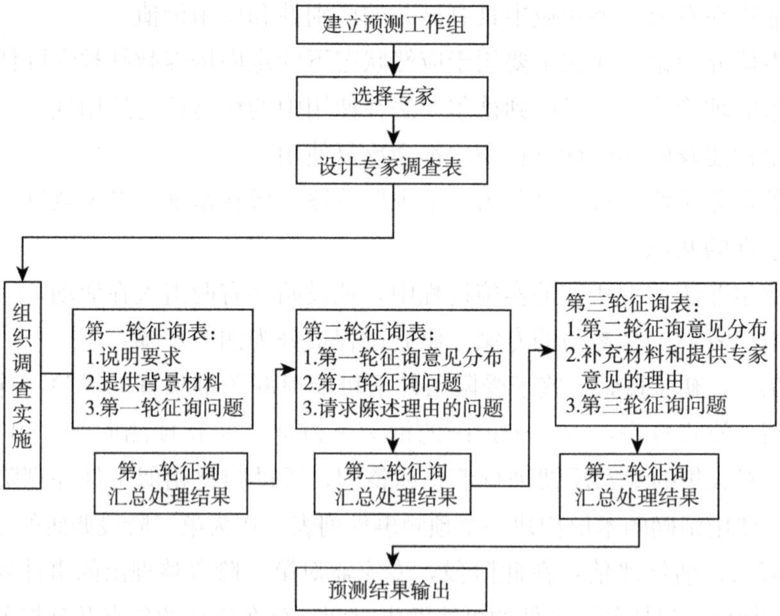

图 1-2　德尔菲法实施步骤示意图

① 徐蔼婷．德尔菲法的应用及其难点［J］．中国统计，2006（9）．

5. 问卷调查法

一是制定《定向教师在西部民族地区教学胜任力调查问卷（预调查卷)》进行预调查，通过项目分析、信度、效度测试与优化，结合德尔菲法中专家意见，生成正式调查卷。二是制定《定向教师在西部民族地区教学胜任力调查问卷（正式卷)》进行正式调查。

（六）研究工具

1. NVivo 12

NVivo 12 是一款功能强大的质性分析（Qualitative Analysis）软件，能够有效分析多种不同类型数据，诸如文字、图片、录音、录像等，是实现质性研究的最常用工具。本研究使用 NVivo 12 对访谈资料进行分类、排序、整理，探究定向教师在西部民族地区的教学发展趋势，建立理论模型，并最终获得研究问题的结论。

2. SPSS

SPSS 是世界上最早的统计分析软件，由美国斯坦福大学的三位研究生 Norman H. Nie、Hull C. Hadlai（Tex）和 Dale H. Bent 于 1968 年研究开发成功，同时成立了 SPSS 公司，并于 1975 年成立法人组织，在芝加哥组建了 SPSS 总部。SPSS 的基本功能包括数据管理、统计分析、图表分析、输出管理等。SPSS 统计分析过程包括描述性统计、均值比较、建立一般线性模型、相关分析、回归分析、建立对数线性模型、聚类分析、数据简化、生存分析、时间序列分析、多重响应等几大类。满足定向教师在西部民族地区的教学胜任力研究中的各类统计分析。

3. SPSS AMOS 21. 0

考虑到“西部民族地区”和“定向教师”两个限制条件之下的样本量可能出现不足的情况，本研究拟使用 AMOS 21. 0 量化分析工具，以克服大样本条件的限制。当样本量低于 200 甚至低于 100 时，贝叶斯方法的结果仍然比较稳定，是一款使用结构方程式，进行结构方程建模（SEM)，创建模型以检验变量之间的相互影响及其原因探索的较为理想的工具。

第二章 文献综述

第一节 胜任力的相关研究

新时期经济、文化、科技、政治的协同深入，国内国际双循环式新格局的发展，不断积聚的新的增长动能，深刻影响着生产生活方式和思维模式。转向社会高效率、高效果、高质量发展阶段，“胜任力”问题的研究成为当下教育学、人力资源管理与教育心理学学科领域的热点之一。“胜任力”概念溯源于管理学研究领域，最早可追溯至 Tayor（1911）运用“时间—动作”的工作分析法，系统研究员工工作时所能达到的最高工作效率。围绕管理者绩效优劣，Flanagan（1954）运用“关键事件”法进行了胜任与否的评判研究，但这些研究缺少系统的逻辑认证与科学方法，处于前期科学概念阶段。20 世纪 70 年代，以戴维·麦克米兰（David Mcclelland）《测量胜任力而非智力》（*Testing for Competence Rather than for intelligence*）为代表，引发探讨卓越工作绩效深层原因的“胜任力运动”（Competency Movement）。他在文章中指出了基于胜任力特征有效测验的六条原则，指出需要根据员工所从事的具体工作来测评个人能力，20 世纪 80 年代，术语 competence（comptences）与 competency（competencies）盛行于国外应用心理学。20 世纪 90 年代，胜任力测评及研究在企业界发展迅猛，并迅速延伸到专业技术领域和服务行业，研究成果与进展得到学术界认可，并在美、英、日、加等发达国家人力资源管理系统中广泛运用。结合工作实践活动，胜任力研究从不同视角进行了内涵与外延的拓展。21 世纪初胜任力研究及术语引入国内，其发展从识别员工能力的辅助工具逐渐成为目标明确的开发性活动（Matthewan，1996），胜任力及其特征、模型的研究进入技术主题发展期。

一、胜任力研究概况

为保证本研究的科学性，数据库选择 Web of Science 核心合集中的 SCI-扩展（科学引文索引扩展）、SSCI（社会科学引文索引）、CPCI-S（会议论文集引文索引-科学）、CPSI-SSH（会议论文集引文索引-社会科学与人文科学）四库，检索式为 TS="competence" OR "competency" OR "competence in the workplace" OR "competences" OR "competence building" OR "the development of competence" OR "competency movement" OR "human competence"，时间跨度为 1997—2022 年。通过"高被引论文、热点论文"快速过滤和检索精炼，按照排序相关性，筛选出 1 000 篇相关文献。运用 Excel 和文献分析工具 ITGInsight（科研关系构建可视化系统）、Vosviewer 进行文献计量分析，使相关胜任力研究中的关联关系、引证关系、耦合关系、演化分析可视化，进行趋势探测。继续通过关键文献关联，聚焦精练，逐篇阅读，聚合前期研究成果，观测后续研究发展趋势，整体了解胜任力研究领域主题产生、消亡、增强、减弱、聚合和裂变的过程。

（一）胜任力研究中的关键词分布

绘制关键词分布图（图 2-1），该图展示了胜任力研究的主要关键词分布：关键词聚类显著的有 Assessment、Competencies、Competency-Based Education、Validity、Evaluation；Clinical Competence、Curriculum、Education、Clinical Competence，Standards、Nursing；Teacher Education、Motivation、Digital Competence、Structural Equation Modelling、Self-Efficacy；Higher Education、Medical Education、Lifelong Learning、Problem-Based Learning、Entrepreneurship Education；Cultural Competence、Nursing Students、Nursing Education、Cultural Competency、Culture；Competency、Simulation、Item Response Theory、Validation、Qualitative Research；Competence、Professional Development、Competence Assessment、Competency-Based Assessment、Scientific Reasoning；Psychometrics、Educational Measurement、Self-Assessment、Key Competences、Teaching-Learning Process。

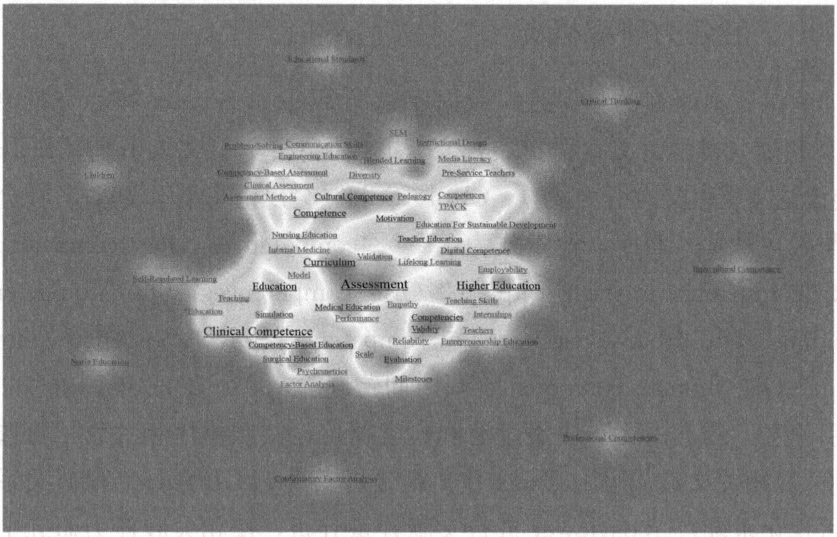

图 2-1　胜任力研究关键词分布图

（二）学科类别及学科方向侧重

从学科类别看（图 2-2），美国、加拿大、荷兰、英国侧重于［education，scientific disciplines］、［health care sciences & services］、［education & educational research］、［surgery］、［engineering，multidisciplinary］；德国、西班牙、土耳其、爱尔兰侧重于［education & educational research］、［education，scientific disciplines］、［engineering，multidisciplinary］、［health care sciences & services］、［psychology，educational］；中国、瑞士、比利时、新西兰侧重于［education & educational research］、［education，scientific disciplines］、［computer science，interdisciplinary applications］、［engineering，multidisciplinary］、［health care sciences & services］；澳大利亚、韩国侧重于［education，scientific disciplines］、［education & educational research］、［health care sciences & services］、［nursing］、［computer science，interdisciplinary applications］。

从学科方向看（图 2-3），德国、澳大利亚、西班牙、土耳其、爱尔兰、新西兰侧重于［Education & Educational Research］、［Health Care Sciences & Services］、［Nursing］、［Engineering］、［Psychology］；美国、加拿大、荷兰、英国、瑞士侧重于［Education & Educational Research］、

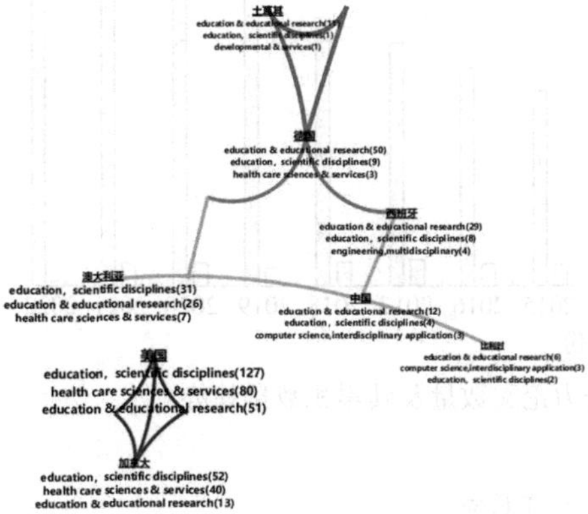

图 2-2 国家关联关系图（学科类别）

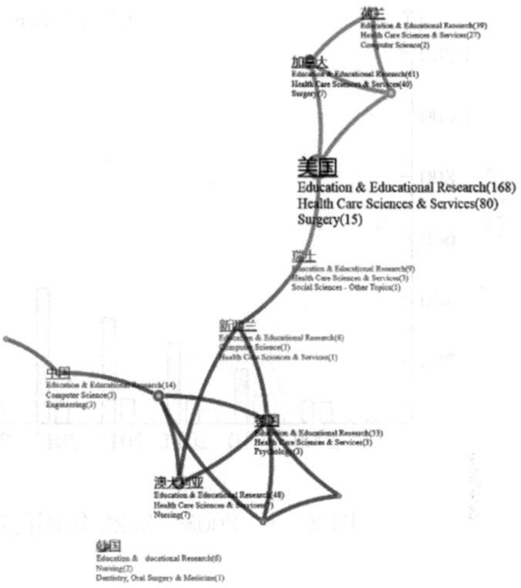

图 2-3 国家关联关系图（学科方向）

[Health Care Sciences & Services]、[Surgery]、[Psychology]、[Engineering]；中国、比利时侧重于 [Education & Educational Research]、[Computer Science]、[Engineering]、[Psychology]、[Nursing]；韩国侧重于 [Education & Educational Research]、[Nursing]、[Linguistics]、[Physiology]、[Dentistry，Oral Surgery & Medicine]。

（三）胜任力研究的国际发展趋势

1. 国际胜任力研究领域方面论文量与研究趋势分析

论文数量在一定程度上可以反映某技术类别或研究领域的发展状态、热度和趋势。基于 Web of Science 的 SCI 论文数据库，针对胜任力研究进行检索、筛选与计量分析，截至 2022 年 3 月 1 日，在 Web of Science 的 SCI 论文数据库中检索得到相关记录 1 000 条，总体呈现递增趋势（图 2-4），2009 年数量增加较为显著，2013 年数量达到顶峰，为 96 篇（图 2-5）。

2. 国际胜任力研究领域方面技术生命周期分析

技术生命周期的概念源自产品生命周期，与侧重产品和市场的视角相比，技术生命周期理论的出发点和落脚点都是基于技术自身角度。技术生命周期细分为竞争影响力和产品与制造的整合两个维度，分为研究开发

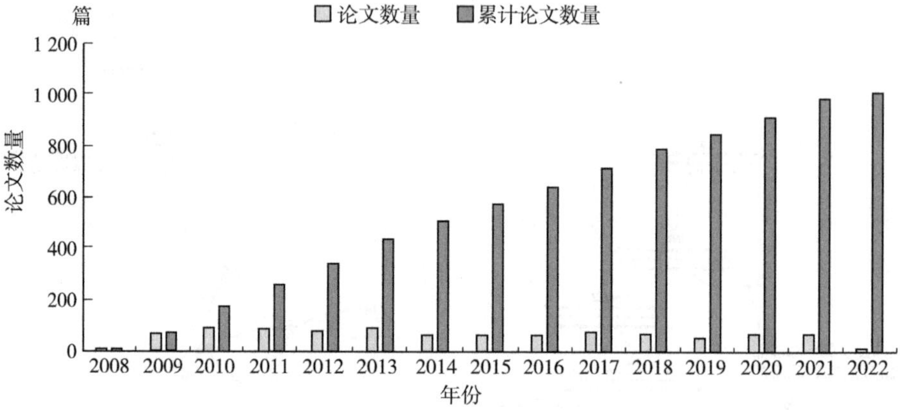

图 2-4　2008—2022 年国际胜任力论文数量及其累积数量趋势

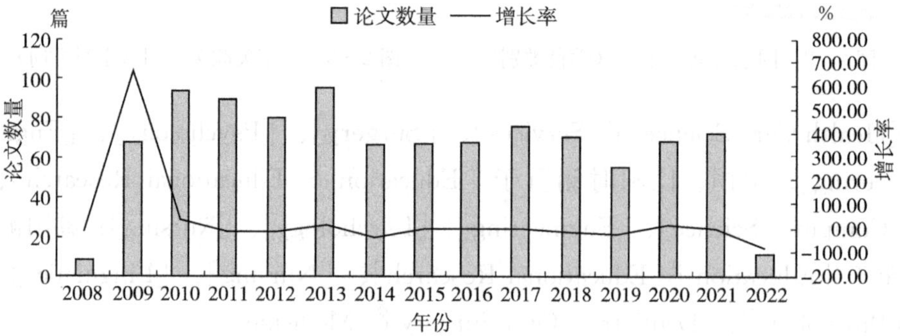

图 2-5　2008—2022 年国际胜任力论文数量及其增长率趋势

（萌芽）期、成长期、成熟期和衰退期四个阶段。除衡量单项技术随时间变动的发展趋势外，技术生命周期理论还可用于对同类技术市场总量变化或技术的性能进行评价。

根据历年论文数量与机构数量的变化绘制胜任力研究技术生命周期图（图 2-6），判断胜任力主题技术生命周期。对照标准的技术生命周期曲线，可知胜任力的研究在各个行业中每年都有相应的增加，在近几年的发展中胜任力技术发展尤为明显，在国际研究领域，该技术主题目前处于旺盛成长期。

3. 国家技术侧重与技术关联分析

21 世纪所有发达国家都非常重视科技创新，2022 年李克强总理在全国人大会议上作《政府工作报告》时强调，要提升科技创新能力。因此，

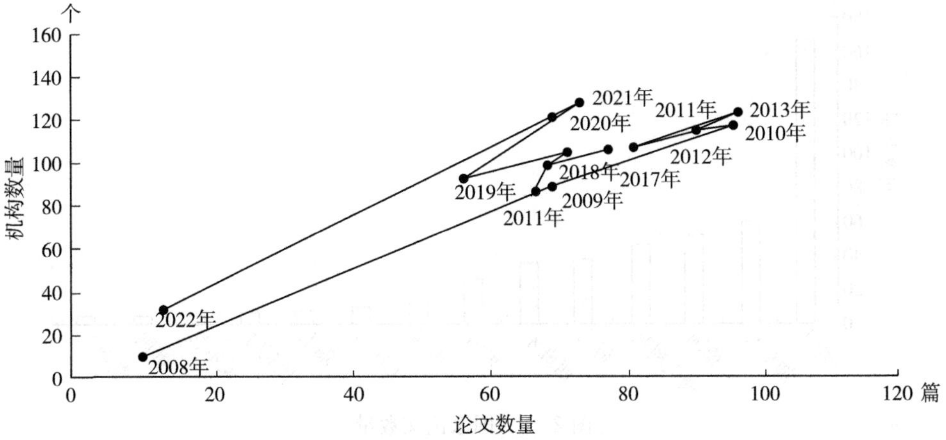

图 2-6 国际胜任力研究技术生命周期

强化基础研究，提升高质量研究产出，提高国际高质量论文发表率与引用率是关键。本研究前期，利用文本挖掘技术，挖掘世界各国的技术主题词，计算出国家之间的技术关联强度，能较为直观地揭示出各个国家之间的技术竞争关系（图 2-7）。图中节点大小与文献数量多少成正相关，图中连线粗细与国家之间的技术关联强度成正相关。节点标注文字为该国家名称及其应用最多的三个技术主题词和论文学科类别编码。

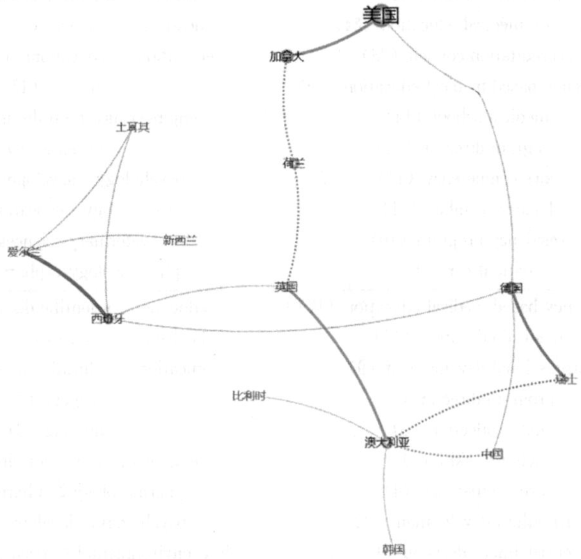

图 2-7 国家关联关系

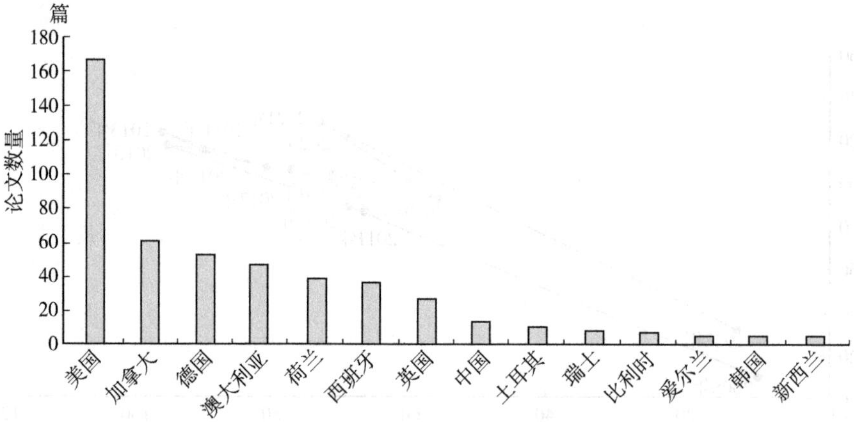

图 2-8 国家论文数量

4. 国际研究中各国论文数量分析

统计主要国家论文占比如图 2-8 所示，排序前 5 位的分别为美国、加拿大、德国、澳大利亚、荷兰，数量分别达到 168、61、53、48、39。国际胜任力研究领域中各国技术侧重如表 2-1 所示。

表 2-1 国际胜任力研究领域中各国技术侧重

序号	国家	主题词侧重	学科类别侧重
1	美国	medical education (27) graduate medical education (24) accreditation council (23) competency based medical education (16) medical school (14) program director (14) core competency (11) faculty member (11) residency program (10) patient care (9)	education, scientific disciplines (127) health care sciences & services (80) education & educational research (51) surgery (15) engineering, multidisciplinary (8) nursing (6) psychology, developmental (6) psychology, educational (6) veterinary sciences (6) pharmacology &pharmacy (5)
2	加拿大	competency based medical education (17) medical education (11) professional development (9) program director (7) data collection (5) clinical skill (4) core competency (4) curriculum development (4) entrustment decision (4) faculty member (4)	education, scientific disciplines (52) health care sciences & services (40) education & educational research (13) surgery (7) nursing (2) engineering, multidisciplinary (1) pharmacology & pharmacy (1) psychology, developmental (1) public, environmental & occupational health (1) social work (1)

（续）

序号	国家	主题词侧重	学科类别侧重
3	德国	competence model（8） professional competency（5） pre service teacher（4） test item（4） vocational education（4） competence assessment（3） item difficulty（3） scientific reasoning competency（3） teacher education（3） test instrument（3）	education & educational research（50） education，scientific disciplines（9） health care sciences & services（3） psychology，educational（3） environmental studies（2） dentistry，oral surgery & medicine（1） nursing（1） psychology，mathematical（1）
4	澳大利亚	medical education（4） competency based education（3） competency based medical education（3） cultural competence（3） medical student（3） nurse educator（3） 21st century（2） academic year（2） assessment tool（2） australian university（2）	education，scientific disciplines（31） education & educational research（26） health care sciences & services（7） nursing（7） computer science，interdisciplinary applications（3） engineering，multidisciplinary（3） veterinary sciences（2） biology（1） dentistry，oral surgery & medicine（1） green & sustainable science & technology（1）
5	荷兰	medical education（8） competency based medical education（7） mental model（4） professional competence（4） professional development（4） semi structured interview（4） better understanding（3） competency based education（3） faculty development（3） medical curriculum（3）	education，scientific disciplines（31） health care sciences & services（27） education & educational research（16） computer science，interdisciplinary applications（2） nursing（1） psychology，developmental（1）
6	西班牙	problem based learning（4） catalan university（3） competency based learning（3） digital competence（3） higher education（3） labour market（3） main result（3） spanish university（3） university student（3） academic performance（2）	education & educational research（29） education，scientific disciplines（8） engineering，multidisciplinary（4） communication（3） nursing（3） computer science，interdisciplinary applications（1） multidisciplinary sciences（1）

（续）

序号	国家	主题词侧重	学科类别侧重
7	英国	medical education（5） medical student（4） clinical practice（3） competency model（3） further research（3） learning outcome（3） professional practice（3） better fit（2） clinical context（2） clinical knowledge（2）	education，scientific disciplines（24） health care sciences & services（14） education & educational research（7） nursing（4） computer science，interdisciplinary applications（1） dentistry，oral surgery & medicine（1） engineering，multidisciplinary（1） pharmacology & pharmacy（1） surgery（1）
8	中国	confirmatory factor analysis（4） hong kong（3） engineering student（2） exploratory factor analysis（2） higher education（2） important role（2） learning outcome（2） proposed model（2） time point（2） 360 degree evaluation feedback（1）	education & educational research（12） education，scientific disciplines（4） computer science，interdisciplinary applications（3） engineering，multidisciplinary（3） psychology，educational（2） psychology，developmental（1） social work（1）
9	土耳其	research finding（3） semi structured interview form（2） academic skill（1） additional finding（1） adequate therapeutic progress（1）	education & educational research（11） education，scientific disciplines（1） psychology，developmental（1） psychology，educational（1）

二、胜任力概念

胜任力的研究与概念的界定，基于必要的系统逻辑认证与科学的实验方法，领域中的相关性与互证研究有利于促进本领域研究的纵深发展。梳理胜任力研究领域内代表性文献（图 2－9），以 LCS 同行关注度（local citation score）进行从高到低排序，对 1959—2020 年此领域内重要文献进行相似度与相关性对比并逐篇阅读（图 2－10），发现对胜任力的代表性研究集中于 White R. W.，1959；Mcclelland D.，1973；Folley，1980；Richard E. Boyatzis，1982；Blank，1982；Zwmke，1982；Marlowe，Weinberg，1985；Mclagan，1990；Kolodziejski，1991；Spencer M.，

1993；Shippmann，2000；Deist，2005；Jorgen Sandberg，2007；Gregory W. Stevens，2013 等学者。

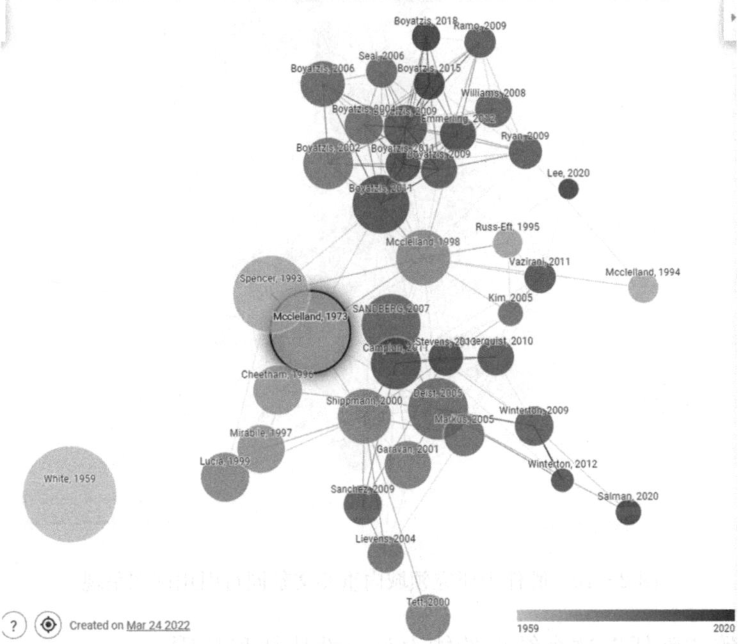

图 2-9　胜任力研究领域内重要文献网图呈现

研究国内外文献，发现学术界在描述胜任力研究时所采用的术语名词不统一。英文文献中出现了“competence（competences）”“competency（competencies）”，中文的术语翻译也出现了不统一的情况，有“能力”“胜任能力”“胜任力”“资质”“资格”“胜任特征”“胜任特质”“才能”“能力素质”“胜任素质”等。考查 competence 和 competency 两个词可知，competence 一词是从法语 competence（合适、聪明伶俐）、拉丁语 competentia（有学问的）等语言中借用过来的，两个词内涵一致。*The American Heritage Dictionary of the English Language*（2000 年美国波士顿 Houghton Mifflin 公司出版，第四次修订版）中注明：competence 同 competency，词义包括有能力的或者胜任的状态、品质、技能、能力；法律上有资格的，适任的、可被采纳的品质或条件，在现代英语中可以通用。中文译名中“力”指能力，胜任力是指对“胜任”这样一种结果产生的能力概括，无论“胜任能力”“胜任力”“胜任特征”“胜任特质”都涵

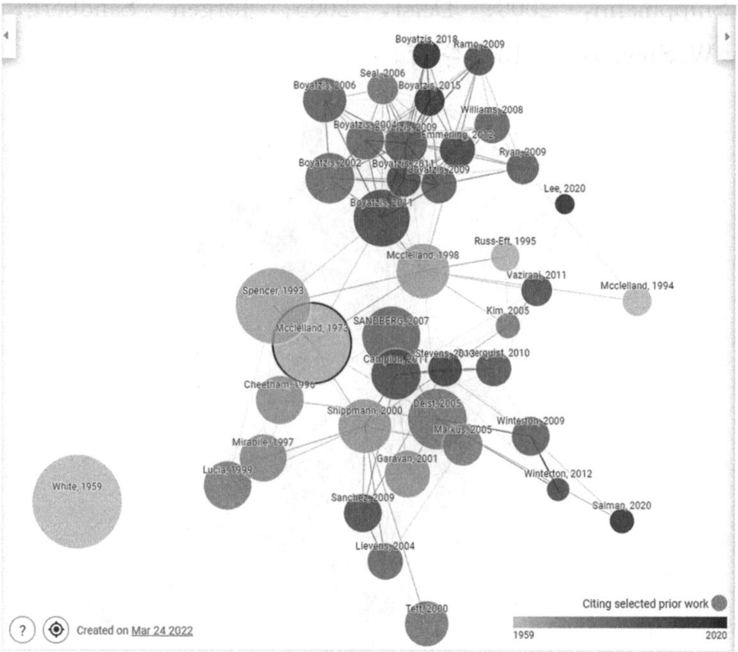

图 2-10　胜任力研究领域内重要文献同行引用网图呈现

盖了导致“胜任”这个结果的能力与个性特征和品质。

White（1959）认为胜任力是个体为完成任务所具备的能力和个性心理特征。

McClelland（1973）认为胜任力是除考试成绩之外的其他品质，是个体在所从事的具体工作中体现出的潜在能力，包括自我概念、动机、物质、技能、态度、价值取向等，且这些能力具有特殊辨识性。Richard E. Boyatzis（1982）认为胜任力是个体在生产组织环境中所固有的行为特质，是一种动机、技能、特质、知识、角色定位的潜在特征。McLagan（1990）指出胜任力是个体在某种角色或职位中具备的优秀能力，是在优秀成果产生过程中起重要影响的能力。Helley（2001）认为胜任力通常可描述为一种可接受绩效标准测量的特性，个体如果蕴含这种特性，则能更有成效地完成工作任务。北京师范大学程凤春（2004）认为胜任力指符合从事岗位所具备的基本能力和特征，而胜任特征可区分一般绩效与优秀绩效。致力于全球组织与人才领域咨询的美国 Hay Group（合益咨询）公司认为胜任力是与最佳公司员工进行对比后的结果，有助于识别高绩效个体与低绩效个体，识别包括动机、态度、技能、行为特征、个人特点、知识等。并指出胜任力可以通过后期培训得到提升（表2-2）。

表2-2 胜任力定义整理表

类别	代表人物	具体内容
特征观	McClelland（1973）	胜任力是指个体在职业环境中展现的，与工作成效、绩效及生活质量密切相关的综合素质和动力，包括知识、能力、技能、属性和动机
	Guglielmino（1979）	胜任力可分为三大类：①概念性胜任力，涉及决策、思维、创新和分析等能力；②人际关系胜任力，包括领导力、沟通技巧、谈判、人际分析和态度等；③技术性胜任力，包含个人职业规划和时间管理等技能
	McLagan（1980）	胜任力定义为确保个体能够有效完成其主要任务和职责所必需的相关知识、技能和能力
	Klemp等（1980）	是指那些能够引导个体实现高水平工作绩效的内在特质
	Boyatzis（1982）	胜任力属潜在特征，如个体的特质、动机、技能形象、社会角色以及个体所使用的具体知识，这些将为其带来优异的工作绩效
	Derouen和Kleiner（1993）	胜任力包括三个方面，分别是人际、技能及概念
	Spencer L. M.等（1994）	胜任力反映了个体在工作绩效中表现出色或有效所需的内在特质，这些特质包括知识、技能、自我认知、性格特质及动机五个维度
	Fleishman等（1995）	胜任力是个体动机、理念、知识、技能、能力、价值观与兴趣的综合体现
	Raelin（1996）	构成胜任力的十个关键元素包括：管理工作能力、努力程度、财务管理、对质量的承诺、客户服务、危机处理能力、沟通技巧、团队合作、系统整合能力以及创新与变革能力
	Mirabile（1997）	胜任力是指与实现高绩效直接相关的知识、能力和技能特质的汇总
	Parry（1998）	胜任力是个体在工作绩效上展现的知识、技能和态度的集合，这些可以通过统一标准评估并通过培训进行提升

（续）

类别	代表人物	具体内容
	王重鸣（2001）	胜任力综合了个性、价值观、动机及个体的知识、技能和能力
	彭剑峰和饶征（2003）	胜任力是评价个体是否适合特定工作的标准，体现为推动员工展现优秀工作绩效的知识、技能、个性和动机
	仲理峰和时勘（2002）	胜任力是一种区分优秀与平庸表现者的能力，涵盖认知、意识、态度、情感、动力或倾向性五个方面
行为观	英国的职业标准计划（1988）	胜任力是指个体实现目标的具体外在行为表现
行为观	Fletcher（1992）	胜任力是可以观察、验证且逻辑性强的具体行为模式
行为观	Cockerill 等（1995）	胜任力体现为个体行为的相对稳定性，这些行为模式能帮助个体适应新环境，并能根据不同利益需求对环境进行调整
行为观	Green（1999）	胜任力是个人为实现目标所需的可测量的工作习惯和个人技能的总和
行为观	Mansfield（1996）	胜任力是对工作中必需的准确技能和知识的描述，员工需基于此来提高工作表现
综合观	Ledford（1995）	胜任力涉及个人能力、可能性以及对绩效产生积极影响的知识、行为和技能
综合观	Byham 和 Moyer（1996）	胜任力分为行为胜任力、知识胜任力和动机胜任力三个层面
综合观	陈民科（2002）	胜任力包括员工在工作中表现的关键特征，如价值观、动机、个性、态度、技能、能力和知识

可见学术界对胜任力的界定并没有统一标准，但在研究中达成共识的是：都提及工作情境中个体的价值观、动机、个性特征或态度、技能、能力、知识、品质等特征，都强调与工作绩效的密切关系，强调在情境中导致胜任结果的行为特征，能预测个体未来的工作绩效与工作任务的相关联

系，可以动态区分工作绩优者与一般者。

三、胜任力类型研究

依据不同标准，胜任力有不同的分类（表 2-3）：

表 2-3 胜任力类型

分类依据	提出者	具体分类	具体描述
情境（根据个体处理事、人、观念及概念等各种运用情境的特点，对胜任特征进行分类）	Yukl (1989)①	技术胜任力	涉及操作方法、程序、工具使用和设备操控等技能
		人际胜任力	关乎人际交往能力，如同理心、社会敏锐度、沟通和协作技巧等
		概念胜任力	包含分析思维、创新思维、问题解决效率以及识别机遇和风险的能力
	Pavett 和 Lau (1983)②	概念胜任力	同上，涵盖分析思维、创新能力、问题解决效率和机遇及风险识别
		技术胜任力	指的是方法、程序、工具使用和设备操作的能力
		人际胜任力	涉及与他人合作、理解动机等方面的胜任特性
		政治胜任力	建立权力基础的过程
主体	Pavett 和 Lau (1983)	个人胜任力	在个体层面上，是指导致个人成功的内在潜力
		组织胜任力	在组织层面上，是指使组织在其所在行业中长期获益并保持竞争优势的核心特性
		国家胜任力	在国家层面上，是指使国家在国际竞争中保持优势的核心特质，如资源、领导力、文化和人才等

① Yukl. Managerial Leadership: A Review of Theory and Research [J]. Journal of Management, 2016, 15 (2): 251-289.

② Pavett, Lau. Managerial Work: The Influence of Hierarchical Level and Functional Specialty [J]. Academy of Management Journal, 1983, 26 (1): 170-177.

（续）

分类依据	提出者	具体分类	具体描述
内涵（对胜任特征的划分应从三个维度进行，这三个维度分别是任务具体性、行业具体性和公司具体性）	Odd Nordhaug (1994)[①]	元胜任力	指广泛适用于多种任务的非特定任务、非特定公司、非特定行业的胜任特质，包括广泛的知识、技能和态度等[②]
		行业通用胜任力	指特定于行业，但低度特定于任务和公司的胜任特质，涉及行业结构知识、竞争分析能力等
		组织内部胜任力	指高度特定于公司和行业，但低度特定于任务的胜任特质，包括组织文化、内部沟通和组织政治等知识
		标准技术胜任力	指范围广泛且操作性强的特定任务胜任特质，不特定于公司且低度特定于行业，包括打字、速记、计算机编程等技能
		行业技术胜任力	属于高任务具体性、非公司具体性和高行业具体性的胜任特征，可跨公司应用于行业内，但仅限于完成少数特定任务的高度特定任务胜任特质
		特殊技术胜任力	指仅在特定公司内应用于解决少数特定任务的高度特定性胜任特质，涉及独特技术和特殊操作技能

1. 按具体情境进行分类

依据具体情境，胜任力分为技术力、人际胜任力和概念胜任力。

2. 按主体进行分类

依据主体，胜任力分为个人胜任力、组织胜任力、国家胜任力。

3. 按内涵进行分类

依据内涵，胜任力分为元胜任力、行业通用胜任力、组织内部胜任

① Odd Nordhaug. Competences as Resources in Firms [J]. The International Journal of Human Management, 1994 (5): 89-106.

② 冯明．对工作情景中人的胜任力研究 [J]. 外国经济与管理，2001 (8).

力、标准技术胜任力、行业技术胜任力和特殊胜任力六种类型。

四、胜任力模型研究

胜任力模型是一种描述组织和个体在特定工作领域中所需的关键能力和技能的框架。它通常由多个维度或要素组成，旨在帮助组织和个人了解在特定职位或角色中表现出色所需的核心能力。胜任力模型可以提供指导，帮助组织进行招聘、培训和绩效评估等人力资源管理活动。这些模型的维度和要素可以根据不同组织和职位的需求进行定制，以确保实施与具体工作任务和职业要求相匹配的能力评估和发展计划。胜任力模型的目标是提供一种系统化的方法来识别和培养关键能力，以提高个体和组织的绩效。

（一）胜任力冰山模型（图 2-11）

胜任力冰山模型是由美国学者麦凯尔于 1993 年提出的一种胜任力评估模型[①]。该模型旨在帮助人力资源管理者和组织识别和评估员工的胜任力，并为培养和发展提供指导。

该模型将胜任力比喻为冰山，将其分为两个层面：表面层和深层。表面层包括直接可见的技能和知识，也就是人们通常所看到的能力和行为。这些表面层的胜任力包括专业知识、技术技能、沟通能力等。这些能力在工作中能够直接展现出来，是评估胜任力的常见指标。

而深层则是指不太明显、隐含的自我特质和动机，它们对于胜任力的发展和表现起着关键作用。深层的胜任力包括价值观、动机、态度、人格特质等。这些因素影响着个体对工作的态度、行为和动力，进而影响他们的绩效和成就。

麦凯尔的胜任力冰山模型强调了胜任力的多维性和综合性。它指出，仅仅关注表面层的胜任力是不够的，也需要深入了解和培养深层的胜任力。只有在深层胜任力的基础上，表面层的胜任力才能更好地发挥作用。

该模型的应用可以帮助组织更全面地评估员工的胜任力，为招聘、选

① Spencer L M，Spencer S M. Competence at Work：Models for Superior Performance [M]. New York：John Wiley & Sons，1993.

拔、培训和晋升等决策提供依据①。通过发展和提升深层胜任力，个体能够更好地适应和应对不断变化的工作环境，并取得更好的绩效和成就，强调了培养和评估胜任力对于员工的职业成长和组织绩效的重要性，为评估和发展个体的胜任力提供了一种有用的框架②。

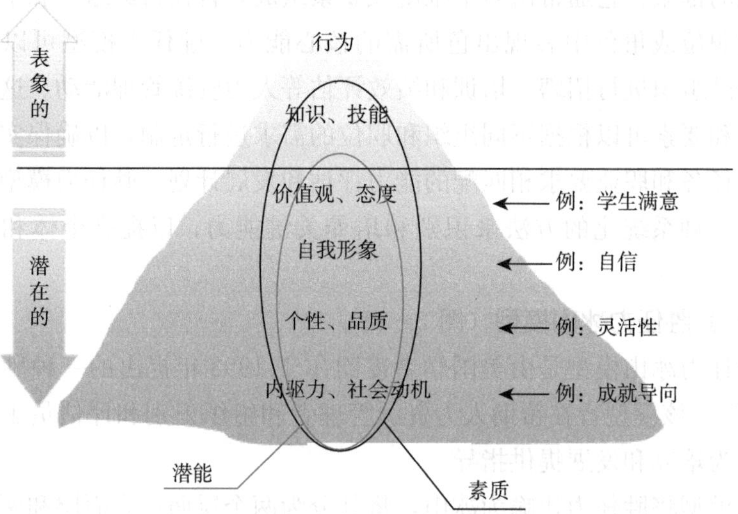

图 2－11　胜任力冰山模型

（二）胜任力矩阵模型（图 2－12）

另一种用于描述胜任力的概念模型是杰伊·霍尔（Jay W. Lorsch）和平克·摩尔（Paul R. Lawrence）在 1970 年提出的“Competence Matrix”（胜任力矩阵）模型③。

胜任力矩阵模型将胜任力分为两个维度：任务胜任力和人际关系胜任力。任务胜任力是指个体在特定工作任务和技能方面的能力和知识，包括专业知识、技术能力和执行任务的能力。人际关系胜任力则强调个体在与他人交往、协作和建立良好关系方面的能力，如沟通能力、团队合作能力和影响力。

① Spencer L M，Spencer S M. The Competence Model and Its Use in Occupational Development [J]. Journal of Employment Counseling，1993，30（3）：111－118.

② Spencer L M，Spencer S M. Competence：The Key to Success in Training and Development [J]. Training and Development，1995，49（2）：40－47.

③ Lorsch J W，Lawrence P R. Organization and Environment：Managing Differentiation and Integration [M]. Boston：Harvard Business Review Press，1967.

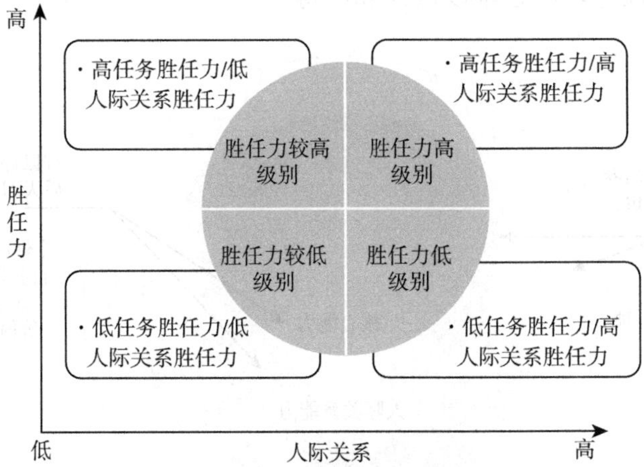

图 2-12 胜任力矩阵模型

在胜任力矩阵模型中，任务胜任力和人际关系胜任力构成了一个二维矩阵。根据个体在任务和人际关系胜任力上的表现，可以将其划分为四个象限①：高任务胜任力/高人际关系胜任力、高任务胜任力/低人际关系胜任力、低任务胜任力/高人际关系胜任力和低任务胜任力/低人际关系胜任力。这四个象限代表了不同类型的胜任力水平和组织行为特征。

胜任力矩阵模型提供了一种简洁的方式来描述和评估个体在任务和人际关系方面的胜任力水平。它强调了任务技能和人际关系能力的相互作用对于个体在组织中的绩效的重要性。这一模型可以帮助组织确定培养和发展个体胜任力的重点领域，从而提高组织的绩效和竞争力。

(三) 胜任力洋葱模型（图 2-13）

胜任力洋葱模型（Competency Onion Model）是一种用于描述胜任力的概念模型，是在冰山模型基础上演变而来。胜任素质被构想为一个由内核向外层扩展的包裹结构，其核心深处是动机，随后向外逐渐展开。个性、自我形象与价值观、社会角色、态度、知识及技能依次环绕。在这一结构中，外层元素如知识和技能相对更容易被培养和评估；而越往内层，

① Lawrence P R, Lorsch J W. Differentiation and Integration in Complex Organizations [J]. Administrative Science Quarterly, 1967, 12 (1): 1-47.

如动机和个性等，则越难以衡量和习得。

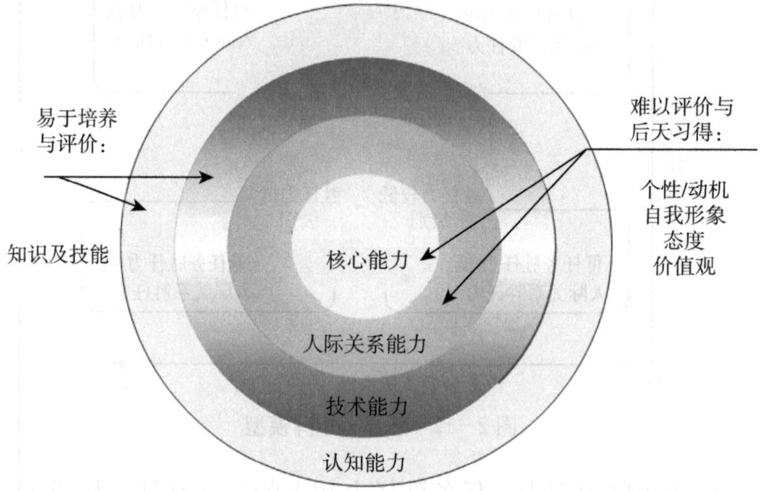

图 2-13 胜任力洋葱模型

胜任力洋葱模型将胜任力分为多个层次，类似于洋葱的结构。该模型认为，胜任力是一个多维度的概念，包含多个层次的能力和素质。在胜任力洋葱模型中，最内层是核心能力，核心能力是个体在特定领域中具备的最基本、最核心的能力，它是其他能力和素质的基础。第二层是技术能力，它指的是个体在特定工作领域所需的专业知识、技能和技术。第三层是人际关系能力，它包括个体与他人相处、合作和沟通的能力，如团队合作、领导力和冲突管理等。最外层是认知能力，它指的是个体在思维和认知方面的能力，包括问题解决能力、分析思考能力和创新能力等。

胜任力洋葱模型强调了胜任力的层次性和互动性。每个层次的能力和素质相互影响和支持，共同构成个体的综合胜任力，这种综合能力在管理中的运用尤其突出。同时，模型也提醒个体和组织在培养胜任力时应该注重全面性和平衡性，不只关注某一层次的能力，而是全面发展和提升各个层次的胜任力，可以在管理①、学习和发展中，将胜任力与学习过程结合

① Wilkinson G. Competence-Based Management: A Comprehensive and Practical Approach for Managers [M]. London: Kogan Page, 2006.

起来，以实现个人和组织的持续发展和扩大竞争优势[①]。胜任力洋葱模型为个体和组织提供了一个更系统和综合的视角，帮助他们理解和培养胜任力的不同层次和要素，从而更好地适应和成功地应对工作和组织的挑战。

(四) 能力—动机—机会（CMO）模型（图 2-14）

能力—动机—机会（Capability—Motivation—Opportunity，CMO）模型是一种用于解释个体行为和绩效的框架。全球范围内关于胜任力CMO模型研究中具有影响力的研究成果涵盖了从动机、满意度到创造力等不同方面。Richard M. Ryan 和 Edward L. Deci[②] 在研究中强调自主性和内在动机对个体行为和满意度的重要性，认为能力、动机和机会的相互作用影响着个体的内在动机和绩效。James H. Bray 和 Ann Howard[③] 将CMO模型应用于员工绩效和组织变革的研究中，强调能力、动机和机会对员工满意度和绩效的综合影响。Arnold B. Bakker 和 Wilmar B. Schaufeli[④] 的研究聚焦于幸福感、工作投入和绩效之间的关系，认为动机和机会是影响员工工作投入和绩效的重要因素。Teresa M. Amabile[⑤] 的研究探索了动机、机会和创造力之间的关系，强调在创造性任务中，积极的工作环境和动机能够促进个体的创造力发展和表现。

综合研究者对能力—动机—机会（CMO）模型的研究，识别出CMO模型中强调的三个关键因素。①能力：能力指个体具备完成特定任务或工作的知识、技能和经验。它涉及个体的专业知识、技术能力、认知能力以及执行任务所需的各种技能和资源。能力对于有效地执行工作任务至关重要。②动机：动机指个体实施行为的动力和动力来源。它包括个体的目标、动机驱动因素和内在或外在的激励机制。动机可以来自个体的内在需

① Wilkinson G. The Role of Competencies in Learning and Development [J]. Industrial and Commercial Training, 2010, 42 (1): 11-17.

② Ryan R M, Deci E L. Self-determination theory and the facilitation of intrinsic motivation, social development, and well-being [J]. American psychologist, 2000, 55 (1): 68-78.

③ Bray J H, Howard A L. Organizational climate and job satisfaction in a service organization: Age, sex, and supervisory status differences [J]. Journal of Applied Psychology, 1983, 68 (4): 653-663.

④ Bakker A B, Schaufeli W B. Positive organizational behavior: Engaged employees in flourishing organizations [J]. Journal of Organizational Behavior, 2008, 29 (2): 147-154.

⑤ Amabile T M. Creativity in context: Update to the social psychology of creativity [M]. Boulder: Westview Press, 1996.

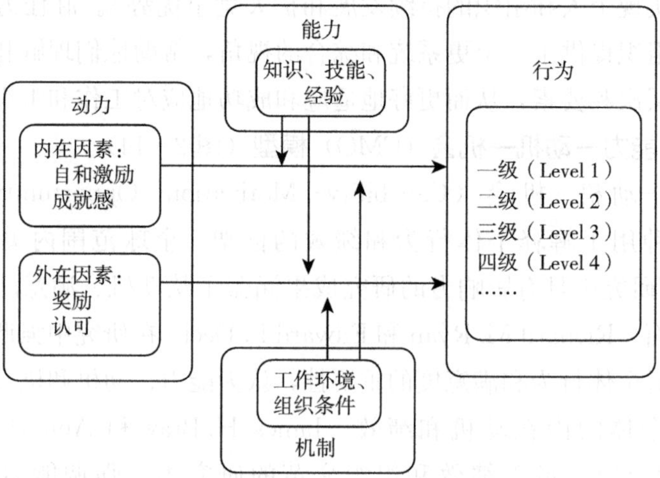

图 2-14　能力—动力—机制（AMO）模型

求、价值观、目标追求以及对奖励和认可的渴望。动机激励个体积极参与工作并持续努力。③机会：机会指个体在工作环境中实现其能力和动机的条件和机遇。它包括组织提供的资源、支持和发展机会，以及工作任务的性质、要求和激励体系。机会因素影响着个体能否发挥其能力和动机，并获得工作成果和绩效。CMO 模型认为，能力、动机和机会是实现个体绩效的三个关键要素，它们之间相互影响并共同作用。如果个体具备适当的能力和动机，但缺乏机会来发挥它们，绩效可能会受到限制。同样，即使有充足的机会，但缺乏必要的能力和动机，个体也难以取得出色的绩效。通过综合考虑个体的能力、动机和机会，CMO 模型提供了一个框架来分析和改善个体的绩效和工作表现。它强调了个体能力的培养、动机激励的设计和提供适当的工作机会和支持的重要性。通过优化这三个方面的匹配和互动，可以促进个体的成功和组织的绩效提升。

（五）能力—动力—机制（AMO）模型

能力—动力—机制（Ability—Motivation—Opportunity，AMO）模型是一种用于解释员工绩效的理论模型。该模型认为，员工的绩效是由他们的能力、动力和工作机制三个要素共同决定的。胜任力 AMO 模型的研究基础依赖于：①资源基础理论（Resource—Based View），该理论认为组织和个体的资源是实现竞争优势和绩效的关键要素。AMO 模型将员工的能力、动力和机制视为重要的资源，对绩效产生影响。②自我决定理论

(Self-Determination Theory)，该理论强调个体的内在动机对行为的驱动作用。AMO模型将动力视为影响员工绩效的重要因素，关注员工的内在动机、自主性和自我激励。③任务特性理论（Job Characteristics Theory)，该理论指出任务设计对于员工的工作动机和绩效具有重要影响。AMO模型中的机制部分考虑了工作环境和组织条件对员工能力和动力的支持性作用。④社会认知理论（Social Cognitive Theory)，该理论关注个体的观念、信念和自我效能对行为的影响。AMO模型中的能力部分涉及员工的知识、技能和信念，强调能力对于绩效的重要性。

能力—动力—机制（AMO）模型的研究涉及许多全球有影响力的研究者，斯坦福大学的教授Jeffrey Pfeffer（杰弗里・普费弗）① 对组织行为和人力资源管理领域做出了重要贡献，他认为AMO模型中的机制部分特别重要，强调组织环境和制度对员工绩效的影响。康奈尔大学的教授Patrick M. Wright（帕特里克・M. 赖特）② 专注于人力资源管理和组织行为领域的研究，他在AMO模型的研究中强调了能力、动力和机制之间的互动关系，并探讨了这三个要素对绩效的影响机制。澳大利亚科廷大学的教授Sharon K. Parker（沙龙・K. 帕克）③ 擅长于工作和组织心理学领域的研究，她对AMO模型中的动力部分进行了深入研究，强调了员工的动机和工作态度对绩效的重要影响。

综合胜任力AMO模型研究中研究者对于三个要素的界定，本研究认为要素共性包括三个方面。①能力（Ability)：能力指的是员工所具备的知识、技能和经验，以及他们在工作中展示出的实际表现。能力对于员工能否胜任工作任务至关重要。高水平的能力可以使员工在工作中表现出色，并完成工作要求。②动力（Motivation)：动力指的是员工参与工作的积极性、动机和意愿。动力可以来自内在因素（如自我激励、成就感）或外在因素（如奖励、认可)。员工的动力水平与他们对工作的兴趣、目

---

① Pfeffer J. Competitive advantage through people: Unleashing the power of the work force [M]. Boston, MA: Harvard Business School Press, 1994.

② Wright P M, Nishii L H. Strategic HRM and organizational behavior: Integrating multiple levels of analysis [J]. Research in Personnel and Human Resources Management, 2004, 23: 1-55.

③ Parker S K, Collins C G. Taking stock: Integrating and differentiating multiple proactive behaviors [J]. Journal of Management, 2010, 36 (3): 633-662.

标设定、自我驱动等密切相关。③机制（Opportunity）：机制指的是员工所处的工作环境和组织条件，包括工作设计、资源支持、团队合作等方面。良好的工作机制可以提供适当的资源和支持，创造有利于员工发挥能力和实现动力的工作条件。

AMO模型认为，能力、动力和机制三个要素相互作用，共同影响员工的绩效。当员工具备适当的能力，拥有高度的动力，并且处于支持性和激励性的工作机制下时，他们的绩效往往更加出色。这个模型强调了个体素质、内在动机和外部环境的综合作用，对于解释和提升员工绩效具有重要意义。在教育学领域，一些研究者开始探索将AMO模型应用于教育组织和学校管理的研究中。他们使用AMO模型来研究教师的能力、动机和工作环境对教学质量和学生学习成果的影响。通过分析教师的能力水平、教育动机和教学机会，研究者可以更好地理解教育组织中的绩效差异，并提出改进教育质量的建议。如：阿诺德·巴克（Arnold B. Bakker）① 等人的研究探讨了教师的能力、动机和工作环境对工作投入和教学绩效的影响，以及如何通过创造有利于教师发展和满意度的工作环境来提高教育质量。朱莉娅·古德曼（Julia Goodman）② 的研究关注教师的能力和动机如何与学生学习成果相关联，以及如何优化教学环境以提供更好的机会和支持，促进学生的学习和发展。杰里米·戈尔丁（Jeremy Golding）③ 探索了教师的能力、动机和机会对教学质量的影响，并关注如何通过提供支持和发展机会来提高教师的绩效和满意度。

五、胜任力研究小结

（一）发展趋势

截至2022年3月，在Web of Science论文数据库检索得到胜任力相关研究文献总量1 000篇，从国际胜任力研究现状来看，发达国家此领域

① Bakker A B，Demerouti E，Verbeke W. Using the Job Demands - Resources model to predict burnout and performance [J]. Human Resource Management，2004，43 (1)：83 - 104.

② Goodman J. Teachers' competence，motivation，and opportunity to learn：A new model for teacher effectiveness [J]. Teaching and Teacher Education，2017，63：196 - 208.

③ Golding J. Teachers' professional competence and job satisfaction：The role of school contextual factors [J]. School Effectiveness and School Improvement，2016，27 (2)：231 - 249.

的研究比重较大，研究投入较高，2009 年文献数量增加较为显著，2013 年文献数量达到顶峰（为 96 篇）。绘制技术生命周期图，判断该技术主题目前处于成长期。分析未来几年的发展态势，胜任力研究将持续拥有强劲生命力，未来将在教育学、教育心理学、心理学研究中占据重要地位，已形成发展趋势。

（二）热点与演化

从主题词角度看，国内胜任力研究技术热点集中主题聚类显著的有专业知识、辅导员、大学生、研究成果、专业技能；分析法、指标体系、管理者、重要性、针对性；资源管理、人力资源、竞争力、科学合理、应用型；访谈法、高校教师、结果显示、价值观、人格特质；有效性、创新能力、公务员、可行性、创新型；规范化、医学教育、人际沟通、委员会、高质量。

（三）国际发展趋势

从国际研究关联关系中可以看出，关系显著的是澳大利亚、英国、中国、比利时、韩国；西班牙、土耳其、爱尔兰、新西兰；美国、加拿大、荷兰；德国、瑞士。可以看出这项研究基本集中于发达国家，根据亚当的理论，一般认为事物的发展倾向于趋势运动，发展过程中一轮趋势确立之后，倾向于继续起作用，会持续往某个特定方向保持移动。1902 年，威廉·P. 汉密尔顿（William Peter Hamilton）和罗伯特·雷亚继承了道氏理论和查尔斯·道的观点，提出了“趋势理论”，指出趋势一旦被确认，这种认定将加强趋势的发展，并导致一个自我推进的过程。从以上种种的国际发展走向可以判断，胜任力研究的发展倾向于趋势运动，往后时间段的发展中会持续往教育教学胜任力研究的方向保持移动。

（四）研究产出呈现

美国、加拿大、德国、荷兰论文产出和论文被引用率高，在未来的发展中胜任力研究领域的成果传播也会持续扩大，产生传播效应，拓展研究本身的深度和广度。本研究从胜任力角度分析西部民族地区教师教学能力，切合国际发展趋势，也将为教师教学能力的研究带来新的视角。

通过对国内外胜任力研究文献的总结，本研究将胜任力研究的特点集中归纳为三个层面：其一，各职业胜任力模型的建构具有一定的普适性。

建立胜任力模型的基本原理其实就是辨别业绩优秀者和普通胜任者态度、内驱力等方面的差异，并将发现的数据量化成可操作化的模型体系。其二，胜任力模型的建构具有特殊性。基于组织的目的、规模、资源、内部亚文化等条件而有所不同。其三，胜任力模型的构建具有动态性和发展性。随着组织的发展、技术的进步和市场环境的变化，胜任力要求也会发生变化。胜任力模型需要定期进行评估和更新，关注当前需求的同时也要预见未来的变化，以确保其与实际需求保持一致。

第二节　教师胜任力研究

为保证本研究的科学性与学术性，研究数据库选择 Web of Science 核心合集中的 SCI-扩展（科学引文索引扩展）、SSCI（社会科学引文索引）、CPCI-S（会议论文集引文索引-科学）、CPSI-SSH（会议论文集引文索引-社会科学与人文科学）四库，检索式为 TS=“teachers’ competence” OR “teacher competency” OR “teachers’ competence model” OR “teachers’ abilities” OR “abilities for the teacher” OR “teacher competence building” OR “teachers’ skill”，时间跨度为 2000—2022 年，研究聚焦于以下三个方面。

一、教师胜任力研究概况

（一）不同地区的研究重点

1. 美国和加拿大，重点关注教师的专业发展、教育评估方法以及技术在教学中的应用

在教师的专业发展方面，研究集中在教师如何通过继续教育、专业学习社区和研讨会来提高其教学技能，包括教师如何利用同行评议和自我反思来提升自己的教学实践。加拿大制定了教师教学的“专业实践标准”，这包括教师教学的专业知识、持续的专业学习、学习共同体中的领导能力等方面。比如，约克大学教育学院的职前教师培养课程着重于多学科知识整合，强调理论研究与实践操练的结合。加拿大还特别强调社区实习的重要性，如在博物馆、活动中心等地的实践，以及在新教师的“辅导阶段”，通过辅导关系帮助新教师提升专业实践能力。在职教师的持续学习是重要的，包括参与社区服务、艺术表演等活动，以及学习政府提供的各种资格证书课程和在线学习模块。Darling - Hammond 在她的文章 *Teaching as a Profession: Lessons in Teacher Preparation and Professional Development*（《教学作为一种职业：教师准备和专业发展的教训》）里提及教师培训的质量提升，强调教师教育的重要性，特别是在教学理论和实践技能方面的培训，探讨了如何通过改进教师培训课程来提升教学质量、教师持续的专业发展①，强调了教师在整个职业生涯中持续学习和发展的重要性，包括参与研讨会、继续教育课程和同行评估等。②

这两个国家都着重于教师领导力的培养，以及教师在学校和教育系统中的决策参与。在教育评估方法方面，这两个国家强调使用数据和证据来指导教学实践，包括学生的学习成果和教师的教学效果，探讨多元化的评估方法，如形成性评估和总结性评估，以及它们在课程设计和学生反馈中的应用。研究如何通过评估结果来改进教学策略和课程内容。在技术在教学中的应用方面，美国和加拿大研究注重如何将新兴的教育技术（如在线学习平台、交互式白板、学习管理系统等）融入课堂教学，探索数字工具对学生学习的影响，特别是在提升学生的参与度、协作能力和创造力方面。研究远程教学和混合教学模式的有效性，以及如何在这些模式下保持教学质量和学生参与感。如 Pamela Beach 的研究集中在探索小学教师如何使用在线学习环境③，以及调查教师如何探索专业发展网站，并理解促使教师使用基于互联网的资源的因素。④

美国和加拿大的教师胜任力研究反映了这些国家教育体系对教师专业成长、持续评估和技术整合的重视。这些研究为教师提供了更多的发展机会，同时也为提高学生的学习成效提供了科学的依据和方法。

---

① Guskey T R. Professional development and teacher change [J]. Teachers and Teaching, 2002, 8 (3): 381 - 391.

② Darling - Hammond L. Teaching as a profession: Lessons in teacher preparation and professional development [J]. Phi Delta Kappan, 2005, 87 (3): 237 - 240.

③ Beach P, Willows D. Investigating teachers' exploration of a professional development website: An innovative approach to understanding the factors that motivate teachers to use Internet - based resources [J]. Canadian Journal of Learning and Technology, 2014, 40 (3).

④ Beach P. Examining elementary teachers' use of online learning environments: An exploratory study [J]. Journal of Research on Technology in Education, 2018, 50 (1): 24 - 47.

2. 欧洲（如英国、德国），在教师胜任力方面的研究注重教师的教学方法、课程设计以及跨文化教学能力

第一，教学方法。在英国和德国，教育研究重视创新的教学方法，包括探索以学生为中心的教学策略、合作学习和批判性思维的培养。例如，英国的教育体系鼓励教师采用多样化的教学方法，以适应不同学生的学习需求，同时也重视教师在课堂上使用问题解决和探究式学习的技巧。德国的教育研究强调数字内容能力在教师课程设计中的重要性。这包括教师对学科概念、理论的理解，以及如何运用数字技术来提供丰富的教学内容和灵活的教学进度。德国马丁路德·哈勒维腾贝格大学执行了一个名为“数字化教学能力”（Diko La）的项目，旨在通过数字化手段和方法系统地培养所有教师培训课程的毕业生。第二，课程设计。在欧洲，特别是德国，教育系统强调以学生为中心的课程设计，这意味着课程内容和结构都旨在满足学生的学习需求和兴趣。英国的课程设计也注重跨学科的连接和实用性，鼓励教师开发综合不同领域知识和技能的课程，以培养学生全方位的能力。德国不伦瑞克工业大学执行了一个名为“教师培训数字化”（Di BS）的项目，该项目致力于系统地将数字能力融入教师培训。项目强调在教师整个职业生涯中数字化教育与培训的连贯性和可持续性。第三，跨文化教学能力。由于欧洲存在多元化的社会背景，教育研究特别关注教师的跨文化教学能力，这包括理解和尊重不同文化背景的学生，以及如何在多元化的教室环境中有效教学。

在英国和德国，这种能力尤为重要，因为两国都有大量来自不同文化背景的移民和国际学生。教师需要能够在多样性的环境中教学，并在课堂上建立包容和尊重的氛围。

3. 亚洲（如中国、日本），强调教师的学科知识，认为教师必须具备深厚的学科专业知识，以确保能够准确、深入地传授学科内容

重视完善的教师培训体系，包括系统的职前教育和职后继续教育，以提高教师的专业水平和教学能力。学者们研究了教育政策对教师专业发展的影响，探讨如何通过政策支持提升教师的教学质量和职业发展。

4. 澳大利亚和新西兰，研究注重教师的情感智力

强调教师情感智力的重要性，包括同理心、情绪管理以及如何在课堂上建立积极的师生关系。首先，研究表明情感智力对于创建支持性和包容性的学习环境至关重要，有助于提高学生的学习动力和学业成就。Peter Salovey 和 John D. Mayer 两位心理学家在 1990 年首次提出了“情感智力”（Emotional Intelligence）的概念。他们定义情感智力为个体识别、理解、表达和管理自己及他人情绪的能力。强调教师在识别和应对学生情绪方面的能力，以及这些技能如何促进学生的学习动力和学业成就。[①] Goleman 在情感智力理论方面的工作对于教育领域产生了深远影响。他在著作中阐述了情感智力对个人成功的重要性，包括学校教育环境中的应用。[②] 其次，这两个国家的研究中注重学生多样性适应能力。鉴于学生群体的多样性，包括不同的文化、语言和学习需求，澳大利亚和新西兰的教育研究强调教师适应多元学生群体的能力。这包括如何有效地教授来自不同背景的学生，以及如何在课堂上处理多样性和包容性问题。最后，注重创新教学方法的研究。包括探索新的教学方法，如项目式学习、翻转课堂以及使用新技术和教育工具，以提高学生的参与度和学习效果。这些研究强调教师需要不断更新自己的教学技能，以适应快速变化的教育环境和学生需求。

澳大利亚和新西兰的这些研究反映了两国教育系统对教师在情感智力、多样性适应能力和教学创新方面的重视，旨在培养能够满足当代教育需求的高质量教师。

（二）发文量和学术趋势

发文量方面，美国和欧洲国家在教师胜任力的研究上较为活跃，这可能是由于这些地区有较长的教育研究历史，以及对教育质量和教师发展的持续关注。其次是亚洲和澳大利亚地区。相比之下，亚洲和澳大利亚地区虽然在这个领域的研究发文量相对较少，但近年来也呈现出增长的趋势。这可能与这些地区经济的快速发展、教育体系的改革和国际化趋势有关。

学术趋势上，近年来出现了更多关注教师的情感智力、多元文化适应能力和技术融合教学的研究。更多的研究开始关注教师的情感智力，强调教师识别和管理自己及他人情绪的能力对于创造积极学习环境的重要性。这表明教育界开始重视教师的情绪管理技能，以及这些技能对学生学习成效的影响。由于全球化和人口流动性的增加，教育系统越来越多样化。因

---

① Salovey P, Mayer J D. Emotional intelligence [J]. Imagination, Cognition and Personality, 1990, 9 (3): 185-211.

② Goleman D. Emotional intelligence [M]. New York: Bantam Books, 1995.

此，教师的多元文化适应能力受到越来越多的关注，研究强调教师需要具备理解和尊重不同文化背景学生的能力，以及如何在多样化的教学环境中有效教学。随着科技的迅速发展，教育技术成为教学中不可或缺的一部分。研究越来越多地关注如何将技术有效融入教学中，以提高教学效果和学生的学习体验。

（三）代表性派别和观念

在教师胜任力研究中逐渐形成了不同的理论，如约翰·海特（John Hattie）的“可见学习”理论，在教学效果评估方面产生了深远影响；霍华德·加德纳（Howard Gardner）的多元智能理论，对教师教育方法和学生评估产生了影响；菲利普·施莱格尔（Philipp Schlechty）在教师工作设计和教师领导力方面的贡献等。由这些理论衍生出了胜任力研究中的不同派别，他们研究的方面各有侧重。第一类，学科专业知识派别。这一派别强调教师对其教授学科的深入理解和具备过硬的专业知识。支持者认为，教师的专业知识是有效教学的基础，只有深入理解学科内容，教师才能准确地传授知识并激发学生的学习兴趣。第二类，教学技能派别。此派别关注教师的教学技能和方法，包括课堂管理、教学策略、学生评估和反馈等。这一派别认为，即使教师拥有深厚的学科知识，没有有效的教学技能也难以实现高效教学。第三类，情感智力和人际交往派别。此派别强调教师的情感智力和人际交往能力对于创建积极的学习环境和建立良好师生关系的重要性。支持者认为，教师需要具备理解和管理自己及学生情绪的能力，以促进学生的整体发展。第四类，教育技术派别。这一派别注重教育技术在教学中的应用，强调利用技术工具和资源来增强教学效果和学生参与度。支持者认为，随着科技的发展，教师需要掌握新的技术技能，以适应现代教育的需求。第五类，终身学习和专业发展派别。此派别强调教师的终身学习和持续专业发展的重要性。支持者认为，教师需要不断更新知识和技能，以应对不断变化的教育环境和学生需求。这些不同的派别反映了教师胜任力研究的多样性和复杂性。不同的研究和实践观点提供了对于提升教师胜任力的全面理解。

（四）未来发展趋势

技术在教育中的应用将继续增长，尤其是在远程教学和混合教学模式中；对教师情感智力和社交能力的重视将增强，特别是在多元化和包容性教育环境中；教师的终身学习和专业发展将成为焦点，包括对新兴教育理论和实践的适应。这些概况提供了一个关于全球教师胜任力研究的宏观视角，揭示了各国在这一领域的独特贡献和未来发展的可能方向。

二、教师胜任力界定及特性

教师胜任力在学术界有着丰富的定义。Hammond、Youngs 在研究中提出教师是学生获得成就过程中的一个重要驱动因素，而在工作中取得成功的教师身上往往存在一些可辨识的教师特征，这些特征是组成教师胜任力的重要因素。Dineke E. H. 指出教师胜任力是教师所具有的专业知识、人格特征及在不同教学环境和情境中所需的教学态度和教学技能的综合。广州大学邢强、孟卫青（2003）指出教师胜任力是教师开展有效教学的必要条件，隶属于教师个体特征，特指教师在开展成功教学中个体所具备的专业知识、专业技能、专业价值观。杭州师范大学王强（2011）认为教师胜任力是教师作为一般知识工作者的基本素养，是教师专业素养不断内化之后的教师的行为改良。显然，教育领域中胜任力的研究相较于企业管理中胜任力的研究，其线索并不是特别清晰。虽然没有形成统一定义，但各研究者所提出的教师胜任力具有共通性：第一，教师胜任力是教师个体特性的聚合。这种聚合不仅包括教师的专业知识、教学技能、教学行为等可以被观测的外显部分，也包括不易察觉的动机、个性特点、价值观等潜在特质，具有持久性与决定性的深层特质对教学工作绩效具有相对稳定的预测作用。第二，教师胜任力与绩效关系紧密。教师胜任力水平的高低与教学是否有效开展关联紧密，能够对绩效产生预测作用的个体特征才属于教师胜任力。第三，教师胜任力可以通过科学的方法进行衡量与评估，教师胜任力有着显著的区分性、可衡量性和等级性，具备必要能力的才能成为优秀教师。教师胜任特征是教育教学组织中所需的正向特征，并在教学组织这个强环境中不断强化。第四，鉴于教师工作的复杂性、长期性、活动性与特殊性，教师胜任力更注重实际的教育教学工作环境与情境，具有情境性与动态性。

三、教师胜任力模型的研究与模型构建

（一）教师胜任力模型的研究

在国外，企业管理领域中胜任力研究如火如荼地进行时，教师胜任力

模型研究也在同时展开。现行应用较多的胜任力模型如美国基于教师素养的胜任力模型构建、英国 NEAC 模型、双因素模型、四维度模型、高绩效教师模型及多因素模型。

美国国际教育交流协会（Council on InternationalEducational Exchange）在 1988 年发表的《为全球胜任力而教》的研究报告中提及：教师胜任力的构建要基于全球化视野下教师素养的胜任力培养。这种模型的构建有着切合实践思维导向的独特理念，它将教师胜任力的构建看作主观和客观、本质和现象、结果和过程互动的、不可分割的动态整体，从而实现教师胜任力的持久提升与发展。

由英国国家教育评估中心研究项目中心提出的“NEAC 教师胜任力模型”的构建不同于美国，其中包括 4 个方面 12 项胜任力特质。NEAC 模型注重个体具备的、可被识别的能力，注重的是教师的任职资格，是教师在特定岗位完成工作时具备的最低技能标准。

“双因素模型”是指“合作胜任力（Collaborative Competece）”和“教育胜任力（Educative Competence）”，由 Bisschoff 和 Grobler 提出，这种模型从教师专业承诺、教师教学基础、教师反思、教师合作能力等八个理论层面对教师胜任力进行了探讨。

“教师胜任力四维度模型”的提出者丹尼尔森等人指出，四维度中包括规划和准备，教师环境监测，教育，职业责任。

“高绩效教师模式”是海伊·麦克伯（Hay Mc Ber）于 2000 年 6 月提出的。其中包括高绩效教师需要具备的专业化、领导力、管理能力、规划能力、思考能力五大胜任特征。

“教师胜任力多因素模型”由澳大利亚维多利亚独立学校协会（AISV）（2003）通过研究提出，其中包括连续性学习、适应能力、沟通合作能力、人际关系能力、创新、信息监控、计划和组织等 15 项不同因素。

此外，Cruickshank（1986）总结出优秀教师应具备的最基本素质；Foster（1989）研究了 1 471 名成功教师和优秀教师后提出了优秀教师有效表现的八个特征；Troug（1998）调查了 255 名中小学校长对中小学新教师胜任力的基本看法；Sternberg 等人（2002）研究了专家型教师的共性特征。

国外对教师胜任力模型的研究注重功能性、指导性及建模过程中的情景性与动态性，在评测过程中考虑了环境因素对教师胜任力产生的影响，将其统一整合到社会人力资源及全球视野范围内，对教师胜任力的未来发展有明确的目标指向。但是研究方法仍然以行为事件的访谈为主，操作中注重对过往事件的反思与行为的调整，教师胜任力应变性不足，对未来事件的行动指导有滞后性。

国内有关教师胜任力模型的研究相较国外还较少，处于起步阶段，自2004年之后研究逐渐增多，研究类型分为如下五类。

第一类，从理论角度出发，聚焦于胜任力测评的功能性与鉴别性，如蔡永红（1999，2003）、曾晓东（2004）从理论角度出发，研究讨论了有关教师胜任力的内涵、评价依据、意义及作用。徐建平，张厚粲（2006）通过访谈并对关键事件进行差异比较后构建了包含11项具有鉴别与区分特征的中小学教师胜任力模型，其中既有教师必备的共有的任职资格标准，也包括可用于制定评优和奖惩标准的区分性特征。

第二类，根据我国教育教学中不同发展阶段，关注不同学段教师胜任力模型的构建。如王强、宋淑青（2008）运用行为事件访谈（BEI）技术，构建了含有8项甄别性与基准性特征的胜任力模型；李晔，李哲，鲁铱，卢静怡（2016）基于学生回溯性评价，探究了在学生发展中对其形成长远影响的教师胜任特征。李悦辉（2000）构建了当代优秀中学教师职业素质结构模型；李英武、李凤英等（2005）探讨了我国中小学教师胜任力的问题，并构建了胜任力结构维度。

第三类，基于教师所从事的具体教学分工而构建的胜任力模型。如韩曼茹、杨继平（2004）通过多元统计、行为事件访谈等方法，对在中学担任班主任工作的教师进行了胜任力实证研究，并构建了包含四类十二个胜任力特征的中学班主任胜任力模型。

第四类，根据教师所教授学科的特点进行的教师胜任力建模。如李秋香（2006）建构了高中化学学科教师胜任力模型，并提出了定量评价体系。郭春才（2012）从信息化教育环境的构成要素及其相互关系中解析出教师胜任力一级指标，构建出教师胜任力模型。陈鸿雁，文龙，曹大生（2010）提出包括职业道德、个人特质、师生和谐等六个维度的高校思想政治理论课教师胜任力模型。

第五类，不同类型学校中不同工作环境中教师胜任力的建模。如张议元、马建辉（2006）通过研究构建了高职教师胜任力模型。王昱、戴良铁等（2006）探讨了包含七个结构维度的高校教师胜任力特征。陈斌，刘轩（2011）根据职业类院校的自身特点，采用多种建模方法验证了高职院校中教师胜任力模型。

教师胜任力的模型研究在国内的起步虽然较晚，但研究角度比较广泛，研究中以经典行为事件访谈为主要方法，通过实证研究对绩优教师的素质结构、胜任特质进行梳理。相较于国外研究，国内学者更注重教师思想道德、价值取向、认知类型方面的特质归纳，但是由于胜任力概念多借鉴国外的研究，在研究中并没有从我国实际的国情出发，导致与实践的贴合度不高。

（二）教师胜任力模型构建方法

构建教师胜任力模型需要采用科学的方法，常用的方法分为自下而上的建模法和自上而下的建模法。自下而上建模方法包括行为事件访谈编码法（也被称为行为事件访谈法）、标杆对照法等；自上而下的建模方法包括专家逻辑推导法、职能分析法、战略演绎法、问卷调查法等。

第一，行为事件访谈法（Behavioral Event Interview，BEI）。

行为事件访谈法（BEI）是由美国心理学家 McClelland 博士结合关键事件法（Critical Incident Technique，CIT）和主题统觉测验法（Thematic Apperception Test，TAT）提出的，是一种结合开放式行为回溯的访谈方式。这种方法逻辑严谨，所得信息充分，是建立胜任力模型的首选方法。实施步骤分为四步：①确定效标样本；②采用查阅资料、BEI 访谈、问卷调查等方法获取效标样本中与教师胜任力相关的数据资料；③从关键行为事件描述中梳理出能够体现胜任力的有关因素，整合提炼进行定义（这个过程也称为编码），并按照实际情况进行分层素质模型的构建；④对教师胜任素质模型进行验证。

BEI 在研究中可以灵活运用，良好的访谈效果要求访谈者在活动过程中不断进行有效追问，以达到深度获悉相关岗位具体事件、甄别信息真伪度的目的，在行为描述、情景描述、任务确认、结果确认的每个过程中，都可根据研究的实际需求情况深入进行。

这种方法在使用过程中有一定的局限性：第一，如果用人单位缺乏完善的教师考核体系，绩优教师群体和绩普教师群体则很难区分；第二，受特殊地域环境、地方独特文化的影响，会出现访谈样本不足。例如在我国西部地区，很多农牧区学校中存在教师一人一岗现象，没有形成有效的、层次分明的教师梯队，访谈样本基数不能满足研究调查需求，而教师人才梯队的不完整会对访谈结果产生直接的影响。

第二，标杆对照法，也称标杆分析法（Benchmarking）。

标杆分析法（Benchmarking）就是借鉴国内外教育界优秀做法，或是对同行中绩效最为显著的教学组织、教育机构进行研究，分析最佳实践及优秀教师的素质要求是什么，把这些素质和岗位的实际情况结合起来，通过与最佳教师业绩的对比，按照优秀教师素质特质分类对照自身差距，不断改善教师个体活动，促进教师胜任力的提高的一种途径与方法。标杆分析法着重于管理过程和学习过程中的研究与分析。

教师最佳业绩通常有三类：学校组织内部标杆、区域标杆和通用标杆。比较理想的是与区域内标杆比较，即使用区域标杆来确认同行中最佳教学实务者，判断其取得最佳教学实务的因素，以资借鉴。实质上是进行榜样标杆分析并找出关键差距。

在使用标杆法进行分析时，首先要明确教育行业内的明确绩优群体或机构，比如全球最受欢迎教师、欧美优秀教师、全国骨干教师、全省优秀教师等。其次要明确标杆类型，明确标杆中的价值取向，因为它决定了学校在对标过程中的具体方式方法，如教育先进组织、教育文明单位、教育示范单位、师德标兵、教学能手、先进教育工作者、优秀辅导员、优秀班主任等。有效的目标聚集，有助于在特定领域里进行细化对标，采用聚焦差距分析，得出需改进的方法与策略。要分析标杆所处真实环境因素的影响，所处外部环境相似条件下，分析重点应以组织内部因素为主。

标杆分析法在教师胜任力模型构建中用途多样，方式灵活，是进行教师或教育机构优势与劣势分析的有效途径与手段，能确定教育环境中最佳教学实务及教师成功的特质因素，并通过驱动因素分析后，认识到教师自身的优势与不足。

第三，职能分析法。

该方法曾一度盛行于英国，它关注教师岗位职责要求中的绩效最低限度。通过对特定工作岗位职责与关键角色（Key Roles）的解析，对基准标准和绩效进行具体描述，并根据工作职责的不同制定胜任力单元（Competency Unite），最终确定基准性胜任力。

职能分析法能够识别教师岗位工作中所需的产出能力，但在应用中也受到质疑：首先胜任力单元的标准制定含有过多主观因素；其次标准倾向于个体胜任力特质而忽视了团队合作的力量；最后教师工作环境复杂且在工作中有一定的发展性与动态性，但标准的制定更多的是静态的，使用过程中并没有考虑情景的重要性。

四、教师胜任力研究及模型建构研究小结

近几年来教师胜任力的研究越来越受到学者们的关注，2018 年国务院《关于全面深化新时代教师队伍建设改革的意见》中提到“必须深刻认识教师队伍建设的重要意义”。作为指导性文件的《国家中长期教育改革和发展规划纲要（2010—2020 年）》中指出，深化教育改革需要加强师资队伍建设，提升教师专业化水平，促进教育质量工程建设。

在社会主义现代化全面建设的过程中，社会的主要矛盾已经发生了变化，人民对于公平而高质量的教育的渴望日益强烈。新时代的到来要求我们的师资力量必须适应新的要求，目前教师的素质水平尚未完全满足人才培养的需求。在技术创新不断推进和新动能积累的背景下，迫切需要一支具有高专业水平、强业务能力和深厚教育情怀的教师队伍，投身于社会主义新时期的建设之中。重视和提升教师的胜任力对于整体提高教育质量具有重大意义。

教育领域中胜任力模型的应用是一个重要的创新。它标志着教师评估模式从传统的基于理论知识的考试、主观评价、静态评价、事后评价和单纯分数评价转变为更全面的教师综合素质评价、区分优秀教师的绩效评价、覆盖教师职业生涯全过程的评价、反映行为实施的反思性评价以及基于真实情境的教师实践能力评价。在教师队伍资源管理方面，胜任力模型不仅能实现对师资管理的总体引领和牵引，还能在细节上优化和改善教师队伍。

基于对文献综述的梳理和总结，得到如下启示：第一，多维度的教师角色认知。现代教师胜任力研究不再局限于传统的教学和学科知识，而是扩展到更为广泛的领域。这包括情感智力、跨文化教学能力以及教育技术

的应用，反映出教师角色的复杂性和多样性。第二，教育技术的融合与创新。科技的快速发展推动了教育技术在教学中的广泛应用。教师胜任力研究开始探讨如何有效整合新兴技术，如在线学习工具、数字媒体以及互动平台，以提升教学效果和学生参与度。第三，情感智力与社会情绪学习的重视。情感智力在教师胜任力研究中获得了前所未有的关注。研究表明，教师的情感智力，包括情感认知、情绪调节和同理心等，对于构建积极的学习环境、促进学生情感和社交发展具有重要影响。第四，跨文化教育能力的强调。随着全球化进程的加速，教育环境变得日益多元化。教师胜任力研究关注教师如何应对不同文化背景的学生，如何在多元化的教室环境中进行有效教学，以及如何培养学生的全球意识和跨文化交际能力。第五，基于证据的教学实践。研究越来越多地关注如何基于实证研究来指导教学实践。这涉及使用数据和研究结果来优化教学策略、课程设计和学生评估。第六，终身学习与专业发展。当代教师胜任力研究强调教师作为终身学习者的重要性。这包括教师参与持续的专业发展活动，如培训研讨会、专业学习社区和研究项目，以适应教育领域的快速变化和新挑战。

综上所述，教师胜任力的研究正在从传统的知识和技能传授向更加全面和动态的方向发展。这一转变反映了对教师角色深度理解的增长，以及对于创建包容、支持性和创新教学环境的持续追求。

第三节 教学胜任力研究

为保证本研究的科学性与学术性，数据库选择为 Web of Science 核心合集中的 SCI—扩展（科学引文索引扩展）、SSCI（社会科学引文索引）、CPCI—S（会议论文集引文索引—科学）、CPSI—SSH（会议论文集引文索引—社会科学与人文科学）四库，检索式为 TS＝“teaching competence” OR “teaching competency” OR “competence in the teach” OR “teaching competences” OR “teaching competence building” OR “the development of teaching competence” OR “teaching ability” OR “teaching skill” OR “teachers’ teaching skill” OR “teachers’ teaching ability”，时间跨度为 1997—2022 年。通过“高被引论文、热点论文”快速过滤和检索精炼，按照排序相关性，数据库中检索得到教学胜任力相关记录 976 条，2017

年数量达到顶峰为140件。运用Excel和文献分析工具ITGInsight（科研关系构建可视化系统）、Vosviewer进行文献计量分析，使相关教学胜任力研究中的关联关系、引证关系、耦合关系、演化分析可视化，进行趋势探测。继续通过关键文献关联，聚焦精练，逐篇阅读，聚合前期研究成果，观测后续研究发展趋势，整体了解教学胜任力研究领域主题产生、消亡、增强、减弱、聚合和裂变的过程。

一、教学胜任力研究概况

（一）教学胜任力研究领域关键词分布

绘制关键词分布如图2-15所示，该图展示了教学胜任力的主要关键词分布：关键词聚类显著的Competences、Assessment、Evaluation、Teacher、Education；Competence、Teaching、Motivation、Teaching Methods、Intercultural Communication；Digital Competence、Teacher Education、Teacher Training、Professional Competence、Professional Development；Intercultural Competence、Intercultural Communicative Competence；Curriculum等。

图2-15　教学胜任力研究中关键词聚类

（二）学科类别分布

统计该技术主题学科类别分布比如表 2-4 所示，排序前 5 位的分别为 education & educational research、education，scientific disciplines、social sciences，interdisciplinary、linguistics、language & linguistics，数量分别达到 903 篇、132 篇、106 篇、75 篇、48 篇。

表 2-4　主要学科类别论文数量

序号	学科类别	论文数量（篇）
1	education & educational research	903
2	education，scientific disciplines	132
3	social sciences，interdisciplinary	106
4	linguistics	75
5	language & linguistics	48
6	management	48
7	psychology，educational	28
8	computer science，interdisciplinary applications	24
9	business	21
10	computer science，theory & methods	20

（三）教学胜任力研究中的学科方向交叉

主要学科方向交叉如图 2-16 所示。图中节点大小与论文数量多少成正比，图中连线粗细与合著数量多少成正比。

交叉融合显著的为 Education & Educational Research、Social Sciences、Linguistics、Psychology、Engineering；Business & Economics、Computer Science、Art、Automation & Control Systems、Telecommunications；Communication、Information Science & Library Science、Public Administration。从图 2-16 中可以看出，教学胜任力的研究与教育学、社会学、语言学、心理学、计算机科学、信息科学等学科交叉明显。

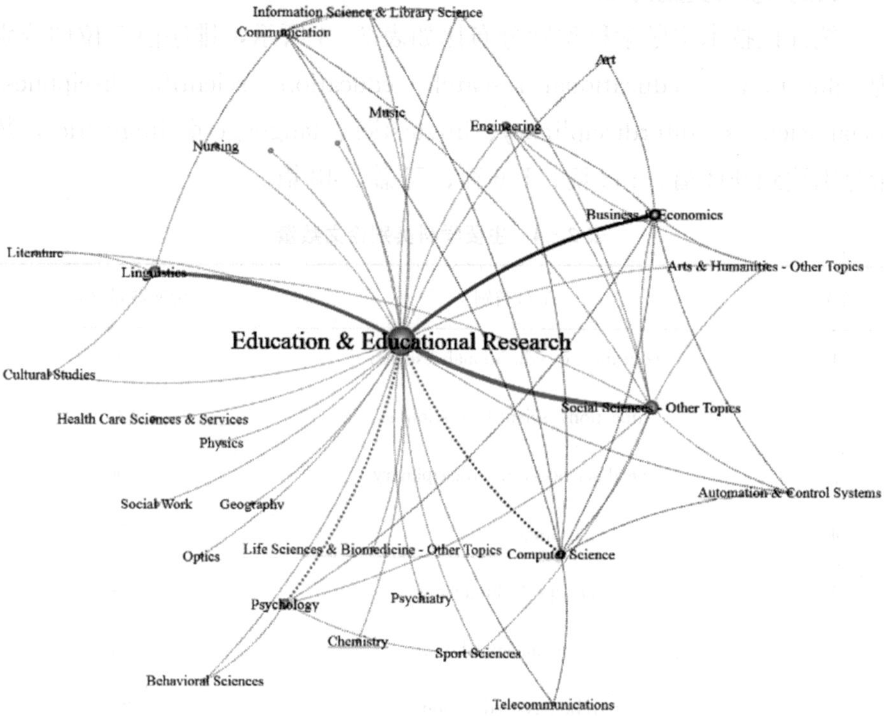

图 2-16　教学胜任力研究学科方向交叉

（四）教学胜任力研究的国际发展趋势

1. 教学胜任力研究国家论文数量

统计相关国家研究论文数量如图 2-17 所示，排序前 5 位的分别为中国、西班牙、俄罗斯、德国、美国，数量分别达到 228 篇、177 篇、74 篇、67 篇、58 篇。

2. 教学胜任力研究国家论文发表数量趋势

提取历年主要国家论文发表数量趋势如图 2-18 所示。据图 2-18 可知，2012—2015 年主要研究国家为中国、西班牙、德国、罗马尼亚、俄罗斯、美国、捷克、拉脱维亚、土耳其、克罗地亚；2016—2020 年主要研究国家为中国、西班牙、俄罗斯、德国、美国、印度尼西亚、捷克、斯洛伐克、澳大利亚、罗马尼亚；2021 年以后主要研究国家为美国、中国、西班牙、德国、加拿大、阿根廷、智利、韩国、克罗地亚。

我国自 2012 年以来，注重在教学胜任力方面的研究，国际发文数量

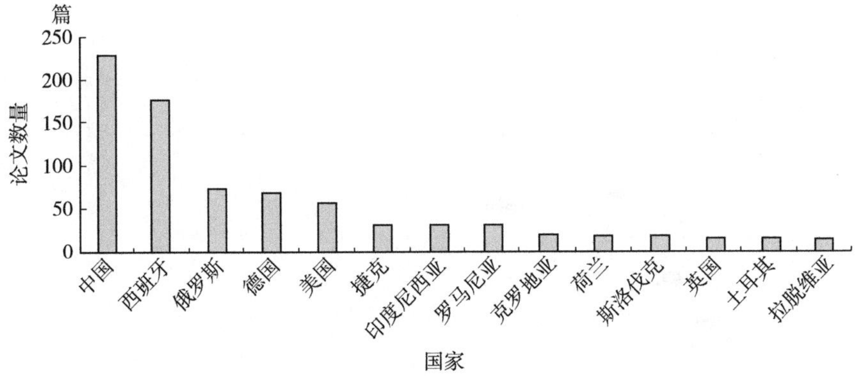

图 2-17　教学胜任力国家论文数量

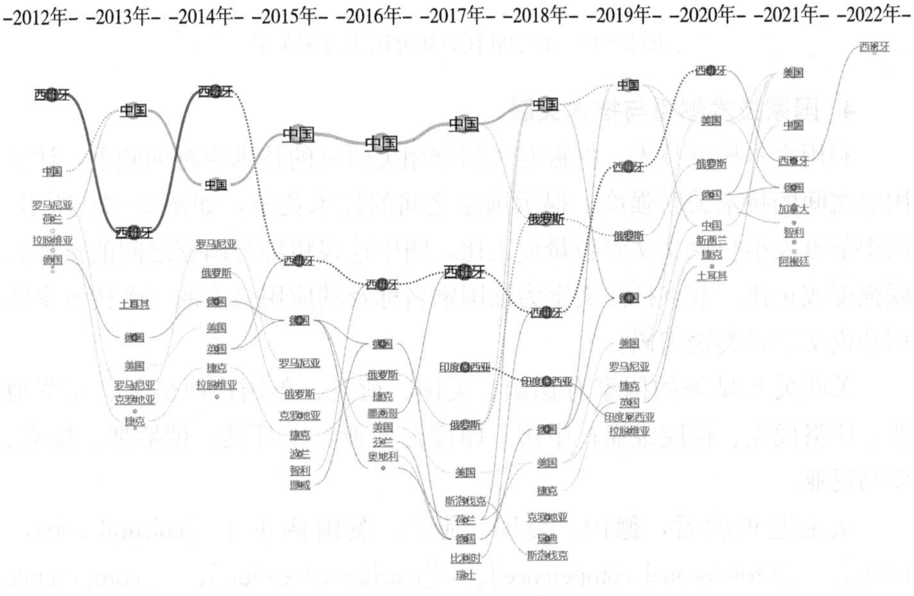

图 2-18　教学胜任力研究国家演化趋势

明显增加，说明近十年来，国内在教育教学方面越来越多地使用了具体胜任力评测。

3. 国家合著关系

主要国家合著关系如图 2-19 所示。图中节点大小与论文数量成正比，节点红、绿、黄色分别表示署名第一、第二、第三及以后的论文文献数量。图中连线粗细与合著关系数量成正比。从图中可以看出，合著关系显著的国家有中国、西班牙、俄罗斯、德国、美国。

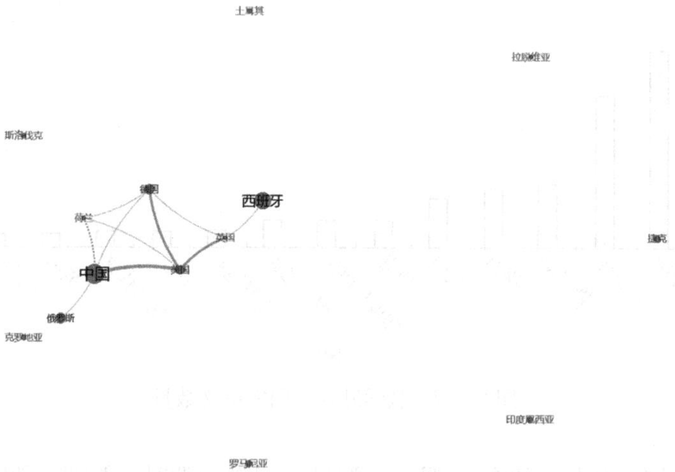

图 2-19　教学胜任力研究国家合著关系

4. 国家技术侧重与技术关联

利用文本挖掘技术，挖掘有关国家相关研究的技术主题词侧重，计算国家之间的技术关联强度，揭示国家之间的技术竞争，如图 2-20 所示。图中节点大小与论文文献数量成正比，图中连线粗细与国家之间的技术关联强度成正比。节点标注文字为该国家名称及其应用最多的三个技术主题词和论文学科类别编码。

关联关系显著的国家有德国、美国、荷兰、英国；西班牙、克罗地亚、斯洛伐克、拉脱维亚；中国、印度尼西亚、土耳其；俄罗斯、捷克、罗马尼亚。

从主题角度看，德国、美国、荷兰、英国侧重于［cultural competence］、［professional competence］、［teacher education］、［competence model］、［competence development］；西班牙、克罗地亚、斯洛伐克、拉脱维亚侧重于［european higher education area］、［higher education］、［teaching learning process］、［transversal competence］、［digital competence］；中国、印度尼西亚、土耳其侧重于［communicative competence］、［college english teaching］、［english teaching］、［college student］、［intercultural communicative competence］；俄罗斯、捷克、罗马尼亚侧重于［foreign language］、［communicative competence］、［foreign language teaching］、［educational process］、［professional competence］。

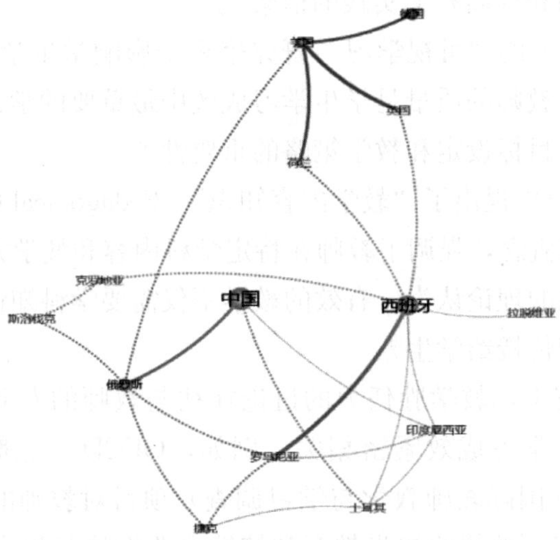

图 2-20　教学胜任力研究国家关联关系

二、教学胜任力概念

“教学胜任力”这一概念在全球范围内受到了广泛的关注和研究，它通常指的是教师为有效地进行教学活动而必须具备的各种能力和素质。这一概念的研究包括不同的定义和构成，在通常的教学胜任力中包括诸如教学技能、课程和计划设计、学生评估、课堂管理以及专业发展等多个方面。不同的教育体系和文化背景下，对于教学胜任力的定义和构成有所不同。

Charlotte Danielson[①] 提出了一个广泛使用的教师评估框架，它将教师的工作分为几个领域：课程准备、课堂环境、教学实践和专业责任。Danielson 的框架强调了反思性实践和持续的专业发展在提高教学胜任力中的重要性[②]。

Robert J. Marzano[③] 对有效教学策略进行了广泛的研究，他的工作强调了明确的目标设定、学生参与和反思性思维的重要性。Marzano 的模型

---

① Danielson C. The art of educational leadership: Balancing performance and accountability [M]. Thousand Oaks, CA: Corwin Press, 2007.

② Danielson C. Enhancing professional practice: A framework for teaching [M]. Alexandria, VA: ASCD, 2011.

③ Marzano R J, Toth M D. Evaluating instructional leadership: Recognized practices for success [M]. Bloomington, IN: Solution Tree Press, 2013.

提供了一个评估和提高教学实践的框架①。

John Hattie② 的“可视学习”研究聚焦于影响学生学习成效的因素。他的研究指出，教师的质量是学生学习成效中最重要的学校相关因素，强调了教师反馈、目标设定和教学策略的重要性③。

Lee Shulman④ 提出了“教学内容知识”（Pedagogical Content Knowledge，PCK）的概念，强调了教师在特定学科内容和教学方法上的专业知识的重要性。他的理论认为，有效的教学不仅需要学科知识，还需要了解如何将这些知识传授给学生⑤。

在国际研究中，教学胜任力的讨论往往与教师的专业发展、教育质量保证以及学生学习成效紧密相关。例如，OECD（经济合作与发展组织）的 TALIS（国际教师教学与学习调查）项目对教师的教学胜任力进行了广泛的调查。教师的初步教育和持续专业发展是提高教学胜任力的关键。不同国家和地区有着不同的教师培训和评估体系，以确保教师具备必要的教学胜任力。随着教育技术的发展，数字素养和技术应用能力也成为教学胜任力的重要组成部分。研究表明，有效地利用技术可以增强教学效果。教学胜任力的研究也涉及教师如何在多元文化和不同社会背景下教学的问题。这包括对学生的不同需求、背景和学习方式的理解和适应。政策制定者在全球范围内致力于制定标准和政策，以提高教师的教学胜任力，这些政策通常涉及教师的招聘、培训、评估和职业发展。

三、教学胜任力类型研究

梳理国内外教学胜任力的文献资料，其类型可以从 9 个主要维度进行

① Marzano R J，Pickering D J，Pollock J E. Classroom instruction that works：Research - based strategies for increasing student achievement [M]. Alexandria，VA：ASCD，2001.

② Hattie J. Visible learning：A synthesis of over 800 meta - analyses relating to achievement [M]. London：Routledge，2009.

③ Hattie J，Timperley H. The power of feedback [J]. Review of Educational Research，2007，77 (1)：81 - 112.

④ Shulman L S. Those who understand：Knowledge growth in teaching [J]. Educational Researcher，1986，15 (2)：4 - 14.

⑤ Shulman L S. Knowledge and teaching：Foundations of the new reform [J]. Harvard Educational Review，1987，57 (1)：1 - 22.

分类。第一个维度，学科知识胜任力（Subject Knowledge Competence）[①]：教师在其教学学科领域的知识掌握程度，包括理解学科的基本概念、原理和方法。第二个维度，教学方法胜任力（Pedagogical Competence）[②]：涉及教学计划的制定、教学策略的选择、教学活动的实施以及对学生学习的促进。第三个维度，课堂管理胜任力（Classroom Management Competence）[③]：教师在维持课堂秩序、创造良好学习环境、处理学生行为问题等方面的能力。第四个维度，评估胜任力（Assessment Competence）[④]：包括设计和实施有效的学生评估方法，以及如何使用评估结果来指导教学和提高学生学习成绩。第五个维度，教育技术胜任力（Educational Technology Competence）[⑤]：指教师使用现代教育技术工具和资源（如多媒体、互联网、学习管理系统等）以提高教学效果的能力。第六个维度，情感和社交胜任力（Emotional and Social Competence）[⑥]：涉及教师与学生、同事和家长建立有效沟通和良好关系的能力，以及在情感智力和人际交往方面的技能。第七个维度，跨文化胜任力（Cross - Cultural Competence）[⑦]：在多元文化背景下教学的能力，包括理解和尊重不同文化背景的学生，并有效地适应和应对多样性。第八个维度，反思性胜任力（Reflective Competence）[⑧]：教师对自身教学实践的反思能力，包括对教学效果的评估和对教学策略的持续改进。第九个维度，专业发展胜

---

① Ball D L，Bass H. Interweaving content and pedagogy in teaching and learning to teach：Knowing and using mathematics [J]. Journal of Teacher Education，2000，51 (3)：193 - 204.

② Shulman L S. Knowledge and teaching：Foundations of the new reform [J]. Harvard Educational Review，1987，57 (1)：1 - 22.

③ Emmer E T，Stough L M. Classroom management：A critical part of educational psychology，with implications for teacher education [J]. Educational Psychologist，2001，36 (2)：103 - 112.

④ Black P，Wiliam D. Assessment and classroom learning [J]. Assessment in Education：Principles，Policy & Practice，1998，5 (1)：7 - 74.

⑤ Mishra P，Koehler M J. Technological pedagogical content knowledge：A framework for teacher knowledge [J]. Teachers College Record，2006，108 (6)：1017 - 1054.

⑥ Jennings P A，Greenberg M T. The prosocial classroom：Teacher social and emotional competence in relation to student and classroom outcomes [J]. Review of Educational Research，2009，79 (1)：491 - 525.

⑦ Gay G. Culturally responsive teaching：Theory，research，and practice [M]. New York，NY：Teachers College Press，2010.

⑧ Schön D A. The reflective practitioner：How professionals think in action [M]. New York，NY：Basic Books，1983.

任力（Professional Development Competence）[①]：教师在职业生涯中持续学习和发展的能力，包括参与培训、研讨会、研究等活动。

四、教学胜任力模型研究

教学胜任力模型是为了帮助理解和评估教师在教育领域的专业能力而设计的框架。这些模型通常包括一系列的标准或维度，用以衡量教师的教学效果和专业发展。研究梳理出国内外具有影响力的几个著名的教学胜任力模型如下：

（一）Danielson的教学框架

由 Charlotte Danielson 设计，这个教学框架是一个被广泛认可和使用的工具，用于评估和提高教师的教学效果。该框架将教师工作的多个方面细分为四个主要领域，每个领域都进一步细分为多个具体的标准。

该框架包括四个领域：课程设计、课堂环境、教学实践和专业责任。每个领域都细分为多个标准，提供了一种全面评估教师教学胜任力的方法。其中，课程设计（Planning and Preparation）是指这个领域涉及教师在课程和课时计划上的能力。它包括对学科内容的深入理解、设计合适的教学目标、选择恰当的教学资源和材料，以及设计适合学生特点和需要的教学计划。课堂环境（Classroom Environment）是指这个领域关注的是教师创造和维护有效学习环境的能力。包括建立积极的课堂气氛、有效的课堂管理、培养学生的自我管理能力以及促进学生之间及师生间的尊重和合作。教学实践（Instruction）这个领域关注教师在教学过程中的表现，包括明确的教学目标、有效的教学方法、学生参与和互动的促进、对学生理解的评估，以及适应不同学生需求的能力。专业责任（Professional Responsibilities）这个领域涵盖了教师职业责任的多个方面，包括与同事、学生家庭和社区的合作与沟通，参与专业发展活动，反思教学实践以及对教育事业的贡献。

（二）Marzano的教师评估模型

Robert J. Marzano 的教师评估模型是一种专为提高教学效果和学生学

---

① Fullan M. The new meaning of educational change［M］. New York，NY：Teachers College Press，2007.

习成果而设计的框架，强调教学策略的有效性，它基于大量的研究和证据，旨在帮助教师、学校和教育机构系统性地提升教学质量，这一模型专注于教师教学策略的效果。它涵盖了九个高效教学策略，并提供了一个基于证据的方法来评估和提升教学实践。

其中教学策略（Instructional Strategies）这部分涉及教师在教学过程中使用的策略和技巧。Marzano 特别强调九种高效的教学策略，如明确的目标设定、展示学习结果、非语言和语言交流的技巧、提问和形成性评估、积极的学生参与等。

课堂管理（Classroom Management），这部分关注教师如何有效地管理课堂环境，包括维持积极的课堂氛围、确保课堂秩序和学生行为的适当性以及有效的时间管理。课程设计（Curriculum Design），这部分关注教师如何设计和组织课程内容，以确保教学活动与学习目标的一致性，同时也考虑到不同学生的学习需求和风格。反思性教学（Reflective Teaching），这部分强调教师需要对自己的教学实践进行反思和评估，以持续提升教学效果，这包括对教学策略的有效性进行反思和调整。领导和伦理（Leadership and Ethics），这部分关注教师在学校社区中的领导角色和职业伦理，包括与同事、家长和社区成员的合作，以及对教育事业的承诺。Marzano 的教师评估模型为教师提供了一个清晰的框架，用于理解和实施有效的教学策略和实践。该模型的目标是通过提高教师的教学技能，从而提高学生的学习成果。它不仅适用于教师个人的自我评估和发展，也适用于学校和教育机构的教师培训和职业发展规划。

(三) INTASC 标准（美国州际教师评估与支持联盟标准）

INTASC 标准，全称为美国州际教师评估与支持联盟（Interstate Teacher Assessment and Support Consortium）标准，是一套旨在提高 K－12（即从幼儿园到 12 年级）教师教学质量的指导性标准。这些标准被广泛应用于教师的教育、认证和职业发展中，重点强调教师在不断变化的教育环境中必须具备的知识和技能。这一系列标准旨在确保教师具备必要的知识和技能来有效教授所有学生。它包括十个核心教学标准，涵盖学科知识、学习环境、教学策略、评估方法等多个方面。

学习环境方面，INTASC 标准强调教师应了解如何创造和维护一个适合所有学生学习的环境。学科知识方面，教师需要掌握和理解他们所教授学科的内容。学习经验设计方面，教师应能设计包括丰富资源和多样化学习方法的教学计划。学生评估方面，强调教师应运用多种评估方法来监测和促进学习。学习者发展方面，教师需要理解学生的发展阶段和多样性，并在此基础上进行教学。专业学习和道德实践方面，指出教师应不断学习，提高自己的专业水平，遵守职业道德。内容知识方面，教师需要掌握所教学科的深入知识。应用知识于实践方面，教师应将理论知识应用到实际教学中。指导学习者的成长和发展方面，教师应指导和激励学生的个人成长和学术发展。教学策略方面，指教师应掌握并运用有效的教学策略和技术。INTASC标准强调教师在教育实践中的多样性、适应性和专业成长，旨在帮助教师更好地响应不同学生的需求，提高教学质量。这些标准在美国广泛应用于教师教育项目、州级教师认证标准以及教师职业发展计划中。

（四）OECD的TALIS框架

OECD（经济合作与发展组织）的TALIS框架，即国际教师教学与学习调查（Teaching and Learning International Survey）框架，是一个国际性的项目，旨在评估和分析教师和校长的工作条件及其学习环境。TALIS提供了全球范围内教育系统的比较数据，以帮助各国了解和提升教育质量。该框架涵盖了教师的专业实践、发展和环境等多个方面。

教师的专业发展方面，TALIS调查了教师参与专业发展活动的情况，包括培训、研讨会、合作学习等，以及这些活动对教师教学实践的影响。教学环境与教学实践方面，该项目评估了教师的教学环境和实践，包括课堂管理、教学方法、评估实践等，以及这些因素对学生学习的影响。教师与学校领导的工作满意度和情感福祉方面，TALIS调查了教师和校长对自己职业的满意度、工作相关的压力和挑战，以及这些因素对教育质量的影响。教师自我效能感和教学信念方面，项目关注教师对自己教学能力的信心以及他们的教学信念，包括教育理念和教学目标。校长的领导方式和学校管理方面，TALIS的调查涉及校长的领导风格和学校管理方式，以及这些因素对教育环境的影响。教育政策与教师工作方面，TALIS还探讨了教育政策对教师工作条件的影响，包括工作时间、职责分配等。

通过TALIS框架，OECD能够收集和分析不同国家和地区教育系统的数据，为全球教育政策制定和实践提供有价值的参考。该项目帮助各国了解教师的工作环境、教学实践和专业发展情况，从而促进教育质量的提升。

（五）英国的教师标准

英国的教师标准是一系列旨在指导和评估教师职业实践的准则。这些标准由英国教育部制定，目的是确保教师具备提供高质量教育所需的知识、技能和行为。

英国教师标准主要包括以下几个方面：第一，高标准的专业行为。教师应展现出专业的态度和行为，包括与学生、家长、同事和公众的交往。他们应尊重多元文化、维护学生福祉并遵守法律和伦理标准。第二，知识和理解。教师需要对他们所教授的学科拥有深入的知识和理解，并能将这些知识有效地传授给学生。第三，规划和教学。教师应能够根据学生的需求和能力来规划和实施高效的教学活动，包括制定明确的教学目标和使用适当的教学方法。第四，评估和反馈。教师应运用各种评估工具来监控学生的学习进度，并提供有效的反馈，以促进学生的学习和进步。第五，学生的发展、学习和进步。教师应了解学生的发展阶段和学习需求，促进所有学生的学习和进步。第六，学校的贡献和合作。教师应与同事合作，为学校的整体发展和学生的福祉作出贡献。第七，持续的专业发展。教师应不断发展自己的专业知识和技能，参与专业学习和发展活动。

英国的教师标准旨在提供一套清晰的指导原则，帮助教师在其职业生涯中不断提升教学质量和专业水平。这些标准不仅被用于教师的培训和认证过程中，也作为评估在职教师表现的基准。通过遵循这些标准，教师可以确保他们的教学实践符合国家教育质量的要求，并为学生提供高质量的教育体验。

五、教学胜任力研究小结

教学胜任力是一个复杂且多维的概念，涵盖了教师在教育职业中所需具备的一系列关键能力和素质。这一概念的核心在于识别和定义那些使教师能够有效开展教学活动的关键要素。在全球范围内，教学胜任力的研究和理解各有侧重，但普遍包括了以下几个方面：教学技能、课程和计划设计、学生评估、课堂管理和专业发展。这些要素共同构成了一个优秀教师应具备的基本框架。

首先，教学技能是教学胜任力的核心，它包括教师在课堂上的表现、与学生的互动、教学方法的选择和实施等。一个具备高教学技能的教师能够有效地传授知识，激发学生的兴趣和参与度，同时也能够适应不同学生的学习需求和风格。其次，课程和计划设计能力涉及教师在制定教学计划和课程内容方面的能力。这包括根据学生的需求和课程目标选择合适的教学材料和内容，以及设计有效的课程结构和学习活动。这一能力对于确保教学内容的相关性和有效性至关重要。学生评估能力是教师用来衡量和理解学生学习进度和成效的重要工具。这不仅包括传统的测试和考试，还包括更为广泛的评估方法，如项目作业、口头报告和同行评估等。有效的学生评估能够提供关键的反馈，帮助教师调整教学方法和策略。最后，课堂管理和专业发展是教师胜任力的重要组成部分。课堂管理能力涉及维护课堂秩序、创造积极学习环境的能力。而专业发展则强调教师持续学习和成长的重要性，这包括参与研讨会、研究和继续教育等活动。

教学胜任力模型为教育界提供了一个重要的工具，用于理解、评估和提升教师的教学质量。这些模型根据不同的教育理念和教学实践需求，设计出一系列的评估标准和指导原则。在本书的讨论中，重点介绍了几个重要的模型，包括 Danielson 的教学框架、Marzano 的教师评估模型、INTASC 标准、OECD 的 TALIS 框架以及英国的教师标准，这些模型各有特点，共同反映了教师职业的多维度和复杂性。Danielson 的教学框架是一个广泛认可的模型，它将教师的工作分为四个主要领域：课程设计、课堂环境、教学实践和专业责任。这个框架强调了教师在课程准备、实施教学、维护课堂秩序以及在专业发展方面的能力。利用这一框架，教师能够获得关于如何提升教学质量的具体指导。Marzano 的教师评估模型则专注于教学策略的效果。它提出了九种有效的教学策略，并通过基于证据的方法来评估和提升教学实践。这一模型帮助教师更好地理解如何通过具体的教学方法来提高学生的学习成效。INTASC 标准是美国州际教师评估与支持联盟制定的一套标准，旨在确保教师具备必要的知识和技能来有效教授所有学生。这些标准包括教师的学科知识、学习环境、教学策略、评估方法等多个方面，为教师的教育和职业发展提供了清晰的指导。OECD 的 TALIS 框架是一个国际性的项目，旨在评估和分析教师和校长的工作条件及其学习环境。通过 TALIS，可以收集和分析不同国家和地区教育系统的数据，为全球教育政策的制定和实践提供有价值的参考。英国的教师标准由英国教育部制定，涵盖了教师的专业行为、知识和理解、规划和教学、评估和反馈、学生的发展和进步、学校的贡献和合作、持续的专业发展等多个方面。这些标准为教师提供了一套清晰的评估和发展指南，确保教师能够提供高质量的教育。

综上所述，这些教学胜任力模型提供了多角度的视野来审视教师的职业实践。它们不仅是评估和提升教师教学质量的工具，也是指导教师职业发展的重要参考。通过这些模型，可以更好地理解和实现教育领域的目标，即提升教师的专业水平，进而提高整个教育系统的效能。

文献评论及启示

在当前的教育研究领域中，教师教学胜任力的研究已成为一个重要且不断发展的话题。教师的教学胜任力关乎教育质量、学生成长和社会发展，其重要性不言而喻。

现有的教师教学胜任力研究多聚焦于教师的个人特质、教学技巧和学生反馈。这些研究从不同角度分析了教师教学效果的影响因素，如教师的情感智力、沟通能力、学科知识和教学方法等。例如，情感智力高的教师在处理课堂情绪和激发学生兴趣方面表现更佳，而沟通能力强的教师能更有效地与学生交流和理解学生需求。[①] 这些研究为理解教师胜任力提供了重要的视角，有助于教师专业发展和教育质量提升。

然而，这些研究也存在一些局限性。首先，大多数研究侧重于量化的方法，如问卷调查和数据分析，而忽视了定性研究的重要性。定性研究，如案例研究、访谈和观察，能够提供更深入的理解和洞见，有助于揭示教师教学胜任力的复杂性和多维性。此外，现有研究往往忽视了教育环境、政策背景和社会文化对教师教学胜任力的影响。教育环境的差异，如学校文化、家庭参与和社区资源，对教师的教学方法和效果有着重要影响。

从梳理的文献中来看，教师教学胜任力的研究在理论和实践层面还存在一定的脱节。虽然理论研究为教师教学胜任力提供了多种模型和框架，

---

① Mayer J D，Salovey P. What is emotional intelligence? In P. Salovey & D. J. Sluyter（Eds.），Emotional development and emotional intelligence：Educational implications［M］. New York：Basic Books，1997：3－31.

但这些理论在实际教学中的应用效果并未得到充分验证。因此，未来的研究需要更多地关注理论与实践的结合，探索理论在不同教育环境和文化背景下的适用性和有效性。

从教师教学胜任力研究文献梳理中获得诸多启示：第一，研究方法应更加多元化，结合定量和定性的方法，深入分析教师教学胜任力的多维性和复杂性。第二，需要加强对教育环境和社会文化因素的研究，探讨这些因素如何影响教师的教学方法和效果。第三，理论与实践的结合也是研究的重要方向，通过实证研究验证理论模型的有效性，并探索理论在不同教育环境中的应用。综合运用多种研究方法，关注教育环境和社会文化因素，以及将理论与实践紧密结合，将能够为教育实践提供更加丰富和深刻的指导。第四，需要重视对教师个人成长和职业发展路径的关注。教师的教学胜任力并非一成不变，而是一个动态发展的过程。研究应关注教师在不同职业阶段的教学胜任力变化，以及如何通过持续的专业发展和学习来提升教师的教学能力。第五，技术的发展对教师教学胜任力的研究提出了新的挑战和机遇。随着信息技术和网络教育的发展，教师需要掌握新的教学工具和方法，以适应数字时代的教育需求。因此，未来的研究应关注教师如何融合传统教学方法和现代技术，以及这种融合如何影响教学效果。第六，教师教学胜任力的研究需要更加国际化和跨文化。教育是一个全球性的话题，不同国家和文化背景下的教师面临着不同的挑战和需求。跨文化和国际比较研究能够提供更广阔的视角，帮助理解教师胜任力在不同文化和教育体系中的共性和差异。这不仅有助于提升教育的全球视野，也能促进不同文化和国家之间的教育交流和合作。

第三章 基于多维视角的定向教师教学胜任力要素研究

多元数据源的综合分析能够确保研究的全面性和深度，使得研究结果既有理论的深度，又具备政策和实践的广泛适应性。本章将从学术文献、国家政策文本、地方政策文本以及行为事件访谈中提取胜任力要素，形成模型初构。学术文献提供了理论框架和先前研究的基础，国家和地方政策反映了教育政策制定者的意图和对教师胜任力的宏观要求，而行为事件访谈则能深入挖掘教师在实际教学过程中的微观行为和体验。这种自上而下与自下而上的结合，不仅能够促进对教师胜任力多维度特征的理解，还能为提高教师教学效能提供实证基础，是构建科学、系统定向教师教学初始模型的起点。

第一节 国家政策视域下教师胜任力诉求

2022年10月习近平总书记在中国共产党第二十次全国代表大会上的报告中指出，教育是国之大计、党之大计。“为谁培养人、培养什么人、怎样培养人”，始终是教育的根本问题。要全面贯彻党的教育方针，落实立德树人根本任务，培养德、智、体、美、劳全面发展的社会主义建设者和接班人。国家层面的意志、政策、文件始终是定向教师培养诉求中的方向与目标指导。

研究选取教育部2012年印发的关于《幼儿园教师专业标准（试行）》《小学教师专业标准（试行）》和《中学教师专业标准（试行）》为最初始依据（以下简称《专业标准》），然后以国务院、教育部等发文主体下发的关于定向教师、定向师范生、卓越教师等相关政策文本为参考，从国家层面对定向教师能力需求形成宏观性描述，初步构建多维需求视角下定向教师教学胜任力结构与要素。以《专业标准》作为定向教师教学胜任力结构与要素构建的基底，是因为《专业标准》是国家对幼儿园、小学和中学合格教师专业素质的基本要求，是教师实施教育教学行为的基本规范，也是教师培养、准入、培训、考核及引领教师专业发展的基本准则与重要依据①。

一、教师胜任力国家政策文本信息来源

基于文本的权威性与准确性考虑，教师胜任力国家政策文本选取中国政府网、中华人民共和国教育部网站中的政策文本进行筛选和梳理，包含法律法规、发展规划、公报、意见、办法、纲要、答记者问、解读等各种类型的政策文本。

信息挖掘过程中考虑到全科教师工作具有特殊性，其工作范围涉及小学和中学，在小学阶段还涉及小幼衔接的工作内容，因此不能以某一个特定阶段的《专业标准》来进行框定，需要在幼、小、中学教师专业标准的整体考量基础上进行构建。考虑到《专业标准》的印发时间为2012年，为更好地体现政策文本的时间延续与衔接性，本研究中国家政策文本的资料来源时间跨度为2011—2023年，经过梳理与筛选，获得了43份相关政策文本（表3-1）。

以上政策文本中，对教师的义务、责任、能力、未来发展规划等方面都有界定，兼具宏观性与中观性，从发文时间轴来看，2011—2023年，国家层面以每年不间断的形式进行政策公开；从数量上来看，13年间聚焦于教师能力、教师发展、教育规划类公文达到43份，其中2012年、2014年、2016年、2017年、2018年、2021年文件发布相对密集，体现出国家从宏观层面对教育和教师胜任力的持续关注。从发文主体上来看，有12份政策文件文本是国务院直接下发，有24份是教育部直接下发，其中有7份文件是教育部、中央宣传部、中央编办、国家发展改革委、财政部等多部门联合下发，不同部门不同层级的联合发文，其实质是国家意志从上到下不断贯彻执行的过程，确保

① 教育部．关于印发《幼儿园教师专业标准（试行）》《小学教师专业标准（试行）》和《中学教师专业标准（试行）》的通知［EB/OL］. http://www.moe.gov.cn，2012.

表 3-1 国家政策文件中教师及定向教师相关政策文本

发布日期	发文机关	公文标题	具体内容
2011 年	教育部师范教育司	《关于印发〈师范教育司 2011 年工作要点〉的通知》（教师司〔2011〕3 号）	实施“幼儿教师培养培训计划”，定向培养农村幼儿教师 实施“农村学校薄弱学科教师培养计划”，通过免费教育、定向培养等特殊措施，为农村学校培养“下得去、教得好、留得住”的合格教师
2012 年	教育部 中央组织部 中央编办 国家发展改革委 财政部 人力资源社会保障部	《关于大力推进农村义务教育教师队伍建设的意见》（教师〔2012〕9 号）	鼓励支持地方结合实际实施师范生免费教育制度，为农村学校定向培养补充“下得去、留得住、干得好”的高素质教师 采取定向委托培养等特殊招生方式，扩大双语教师、音体美等紧缺薄弱学科和小学全科教师培养规模……
2012 年	教育部	《幼儿园教师标准（试行）》	关爱幼儿，尊重幼儿人格，富有爱心、责任心、耐心和细心；为人师表，教书育人
2012 年	教育部	《小学教师标准（试行）》	热爱教育事业，具有职业理想，践行社会主义核心价值体系，履行教师职业道德规范，依法执教
2012 年	教育部	《中学教师标准（试行）》	为人师表，教书育人，自尊自律，以人格魅力和学识魅力教育感染中学生，做中学生健康成长的指导者和引路人
2012 年	国务院	《关于加强教师队伍建设的意见》国发〔2012〕41 号	师德高尚、业务精湛、结构合理、充满活力的高素质专业化教师队伍；培育跨学科、跨领域的科研与教学相结合的创新团队；民族地区教师队伍建设要以提高政治素质和业务能力为重点，加强中小学和幼儿园双语教师培养培训，加快培养一批边疆民族地区紧缺教师人才
2012 年	国务院办公厅	《关于完善和推进师范生免费教育意见的通知》国办发〔2012〕2 号	鼓励和支持免费师范毕业生长期从教、终身从教；为农村中小学和幼儿园培养大批下得去、留得住、干得好的骨干教师

（续）

发布日期	发文机关	公文标题	具体内容
2013年8月	教育部	《中小学教师资格考试暂行办法》教师〔2013〕9号	遵守宪法和法律，热爱教育事业，具有良好的思想品德
2013年8月	教育部	《中小学教师资格定期注册暂行办法》的通知教师〔2013〕9号	遵守国家法律法规和《中小学教师职业道德规范》，达到省级教育行政部门规定的师德考核评价标准，有良好的师德表现
2014年	教育部	《中小学教师信息技术应用能力标准（试行）》教师厅〔2014〕3号	教师应具备利用信息技术进行讲解、启发、示范、指导、评价等教学活动的能力；教师应具备利用信息技术支持学生开展自主、合作、探究等学习活动的能力
2014年	教育部	《关于实施卓越教师培养计划的意见》教师〔2014〕5号	培养一大批师德高尚、专业基础扎实、教育教学能力和自我发展能力突出的高素质专业化中小学教师
2014年9月	教育部	教育部教师工作司负责人就启动实施卓越教师培养计划答记者问	卓越小学教师培养重点，探索小学全科教师培养模式；卓越幼儿园教师培养重点，探索构建厚基础、强能力、重融合的培养体系
2015年	国务院	《关于加快发展民族教育的决定》国发〔2015〕46号	培养一批政治素质高、学术造诣深、具有国际影响力和话语权的少数民族优秀人才；师资队伍、教学资源满足需要的双语教学体系
2015年	国务院办公厅	《乡村教师支持计划（2015—2020年）》（国办发〔2015〕43号）	鼓励地方政府和师范院校根据当地乡村教育实际需求加强本土化培养，采取多种方式定向培养“一专多能”的乡村教师
2016年	国务院办公厅	《关于加快中西部教育发展的指导意见》（国办发〔2016〕37号）	以地方师范院校为基地，采取免费教育、学费补偿、贷款代偿等多种方式，为乡村学校定向培养更多的合格、优秀教师

（续）

发布日期	发文机关	公文标题	具体内容
2016 年	国务院	《国务院关于统筹推进县域内城乡义务教育一体化改革发展的若干意见》（国发〔2016〕40 号）	结合乡村教育实际，定向培养能够承担多门学科教学任务的教师……
2016 年 9 月	国务院办公厅	《国务院办公厅转发教育部等部门支援新疆汉语教师工作方案的通知》	加大师范教育培养力度，从内地新疆班学生中择优定向培养汉语教师
2016 年 12 月	国务院	《国务院关于印发“十三五”促进 民族地区和人口较少民族发展规划的通知》	建立健全从学前到中小学各阶段教育有效衔接、教学模式与学生学习能力相适应、师资队伍与教学资源满足需要的双语教学体系
2017 年	国务院	《国务院关于印发国家教育事业发展“十三五”规划的通知》（国发〔2017〕4 号）	鼓励地方政府和师范院校加强本土化培养，采取多种方式定向培养“一专多能”的乡村教师
2017 年	教育部	普通高等学校师范类专业认证实施办法（暂行）〔2017〕13 号	培养高素质教师队伍，推进教师教育质量保障体系建设，提高师范类专业人才培养质量
2017 年	教育部	《学前教育专业认证标准》教师〔2017〕13 号	践行社会主义核心价值观，增进对中国特色社会主义的思想认同、政治认同、理论认同和情感认同。贯彻党的教育方针，以立德树人为己任
2017 年	教育部	《小学教育专业认证标准》教师〔2017〕13 号	遵守中小学教师职业道德规范，具有依法执教意识，立志成为有理想信念、有道德情操、有扎实学识、有仁爱之心的好老师

（续）

发布日期	发文机关	公文标题	具体内容
2017 年	教育部	《中学教育专业认证标准》教师〔2017〕13 号	为人师表，言传身教；以生为本、以学定教，具有较强的课堂教学、信息技术应用和学习指导等教育教学能力；勤于思考，严谨治学，具有一定的学术水平和研究能力
2018 年 1 月	中共中央、国务院	《中共中央 国务院关于全面深化新时代教师队伍建设改革的意见》国务院公报 2018 年第 5 号	鼓励地方政府和相关院校因地制宜采取定向招生、定向培养、定期服务等方式，为乡村学校及教学点培养“一专多能”教师，优先满足老少边穷地区教师补充需要
2018 年	教育部	《教师教育振兴行动计划（2018—2022 年）》（教师〔2018〕2 号）	推进本土化培养，面向师资补充困难地区逐步扩大乡村教师公费定向培养规模，为乡村学校培养“下得去、留得住、教得好、有发展”的合格教师 各地要以集中连片特困地区县和国家级贫困县为重点，通过公费定向培养、到岗退费等多种方式，为乡村小学培养补充全科教师……
2018 年 9 月	教育部	《教育部关于实施卓越教师培养计划 2.0 的意见》教师〔2018〕13 号	借鉴国际全科教师培养经验。培养富有爱心、具有复合型知识技能的教师，强化师范生教学基本功和教学技能的训练与考核
2018 年 10 月	教育部	教育部教师工作司负责人就实施卓越教师培养计划 2.0 答记者问	培养造就一批教育情怀深厚、专业基础扎实、勇于创新教学、善于综合育人和具有终身学习发展能力的高素质专业化创新型中小学教师
2018 年 11 月	教育部	教育部关于印发《新时代中小学教师职业行为十项准则》教师〔2018〕16 号	坚定政治方向，爱岗敬业、教书育人、牢记使命

（续）

发布日期	发文机关	公文标题	具体内容
2018年11月	教育部	教育部关于印发《新时代幼儿园教师职业行为十项准则》教师〔2018〕16号	坚定政治方向，爱国守法、潜心培幼育人、公平诚信
2020年9月	教育部　中央组织部　中央编办　国家发展改革委　财政部　人力资源社会保障部	《关于加强新时代乡村教师队伍建设的意见》教师〔2020〕5号	各地要加强面向乡村学校师范生委托培养院校建设，高校和政府、学生签订三方协议，采取定向招生、定向培养、定向就业等方式，精准培养本土化乡村教师
2020年10月	中共中央、国务院	《深化新时代教育评价改革总体方案》国务院公报2020年第30号	完善评价结果运用，综合发挥导向、鉴定、诊断、调控和改进作用。加强教师教育评价能力建设
2021年	教育部	《学前教育专业师范生教师职业能力标准（试行）》教师厅〔2021〕2号	思想认同、政治认同、理论认同、情感认同，立德树人，涵养教育情怀
2021年	教育部	《小学教育专业师范生教师职业能力标准（试行）》教师厅〔2021〕2号	思想认同、政治认同、理论认同、情感认同，立德树人，涵养教育情怀、用心从教，自身修养，掌握专业知识
2021年7月	教育部、国家发展改革委、财政部	《关于深入推进义务教育薄弱环节改善与能力提升工作的意见》教财〔2021〕3号	以农村义务教育学校薄弱环节为重点，根据教育变化趋势提前研判，加大对欠发达地区倾斜力度，高度重视加强农村义务教育教师队伍建设工作

（续）

发布日期	发文机关	公文标题	具体内容
2021 年 8 月	教育部 中央宣传部中央编办 发展改革委 财政部人力资源社会保障部 住房城乡建设部 人民银行 国家乡村振兴局	《中西部欠发达地区优秀教师定向培养计划》教师〔2021〕4 号	加强中西部欠发达地区优秀教师定向培养，提高欠发达地区中小学教师队伍质量
2021 年 12 月	教育部 国家发展改革委 公安部　财政部 人力资源社会保障部 自然资源部 住房和城乡建设部 税务总局 医疗保障局	《“十四五”学前教育发展提升行动计划》《“十四五”县域高中发展提升行动计划》教基〔2021〕8 号	实施中西部欠发达地区优秀教师定向培养计划。探索教研改革、建设结构合理、素质优良、稳定的教师队伍；推进优秀教学成果应用、综合素质评价、学生发展指导
2022 年 3 月	国务院	国务院关于落实《政府工作报告》重点工作分工的意见	促进教育公平与质量提升，推动义务教育优质均衡发展，加强乡村教师定向培养。继续加大对中西部和农村地区的倾斜力度
2022 年 4 月	教育部　中央宣传部 中央编办 国家发展改革委 财政部 人力资源社会保障部 住房和城乡建设部 国家乡村振兴局	《新时代基础教育强师计划》教师〔2022〕6 号	为中西部欠发达地区定向培养一批优秀中小学教师；根据各地需求，每年为中西部欠发达地区定向培养一批高素质教师；毕业后定向就业县中小学履约任教不少于 6 年

（续）

发布日期	发文机关	公文标题	具体内容
2022 年 9 月	教育部	《教育部办公厅关于进一步做好“优师计划”师范生培养工作的通知》教师厅函〔2022〕22 号	到欠发达地区为国育才，根据定向地区需要，加强一专多能培养，夯实专业知识基础，强化对国情、省情和乡土文化的了解，坚定从教初心，强化学科基础知识教学，注重跨学科教学能力培养，掌握乡村教育理论与方法、信守履约任教承诺、加强信息教学能力、积极开发乡土教育资源，研究欠发达地区教育质量提升路径、了解乡村教育现状、特点与规律
2023 年 4 月	教育部、财政部	《关于做好 2023 年农村义务教育阶段学校教师特设岗位计划实施工作的通知》教师厅〔2023〕1 号	向原“三区三州”、国家乡村振兴重点帮扶县、少数民族地区倾斜，重点为乡村学校补充特岗教师，加强薄弱学科教师补充；强化师德师风、规范从教、提升教育教学基本素质与能力
2023 年 5 月	教育部	《基础教育课程教学改革深化行动方案》教材厅函〔2023〕3 号	立德树人、公平教育、更新教育理念、转变育人方式、注重国家课程与地方课程和校本课程的统筹、学科实践、跨学科主题学习、教学评价、教研能力、数字化赋能
2023 年 7 月	教育部	《实施国家优秀中小学教师培养计划的意见》教师〔2023〕5 号	探索“订单”培养，签订“订单”培养协议，具备从教潜质、教育情怀深厚、专业素养卓越、教学基本功扎实，掌握教育学、心理学、中小学课程教学、科学技术史等内容

了政策执行全覆盖、措施可落地。从发文内容特点上来看，政策文本中对教师胜任力的要求有鲜明的时代特征，也体现出动态特征和应用特征。

二、国家政策文本分析工具及步骤

采用专业的质性研究软件 Nvivo12 plus 对国家政策文本进行数据管理和分析。用团队合作方式进行资料导入、整合，研究收集到的多种数据源，逐步进行关键词标注、编码和主题分析。

首先，通过对教师胜任力关键词的搜索和编码标注，发现国家政策文本数据中的模式和关联，深入研究并理解国家层面对教师现有、培养、选拔、发展、评价中的观点和态度。借助图表、网络图和矩阵等系列工具，对国家政策文本教师胜任力研究进行可视化分析，直观地呈现和解释数据的关系和趋势，形成对教师胜任力要素的初步梳理与认识。

其次，在初步梳理基础上对国家政策文本进行重新组合，聚焦国家政策文本中关于教师教学能力的资料，这部分资料中能突显出重要信息和关键观点，从而将焦点放在对研究问题具有重要意义的内容上。这有助于避免被次要信息干扰，使得研究更加集中和有针对性，得出教师胜任要素的核心特征。

三、基于国家政策文本及教师能力标准文本的能力要素分析

对国家政策文本进行共词与聚类分析，发现“教师”“教育”“发展”“教学”“培养”“专业”“建设”“学校”“能力”“改革”“学习”在 43 份文件中出现频率最高，是国家政策文本中对教师教育强调最多的概念、主题和重点。分析这些高频词可看出，对于教师教育国家层面的指导更趋于宏观与导向作用。根据高频词形成第一次词云图（图 3－1）。

国家政策文本中出现的高频词为“教师”“教育”“发展”“教学”“培养”“专业”等，从这些高频词中可以看出，国家政策中教师教育领域词频集中于教育、改革、专业、建设，队伍、管理等偏向宏观指导性的词汇，较少体现教师胜任力特征（表 3－2）。

图 3-1　国家政策文本中的高频词云图

表 3-2　国家政策文本中高频关键词词频（部分）

序号	关键词	词频	序号	关键词	词频	序号	关键词	词频	序号	关键词	词频
1	教师	2016	16	中小学	231	31	要求	185	46	国家	147
2	教育	1437	17	计划	231	32	高校	173	47	师德	147
3	发展	479	18	职业	222	33	开展	172	48	全面	145
4	教学	475	19	民族	217	34	质量	172	49	小学	143
5	培养	462	20	师范	212	35	建立	168	50	制度	142
6	专业	437	21	加强	211	36	地区	165	51	资格	141
7	建设	327	22	队伍	211	37	知识	159	52	学科	140
8	学校	294	23	评价	206	38	提高	158	53	素质	139
9	工作	281	24	基本	201	39	支持	156	54	定向	139
10	学生	276	25	乡村	192	40	机制	156	55	活动	130
11	能力	249	26	实践	192	41	完善	154	56	院校	129
12	改革	241	27	培训	187	42	幼儿	154	57	信息	128
13	学习	232	28	课程	187	43	社会	153	58	教育部	125
14	实施	232	29	师范生	185	44	幼儿园	149	59	组织	125
15	标准	232	30	管理	185	45	保障	148	60	水平	122

为更清晰地呈现出政策文本中对教师教学能力方面的规定与核心词，

对收集的文本进行再次集中分析，筛选出含有“能力”“胜任”“应用”“卓越教师”“专业标准”“专业认证”“评估”“评价”“测评”的政策文本进行再次分析与聚类（表 3－3）。

表 3－3　国家政策文件中教师能力的相关政策文本

序号	发布日期	发文机关	公文标题
1	2011 年	教育部	《教师教育课程标准（试行）》教师〔2011〕6 号
2	2012 年	教育部	《幼儿园教师标准（试行）》教师〔2012〕1 号
3	2012 年	教育部	《小学教师标准（试行）》教师〔2012〕1 号
4	2012 年	教育部	《中学教师标准（试行）》教师〔2012〕1 号
5	2014 年	教育部	《中小学教师信息技术应用能力标准（试行）》教师厅〔2014〕3 号
6	2014 年	教育部	《关于实施卓越教师培养计划的意见》教师〔2014〕5 号
7	2017 年	教育部	《学前教育专业认证标准》教师〔2017〕13 号
8	2017 年	教育部	《小学教育专业认证标准》教师〔2017〕13 号
9	2017 年	教育部	《中学教育专业认证标准》教师〔2017〕13 号
10	2018 年 9 月	教育部	《教育部关于实施卓越教师培养计划 2.0 的意见》教师〔2018〕13 号
11	2020 年 9 月	教育部、中央组织部、中央编办等	《关于加强新时代乡村教师队伍建设的意见》教师〔2020〕5 号
12	2020 年 10 月	中共中央、国务院	《深化新时代教育评价改革总体方案》国务院公报 2020 年第 30 号
13	2021 年	教育部	《学前教育专业师范生教师职业能力标准（试行）》教师厅〔2021〕2 号
14	2021 年	教育部	《小学教育专业师范生教师职业能力标准（试行）》教师厅〔2021〕2 号
15	2021 年	教育部	《中学教育专业师范生教师职业能力标准（试行）》教师厅〔2021〕2 号
16	2022 年 4 月	教育部、中央宣传部、中央编办等	《新时代基础教育强师计划》教师〔2022〕6 号
17	2022 年 9 月	教育部	《教育部办公厅关于进一步做好“优师计划”师范生培养工作的通知》教师厅函〔2022〕22 号
18	2023 年 5 月	教育部	《基础教育课程教学改革深化行动方案》教材厅函〔2023〕3 号
19	2023 年 7 月	教育部	《实施国家优秀中小学教师培养计划的意见》教师〔2023〕5 号

教师能力政策文本中出现的高频词为“教育”“教师”“教学”“发展”“课程”“学习”“专业”“实践”“培养”“评价”“能力”等，相较于之前的政策文本，教师能力方面的公文要求更为具体，核心概念也更具专业性与导向功能，例如“体系”“过程”“研究”“培养”“改革”“师德”“行为”等；能力的程度词凸显，如“卓越”“优秀”“标准”“全面”“有效”“合格”等；能力提升途径词相较之前文本出现频次更高，如“建设”“掌握”“探索”“交流”“改进”“合作”“协同”“创新”“实践”等（表 3-4）。

表 3-4 国家政策能力文本中教师高频词（部分）

序号	关键词	词频	序号	关键词	词频	序号	关键词	词频
1	教育	1073	26	理解	97	51	健康	60
2	教师	954	27	信息	89	52	结合	59
3	教学	494	28	职业	88	53	落实	58
4	发展	436	29	科学	86	54	班级	57
5	课程	340	30	计划	85	55	分析	56
6	学习	319	31	支持	83	56	生活	56
7	专业	318	32	加强	81	57	行为	56
8	实践	291	33	资源	81	58	依据	55
9	培养	275	34	合作	80	59	卓越	55
10	评价	273	35	技术	80	60	方式	55
11	能力	180	36	技能	79	61	优秀	54
12	标准	161	37	制度	77	62	综合	54
13	指导	156	38	过程	73	63	交流	53
14	师范生	154	39	体系	72	64	创新	53
15	活动	153	40	参与	72	65	意识	52
16	建设	150	41	素质	69	66	认同	52
17	知识	149	42	培训	68	67	改进	51
18	乡村	144	43	有效	68	68	积极	51
19	方法	138	44	引导	67	69	探索	48
20	改革	131	45	促进	66	70	自主	47
21	掌握	125	46	形成	65	71	提升	46
22	管理	120	47	师德	64	72	协同	45
23	质量	118	48	成长	63	73	结构	44
24	目标	111	49	全面	61	74	文化	43
25	研究	98	50	问题	61	75	沟通	42

从教师能力矩形式树状结构图（图 3－2）中可以直观看出，政策文本中关于教师能力的核心词为“教育”“教师”“教学”，其他关键词是以这三个核心词为重点而散发和拓展的。直接围绕着“教师、教育、教学”的线性词是“发展”“课程”“学习”“专业”“实践”，在此基础之上间接与“教师教育教学”发生关联的是“能力”“培养”“评价”“标准”“改革”“管理”“技能”“合作”“方法”。

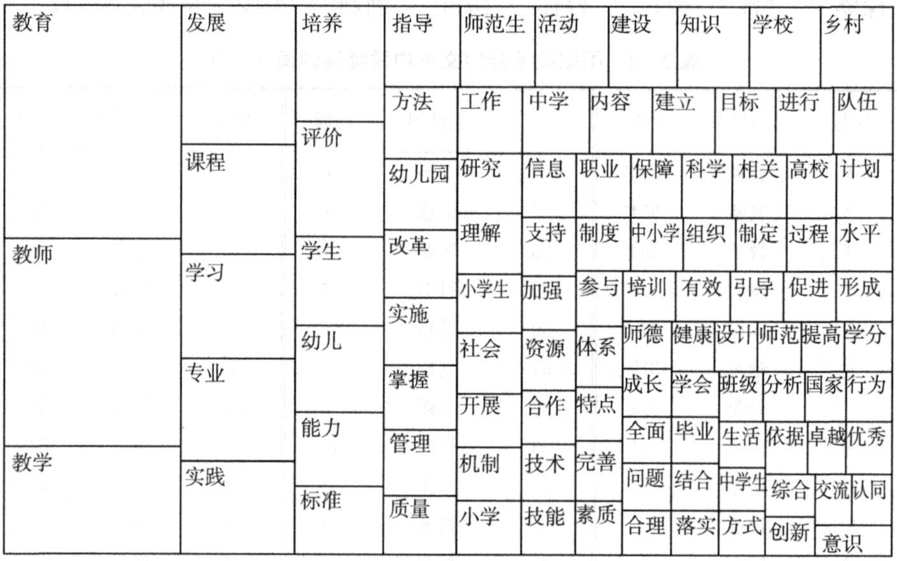

图 3－2　教师能力矩形式树状结构图

四、国家政策文本信息中教师胜任需求特征挖掘

对国家政策文本信息中教师教学胜任力要素特征进行挖掘，出现频次最高的为“思想要求”“职业道德”“教师资格”“思想”“关爱学生”“育人”“教学”“师德”“尊重”“发展”“时代背景要求”“实践能力”“学科知识”“教学实施”“分析教学内容”“设计教学”等。

对教师思想、政治素养、理想方面出现的要求较多，高词频如“热爱祖国”“核心价值观”“坚持中国共产党的领导”“贯彻习近平新时代中国特色社会主义思想”“践行社会主义核心价值观”“忠诚于党和人民的教育事业”“思想认同”“政治认同”“理论认同”“情感认同”等。对教师道德要求方面，高频词如“师德”“职业道德”“好老师”“立德树人”“敬业精神”“社会使命”“家国情怀”等。

对教师专业知识、专业技术方面的要求，集中于“专业知识”“教学知识”“专业教学”“学科知识”“通识性知识”“学生发展知识”“基本信息数字使用知识”，“专业实践”“专业能力”“教学设计”“知识整合”“教学实施”“阅读理解能力”“文字表达能力”“心理辅导”“设计评价内容”“软件使用能力”“资源利用能力”“教学分析能力”“合作能力”“交往能力”“沟通能力”“教学管理能力”“教育反思能力”等。

对学生态度和行为方面的要求，集中于“尊重学生”“保护学生”“研究学生”“满足有益于学生”“突出学生”“激励学生”。对自我修养、特质与动机方面的要求，集中于“发展规划”“发展潜力”“判断能力”“综合能力”等。

定向教师相关政策文件与其他教师文件相比较，更多提及时代背景的服务于西部地区、定向就业、党性强、业务精、有情怀、有担当、有威信、肯奉献、立足乡村大地、厚植乡村教育情怀等，这是以家国情怀为中心的有组织的情感倾向，是一种不会轻易改变的心理状态①，是现实生活中教师感情与思想的再体现，因此也将其并入“特质与动机”。保护学生、研究学生、满足学生、激励学生等表现，其实质是了解与关心学生，在教学中表现为学情分析。个人修养与行为中的会沟通、会合作、会处理、会交往是以博爱、奉献为基础的自我特质，因此归入“自我特质”。

上述教师能力的特征中，既有显性能力又有隐性能力，根据之前文献综述中的麦克利兰（McClelland，1973）“冰山模型”，人的心理分为两部分：可见部分和不可见部分，就像一个冰山一样。冰山的可见部分，即水面上的部分，代表了人们可以直接观察到的行为和态度。而水面下的庞大冰块，则象征着驱动这些行为和态度的深层心理因素，比如个人的价值观、信念、经验和潜意识。在教师个人发展与能力分析中，了解和应用冰山模型可以帮助我们更深入地理解教师教学的行为和反应，以及它们背后的深层动因。通过探索水面下的部分可以更好地理解个体的动机，进而有效地解决问题和冲突，促进教师教学能力的成长和发展。

① Maslow A H. A Theory of Human Motivation [J]. Psychological Review, 1943, 50 (4): 370-396.

基于国家政策文本中的胜任力要素分析，结合已有学者的研究，将文本中析出的教学胜任力要素按照上述胜任力理论模型，分别归入专业知识与技能、情感态度与价值观、自我特质与动机三个一级维度中，并对提取的三个维度进行了要素呈现（表 3－5），构建出初期定向教师教学胜任力要素初始集。

表 3－5　基于国家政策文本提取的教师教学胜任力要素备选初始集

胜任力一级要素	胜任力二级要素
专业知识与技能	教育教学知识、通识性知识、教学理念、课程实践、教学技能、教学设计、教学实施、教学评价、教学管理能力、教学反思能力、创新能力
情感态度与价值观	贯彻党的教育方针、热爱教育、教书育人、立德树人、为人师表、师德高尚、职业理想、敬业精神、社会使命、家国情怀、有担当、关爱学生
自我特质与动机	自我提升、发展规划、发展潜力、判断能力、合作能力、交往能力

从表 3－5 中可以看出国家政策文本中对教师能力的范围更多地着眼于教师共有能力的框定，而较少突出对定向教师这一特殊角色的要求。主要对所有卓越教师群体的能力范围进行了整体性的圈定。这种整体性的框架反映了国家政策的导向性和指引性作用，旨在为教师的职业发展和教育实践提供统一的方向和准则。

在专业知识与技能方面，国家政策要求教师掌握“教育教学知识、通识性知识、教学理念、教学技能、教学设计、教学实施、教学评价、教学管理能力、教学反思能力、创新能力”，这是因为这些能力构成了教师专业胜任力的核心，是教师能够准确理解和传授学科内容和全面地理解学生和教育环境的基础，也是教师教育观念、价值取向的依据。它要求教师要适应教育变革和学生多样化需求，有效地规划、实施和管理教学过程，合理评估学生的学习成果，及时调整教学策略。

在情感态度与价值观方面，国家政策文本强调了教师对祖国和党的忠诚，服务边远地区以及对中国特色社会主义的坚定信仰。强调了教师的高尚师德、职业理想和社会使命感。这为教师的行为准则和职业操守提供了明确的指引，促使教师在教学过程中扮演积极的榜样角色，为学生树立正确的道德观念。这一指引有助于引导教师在教育实践中传递正确的思想观念，培养学生的爱国情怀和社会主义核心价值观。

在自我特质与动机方面，政策文本强调了教师关爱学生和自我修养的重要性。这为教师塑造亲近和谐的师生关系，以及自身良好素质的培养提供了指引，从而为学生提供全面的教育服务。

这个要素框架并不是最终框架，虽然国家级政策文本未专门突出定向教师的角色，但其整体框架为全体教师提供了指引。在实际操作中，定向教师可以在这一整体框架的基础上，进一步挖掘和强调适用于自身的要素，从而更好地胜任多学科教学的任务，为西部民族地区学生的全面发展提供有力支持。

第二节　地方政策文本信息中定向教师教学胜任需求特征挖掘

一、定向教师教学胜任力地方政策文本信息来源

由于西部地区教育发展水平存在差异，不同地区对定向教师的需求和要求也不尽相同。国家政策通常是一般性的指导和原则，而地方教育部门更了解当地学校和教育机构对定向教师的实际需求，可以根据实际情况制定更为具体的规定和操作指南，体现地方特色。根据当地实际情况进行调整和优化，使定向教师培养工作更具操作性，更便于实施和执行。综合区域发展理论、教育公平理论、人力资本理论的指导与考量，文本的选择在整体上关照地方教育政策与规划文本、区域发展政策文本、人力资源与定向教师管理政策文本、教育公平与教育质量提升政策文本，本研究梳理了西部各省、自治区、直辖市政府、教育厅，各州政府关于对定向教师要求的相关文件，时间跨度为2010—2023年。在初期的筛选过程中由于资料源庞大，课题组成员分为两组分别对西部各省、自治区、直辖市政府、教育厅（局），各州县政府、教育局的文件进行了初级的梳理，着重关注政策文本中定向教师教学能力部分，整理出与其相关性较强的文件56份，在进一步的筛选中发现，部分文件虽然不是以“定向教师”相关的标题出现，但在文本内容中对定向教师教学胜任力及教学能力有着明确的要求与期望限定，比如《中共甘肃省委 甘肃省人民政府关于全面深化新时代教师队伍建设改革的实施意见》《中共青海省委关于制定国民经济和社会发

展第十三个五年规划的建议（2016—2020 年）》《对内蒙古自治区十四届人大一次会议第 141 号建议的答复》等，针对这部分政策文本，征询专家指导意见、同行商议并筛选，只选择文件内容中与定向教师教学能力等强相关段落进行编码。共得到相关文件 52 份（表 3-6）。

表 3-6　地方政策文件中定向教师能力的相关政策文本

序号	发布日期	发文机关	公文标题
1	2018 年	中共贵州省委、贵州省人民政府	《中共贵州省委贵州省人民政府关于全面深化新时代教师队伍建设改革的实施意见》
2	2021 年	贵州省教育厅	《贵州省教育厅关于实施“强师工程”的实施意见》
3	2022 年 4 月	中共黔南州委教育工作委员会 黔南州教育局	《关于印发〈关于实施“强师工程”打造高素质专业化创新型中小学教师队伍的工作方案〉的通知》
4	2022 年 1 月	贵州省教育厅	《关于印发 2021 年全省教育工作总结和 2022 年全省教育工作要点的通知》
5	2019 年 8 月	西藏自治区人民政府办公厅	《西藏自治区人民政府关于履行教育职责情况的自查自评报告》
6	2012 年 12 月	西藏自治区人民政府	《贯彻落实国务院关于深入推进义务教育均衡发展的实施意见》
7	2015 年 12 月	西藏自治区人民政府办公厅	《西藏自治区乡村教师支持计划（2015—2020 年）实施办法的通知》
8	2014 年	中共西藏自治区委员会办公厅、西藏自治区人民政府办公厅	《关于进一步加强我区教师队伍建设的意见的通知》
9	2023 年 9 月	中国西藏新闻网	《西藏：不断提升教师职业荣誉感使命感获得感》
10	2019 年	中共西藏自治区委员会、西藏自治区人民政府	《中共西藏自治区委员会 西藏自治区人民政府关于全面深化新时代教师队伍建设改革的实施意见》

（续）

序号	发布日期	发文机关	公文标题
11	2020 年 3 月	西藏自治区教育厅	《全区各级各类学校教师“一考三评”工作实施方案》
12	2020 年 4 月	西藏自治区教育厅、西藏自治区财政厅、西藏自治区人力资源和社会保障厅、中共西藏自治区委员会机构编制委员会办公室	《西藏自治区实施〈教育部直属师范大学师范生公费教育实施办法〉细则》的通知
13	2021 年	中共甘肃省委　甘肃省人民政府	《中共甘肃省委 甘肃省人民政府关于全面深化新时代教师队伍建设改革的实施意见》
14	2021 年 12 月	宁夏回族自治区教育厅、中共宁夏区委机构编制委员会办公室、宁夏回族自治区财政厅、自治区人力资源和社会保障厅	《宁夏回族自治区教育厅等四部门关于实施 2021 年自治区公费师范生、优师专项师范生工作的通知》
15	2021 年 12 月	宁夏回族自治区人民政府	《宁夏回族自治区教育事业发展“十四五”规划》
16	2021 年 12 月	宁夏回族自治区教育厅发展规划处	《宁夏回族自治区教育事业发展“十三五”规划》
17	2014 年	宁夏回族自治区人民政府	《宁夏中长期教育改革和发展规划纲要(2010—2020 年)》
18	2010 年	宁夏回族自治区教育厅	《宁夏回族自治区教育厅关于印发宁夏回族自治区义务教育均衡发展评估指标体系的通知》
19	2011 年	宁夏回族自治区政府	《宁夏回族自治区进一步推进义务教育均衡发展实施方案》
20	2022 年 5 月	广西壮族自治区教育厅、机构编委会、财政厅、人力资源和社会保障厅	《广西壮族自治区教育厅等四部门关于做好 2022 年定向培养壮汉汉语教师公费师范生招生工作的通知》
21	2013 年 5 月	广西壮族自治区教育厅、人力资源和社会保障厅、财政厅、机构编制委员会办公室	《关于实施农村小学全科教师定向培养计划的通知》
22	2017 年 4 月	广西壮族自治区教育厅、广西壮族自治区人力资源和社会保障厅、广西壮族自治区财政厅、广西壮族自治区机构编制委员会办公室	《关于继续实施农村小学全科教师定向培养计划的通知》

（续）

序号	发布日期	发文机关	公文标题
23	2014年	广西壮族自治区人民政府	《广西壮族自治区人民政府关于加强教师队伍建设的意见》
24	2019年5月	广西壮族自治区教育厅、自治区党委编办、广西壮族自治区人力资源和社会保障厅、广西壮族自治区财政厅	《关于做好2019年农村小学全科教师定向培养计划工作的通知》
25	2024年5月	广西壮族自治区教育厅	《关于做好2014年小学壮汉双语教师定向培养计划招生工作的通知》
26	2014年5月	广西壮族自治区教育厅、广西壮族自治区财政厅、人力资源和社会保障厅、广西壮族自治区机构编制、委员会办公室	《关于做好2014年农村小学全科教师定向培养计划工作的通知》
27	2014年1月	中共广西壮族自治区委员会 广西壮族自治区人民政府	《关于加快改革创新全面振兴教育的决定》
28	2013年10月	广西壮族自治区教育厅	《关于实施小学壮汉双语教师定向培养计划的通知》
29	2017年	广西壮族自治区人民政府办公厅	《广西壮族自治区中长期教育改革和发展规划纲要（2010—2020年）》
30	2012年	广西壮族自治区人民政府办公厅	《广西壮族自治区人民政府办公厅转发自治区教育厅等部门关于进一步加强壮汉双语教育工作意见的通知》
31	2021年	内蒙古自治区教育厅	《内蒙古自治区优秀中青年教师助力乡村振兴实施方案（2022—2025年）》
32	2023年5月	内蒙古自治区教育厅	《对自治区十四届人大一次会议第141号建议的答复》
33	2023年8月	内蒙古自治区教育厅	《内蒙古自治区教育厅：全力夯实基础教育战略基点》
34	2010年	青海省政府办公厅	《青海省2010—2020年教育重点工程实施方案》
35	2011年	青海省政府办公厅	《青海省关于进一步加强教师队伍建设的意见》
36	2011年	青海省政府办公厅	《青海省“十二五”教育改革和发展规划》

（续）

序号	发布日期	发文机关	公文标题
37	2013年	青海省发改委	《中共青海省委-青海省人民政府关于加强中小学校教师队伍建设的实施意见》
38	2015年	青海省政府办公厅	《青海省乡村教师支持计划（2015—2020年）实施办法》
39	2015年	青海省政府办公厅	《中共青海省委关于制定国民经济和社会发展第十三个五年规划的建议（2016—2020年）》
40	2016年	青海省政府	《青海省关于加强农村留守儿童关爱保护工作的意见》
41	2016年	青海省教育厅	《关于我省实施藏汉双语定向师范生免费教育的通知》
42	2016年	青海省政府	《关于进一步加快民族教育改革发展的实施意见》
43	2016年	青海省政府办公厅	《青海省贯彻落实加快中西部教育发展指导意见的实施方案》
44	2016年	青海省人民政府	《青海省教育综合改革方案的通知》
45	2018年	青海省人民政府办公厅	《关于印发青海省县域义务教育优质均衡发展督导评估实施方案的通知》
46	2018年	中共青海省委　青海省人民政府	《中共青海省委 青海省人民政府关于全面深化新时代教师队伍建设改革的实施意见》
47	2018年	青海省人民政府办公厅	《青海省人民政府办公厅关于全面加强乡村小规模学校和乡镇寄宿制学校建设的实施意见》
48	2018年	青海省政府办公厅	《青海省教育厅等部门关于落实教育部直属师范大学师范生公费教育实施细则（试行）的通知》
49	2022年	青海省人民政府	《青海省“十四五”教育改革和发展规划》
50	2022年	青海省教育厅	《关于做好2022年度基础教育领域“昆仑英才・教学名师”项目实施工作的通知》
51	2022年	果洛州人民政府	《果洛州“十四五”教育改革和发展规划》
52	2023年	中共海西州委教育工作委员会	《进一步加强“双培养”计划工作的方案》

二、地方政策文本中的定向教师教学胜任力要素挖掘

地方政策文本以国家政策文本为参照标准，其中对定向教师教学胜任力的要求较国家政策文本更为聚焦，出现频次较多的关键词体现在“教育”“教师”“发展”“教学”“实施”“管理”“提升”等具体性的指导和要求上。另外，相对于国家政策文本，地方文本中出现了更为具体的范围及能力点，比如“乡村”“农牧区”“坚持”“实践”“安全意识”“双语”“寄宿制”“国家通用语言文字”“西部”“使命”“藏汉”“奉献”“边远”“稳定”“定向”“全科”等。（表3-7）场域理论认为，个体的行为和交互是在特定场域（社会环境）中进行的，而这些场域对于理解和解释个体的行为至关重要①。教师作为社会角色，在不同的环境中扮演不同的角色和功能，在不同的环境中教师会面临不同的需求和挑战，具体环境对教师的行为会产生重要影响②。不仅如此，地方文化、学校的文化和价值观也会对教师的行为和期望产生影响。将教师放置在具体的环境中进行观察和理解，可以更好地理解教师的行为背后的动机和决策过程③。

定向教师作为场域中的人，谈及具体胜任力要素时，将其放置于具体场景中是必要且必需的。比如青海位于中国西北部，与新疆、内蒙古、四川、甘肃、宁夏、陕西相邻，是多民族聚居区。青藏高原的东北部是青海的主体地区，海拔在3 500米以上，是世界第三大高原，也是中国东部季风区、西北干旱区、青藏高寒区三大自然区的交会之地，作为是世界上海拔最高的省份之一，地势复杂多样，自然环境严酷，其中大部分地区是牧区和农区，在这些地区，人们从事农牧业生产，形成了独特的农牧业文化和经济模式。再如西藏、云南、贵州、新疆境内地形复杂多样，主要包括高原、山地、盆地和沙漠等。这些不同的气候、环境、经济因素和地理特点，使得西部地区的个性十分复杂，而这些特点也直接或间接地反映在对定向教师能力的要求中。

---

① Goffman E. The presentation of self in everyday life [M]. New York: Anchor Books, 1959.

② Fine G A, Manning P K. Erving Goffman [M]. In Handbook of social theory London: Sage Publications, 2003: 57-80.

③ Lamont M, Molnár V. The study of boundaries in the social sciences [J]. Annual Review of Sociology, 2002, 28 (1): 167-195.

表 3-7 地方政策文本中定向教师教学能力高频词（部分）

序号	关键词	词频	序号	关键词	词频	序号	关键词	词频
1	教育	2853	18	优秀	135	35	国家通用语言文字	34
2	教师	1721	19	思想	134	36	全科	30
3	发展	1167	20	农牧区	127	37	少数民族	22
4	学校	1115	21	双语	120	38	履行	22
5	建设	1035	22	政治	111	39	教书育人	22
6	教学	650	23	实践	110	40	留守儿童	21
7	工作	634	24	安全意识	100	41	艰苦	21
8	实施	523	25	师德	84	42	使命	18
9	管理	520	26	寄宿制学校	65	43	边远	18
10	提升	410	27	爱	64	44	牧区	18
11	乡村	334	28	公平	61	45	奉献	17
12	能力	314	29	意识	76	46	意识形态	14
13	民族	244	30	稳定	56	47	牢固	14
14	积极	230	31	定向	53	48	坚定	13
15	坚持	226	32	藏区	44	49	定向培养	13
16	责任	194	33	西部	38	50	扎根	12
17	教育教学	180	34	藏汉	38	51	奋力	12

在专业知识与技能维度，涉及的胜任要素“教育”出现频次为 2 853 次，主要指教育改革、教育创新、教育理论、乡村教育、农牧区教育、藏区教育、民族教育、双语教育、教育模式、教育信息化、教育资源、教育特点等。“教学”出现频次为 650 次，主要指政策文本中的教学知识、教学组织、双语教学、教学理论、教学设计、教学方案、分析教学、教学场景、教学职责、教学科研、教学实践、教学评价、教学方法、教学过程、教学情景、教学基本功、教学目标、教学资源、教学形态等。“能力”出现频次为 314 次，主要指教学能力、思维能力、教学创新能力、双语教学能力、双语运用能力、跨学科教学能力、整合能力、教学反思与研究能力、判断能力、分析概括能力、综合能力、语言文字运用能力、教学地方资源挖掘与利用能力、农牧区教学适应能力、网络教学能力、安全防护能

力、沟通能力、教学实践能力、阅读理解能力、文字表达能力、心理辅导能力等边远地区教学工作特定能力。“双语”出现频次为120次，主要指文本中的藏汉双语、多语言交互教学能力、双语兼通等。“实践”出现频次为110次，指教学实践、教学实践与教学理论联系、课堂管理实践、社会实践能力、农牧区教学实践、实践经验、研究教育实践、实践过程、实践意识、实践智慧、双语实践、实践取向、实践深度、实践组织与管理等。

在情感态度与价值观维度，地方性政策文本中涉及的胜任要素“积极”出现频次为230次，主要指教学积极探索、积极学习、积极参加积极推进。“坚持”出现频次为226次，文本中主要指坚持中国共产党的领导、坚持为国育才为党育人、坚持以习近平新时代中国特色社会主义思想为指导。“师德”出现频次为84次，“教书育人”出现22次，指文本中立德树人、为人师表、师德高尚。“公平”出现61次，指教育公平。“履行”出现22次，指履行教师职责、履行定向培养及就业的约定、履约就业、履约任教、定向中小学履约等。“艰苦”“留守儿童”出现频次均为21次，“使命”“边远”“牧区”出现频次均为18次，主要指西部地区地理位置的边远、气候环境、生活条件等。“奉献”17次，主要意为奉献教育事业、为农牧区教育作奉献、奉献高原、奉献艰边、厚植乡村教育情怀。“坚定”出现13次，主要指坚定不移、坚定职业理想、坚定的从教信念等。“扎根”“奋力”出现频次均为12次，指扎根西部当地、扎根高原、奋力拼搏。地方政策文本中更多强调中华民族共同体意识、坚定的政治立场、民族团结、国家安全意识、公平、民族复兴使命与责任等。其中“民族”出现频次为244次，在文本中指的是“民族团结”；“责任”出现频次为194次，在文本中指的是“使命担当”与“民族复兴大任”；“思想”出现频次为134次，主要是指“教学创新思想”；“安全意识”出现频次为100次，“意识”出现频次为76次，“意识形态”出现频次为14次，主要是指坚定的政治立场、国家安全意识与国防安全意识。

在自我特质与动机维度，胜任力要素“发展”出现频次为1 167次，主要指文本中的自我发展、教师能力的协调发展、终身发展、全面发展、农牧区教师发展、发展规划意识、发展能力、能力发展、发展的潜力、情感发展、发展活力、发展的自觉性、发展的经验、学习发展、社会发展、发展成就、藏区发展、健康发展、发展经验、发展空间、发展理念、发展方向等。“爱”出现频次为 64 次，主要指文本中热爱农牧区教育、爱祖国、爱家乡、爱当地、爱学生、关爱农牧区留守儿童。

三、国家政策文本与地方政策文本中定向教师胜任要素的比较

通过梳理国家政策文本与地方政策文本，发现对定向教师基本胜任要素的要求两者高度一致，但地方政策文本中对定向教师的教学要求有了更为具体和可测量的能力检测目标。为使两者间的定向教师能力比较更为直观，进行了胜任要素的比较（表 3-8）。其中国家政策文本中教师胜任力三个维度要素在地方政策文本中都有体现，为使表格内容的比较更为简明与直接，地方政策文本中的定向教师教学胜任力省略了与国家政策文本中相同的胜任要素，只罗列了两者间不同的胜任要素。

表 3-8 国家政策文本与地方政策文本中的定向教师教学能力要素比较

一级要素	国家政策文本中教师胜任力二级要素	地方政策文本中定向教师教学胜任力二级要素
专业知识与技能	教育教学知识、通识性知识、教学理念、课程实践、教学技能、教学设计、教学实施、教学评价、教学管理能力、教学反思能力、创新能力	“双语”教学能力、“双师型”教师、国家通用语言文字运用能力、省情知识、基本运动技能、挖掘地域特色教学资源的能力、一专多能、教学适应力、基本信息数字使用知识、教学资源利用能力、学情分析能力
情感态度与价值观	贯彻党的教育方针、热爱教育、教书育人、立德树人、为人师表、师德高尚、职业理想、敬业精神、社会使命、家国情怀、有担当、关爱学生	祖国意识、民族团结意识、献身教育事业、长期从教、终身从教、艰苦奋斗、诚实守信、扎根高原、热爱农牧区教育、奉献、奋力拼搏、坚定不移、厚植爱国爱乡情怀、教学坚守、契约精神
自我特质与动机	自我提升、发展规划、发展潜力、判断能力、合作能力、交往能力	关爱艰边留守儿童、人际理解、自我发展与修养

在专业知识与技能方面，无论国家政策文本还是地方政策文本，都关注“教学理念、教育教学知识、教学技能、教学实践、教学评价”五个胜任要素，所不同的是，在西部民族地区、西部农牧区任教的定向教师学识要素中更为突出“多语交互”教学能力、当地民族语言使用能力、对西部省情知识的了解与掌握、扎实的国家通用语言文字运用能力、藏汉“双师

型”教师、壮汉“双师型”教师、基本运动技能、挖掘地域特色教学资源的能力、一专多能、学情分析的胜任要素。

在情感态度与价值观方面，地方文本政策都含有“践行社会主义核心价值观、忠诚于党和人民的教育事业”等最基本要求，但在地方政策文本比国家政策文本更加强调“民族团结”“中华民族共同体意识”“国家安全意识”“担当民族复兴大任”“使命责任”等要素，体现出西部地区多民族聚集、多民族共同繁荣发展、多民族同为一体、荣辱与共、休戚与共、命运与共的特征，体现了在多民族农牧区背景下，定向教师要具备更强的民族情感和家国情怀，以及为实现民族复兴贡献力量的责任感。

与国家政策文本相比，在情感态度与价值观方面地方政策文本出现了鲜明胜任特征“契约精神”。这一特征强调了定向教师与当地培养政府、培养单位、学校之间的合作关系，以及教育事业所承载的社会责任和义务。在定向教师教学胜任力结构的地方政策文本中，契约精神体现在定向教师与学校之间建立的紧密联系和合作关系，定向教师被期望能够履行教育与培养合同，充分发挥自身的专业知识和技能，为西部边陲、民族地区学生提供高质量的教育服务。这种契约精神强调了定向教师的责任感和使命感，鼓励定向教师积极投身到教育工作中，为学生的学习成长贡献力量。这种特征的出现丰富了定向教师教学胜任力的内涵，为定向教师在地方实践中提供了更具体的指引。地方政策文本中对定向教师的胜任要素更为明确，范围也更为集中，如“献身教育事业、诚实守信、热爱农牧区教育”，对于教师队伍的稳定性要求也更为迫切，如“长期从教、终身从教、扎根高原”等，突出了在艰苦环境下坚持奋斗的精神和西部农牧区特有的情感。这与西部民族地区相对于中东部发达地区的滞后的经济发展、严酷的气候条件、复杂地理条件的制约息息相关，西部民族地区的教育发展需要留住更多优秀教师、培养一大批本地卓越教师，需要一支高素质的、稳定的师资力量。对教师情操方面的要求也更为突出“艰苦奋斗、奉献、奋力拼搏、坚定不移、厚植教育情怀、爱家乡、教学坚守、应对教学挑战、良好教学适应力”等优秀品质。

在自我特质方面，都强调“关爱学生、人际理解、自我发展与修养”等要素。其中“人际理解”中强调尊重不同民族习俗与文化，“关爱学生”中强调关爱农牧区留守儿童。

在国家政策文本的基础之上，地方政策文本更加关注西部民族地区、农牧区定向教师在特定背景下需要具备的能力和特点，强调了学识的广博、民族情感、社会责任、特殊技能等。与普通意义下的卓越教师相比，西部民族地区定向教师的能力要求更为聚焦与突出，能力要求具有鲜明的针对性，特定地域工作场域中的能力针对性增强。这些要素的差异体现了在不同教育背景下，定向教师教学胜任力的具体要求和重点指向不同，原有的一级要素专业知识与技能不能完全体现地方政策文本对定向教师的能力要求，在研究小组成员的讨论、专家问询意见、文献资料的梳理基础之上，将专业知识与技能进一步分解为知识特征、技能特征与教学特征，形成五个胜任力一级要素框架，以更好地对定向教师教学能力进行全景描述（表 3－9）。

表 3－9　国家、地方政策文本中合并提取的定向教师教学胜任力要素

胜任力一级要素	胜任力二级要素
知识特征	教育教学知识、学科知识、通识性知识、（特定地域）学生发展知识、省情知识（地域性知识）、信息技术基础知识
技能特征	综合实践能力、基本运动技能、挖掘地域特色教学资源能力（教学资源开发）、沟通合作能力、教学创新能力、信息数字能力、跨学科教学能力、知识整合能力、国家通用语言文字运用能力与民族地区语言运用能力
教学特征	教学理念、教学设计、教学组织、教学实施、教学评价、学情分析、教学管理、教学反思
成就特征	促进学生全面发展、成为学生健康成长与快乐学习的引路人、教学坚守、批判性思维、长期从教、终身从教、扎根高原（西部、艰边地区）的信念、热爱西部（农牧区）教育、乐于奉献、教师效能
自我特质	发展能力、契约精神、教学适应、学习能力、人际理解

第三节　基于文献分析中的教学胜任特征提取

一、文献分析中的教学胜任特征提取

深入分析教师教学胜任力相关学术文献，可以为本研究提供坚实的理论基础和背景，学术文献内容涵盖教师胜任力的定义、发展历史、理论模型及其在不同教育环境中的应用。此外，学术文献具有多样性，包括不同

研究者、地区、教育体系的观点和成果，为构建全面、深入的定向教师教学胜任力理解框架提供了丰富的视角。借鉴现有研究成果，不仅可以避免重复性工作，还能基于前人研究提出新的问题和视角。学术文献中的研究方法和设计对于指导本研究的研究设计、数据收集和分析方法也至关重要，有助于提升本研究的有效性和可信度。同时，通过文献审视，能够识别出当前研究中的空白和挑战，为本研究找到新的切入点（表 3-10）。

表 3-10　国内外具有影响力研究者的教学胜任特征项

研究者	胜任要素
Spencer、Spencer（1993）	在他们的冰山理论模型中提出了教师应具备的 14 项胜任力，包括影响力、使用符合学习者需求的教学方法、对人类多样性的人际理解、自信、控制情绪和行为、自我反思和个人发展、学科知识、对客户（学习者）的服务导向、团队合作、分析思维、概念思维、主动性、灵活性和直接性或自信①
Blašková et al.（2014）	为斯洛伐克共和国的高等教育教师发展了一个胜任力模型，包括专业、教育、激励、沟通、个人、科学、研究和出版等胜任力②
Celik（2011）	确定了土耳其优秀教师教育者应具备的四个品质：成为一名好教师、创造新的实践和理论知识、支持教师的培训和发展、自我专业发展③
Koster et al.（2005）	在荷兰综合了教师教育者的四类胜任力，包括内容知识、沟通和反思、组织和教育理解④
Smith（2005）	收集了以色列教师教育者对优秀教师教育者应具备的品质的看法，包括鼓励学习者反思、自我意识和持续的专业发展、耐心、同情、坚定和信心、研究和出版、团队合作和支持同事以及遵守职业道德⑤

① Spencer L M，Spencer S M. Competence at work：Models for superior performance [M]. New York：John Wiley & Sons，1993.

② Blašková M，Blaško R，Klimová V. Competencies of higher education graduates in the Slovak Republic [J]. Journal of Competitiveness，2014，6（1）：20-36.

③ Çelik S. Characteristics and competencies for teacher educators：Addressing the need for improved professional standards in Turkey [J]. Australian Journal of Teacher Education，2011，36（4）：73-87.

④ Koster B，Brekelmans M，Korthagen F，et al. Quality requirements for teacher educators [J]. Teaching and Teacher Education，2005，21（2）：157-176.

⑤ Smith K. Teacher educators' expertise：What do novice teachers and teacher educators say? [J]. Teaching and Teacher Education，2005，21（2）：177-192.

（续）

研究者	胜任要素
John Hattie（2009）	新西兰哈蒂的“可视学习”研究强调教师反馈、学生自我评估、明确的教学目标、高效的课堂管理①
Robert J. Marzano（2007）	提出有效的教学策略、目标设定、学生参与、评估反馈和课程设计②
Charlotte Danielson（2013）	“丹尼尔森框架”强调教学计划和准备、课堂环境、教学实践和专业责任等③
Carol Dweck（2006）	提出心态对教学和学习的影响、成长心态如何促进学生和教师的持续学习和适应性④
Benjamin Bloom（1956）	教师应能设计和实施不同层次的学习目标，从基本的记忆到高阶的分析和评价⑤
Deborah Meier（1995）	倡导以学生为中心的学习，强调教师应创建一个支持学生自主和合作学习的环境、教师参与学校决策过程、民主和社区参与式的教育⑥
Paulo Freire（1970）	批判教育学和解放教育理论主张教师应超越传统的“填鸭式”教学模式，采用对话和反思的方式，使教育成为促进批判意识和社会正义的工具⑦
James P. Comer（1988）	强调了学校文化和社区参与对学生发展的重要性，教师不仅是知识的传递者，也是塑造健康、支持性学校环境的关键角色⑧

① Hattie J. Visible learning：A synthesis of over 800 meta - analyses relating to achievement [M]. London：Routledge，2009.

② Marzano R J. The art and science of teaching：A comprehensive framework for effective instruction [M]. New York：Association for Supervision and Curriculum Development，2007.

③ Danielson C. The framework for teaching evaluation instrument [M]. Princeton：The Danielson Group，2013.

④ Dweck C S. Mindset：The new psychology of success [M]. New York：Random House，2006.

⑤ Bloom B S. Taxonomy of educational objectives [C] //handbook I：The cognitive domain [M]. New York：David McKay Co Inc，1956.

⑥ Meier D. The power of their ideas：Lessons for America from a small school in Harlem [M]. Boston：Beacon Press，1995.

⑦ Freire P. Pedagogy of the oppressed [M]. Myra Bergman Ramos，translated. London：Continuum，1970.

⑧ Comer J P. Maggie's American dream：The life and times of a black family [M]. New York：Plume，1988.

（续）

研究者	胜任要素
国际教育评估组织（Organisation for Economic Co-operation and Development，OECD）	强调了教师的多方面能力，包括教学技能、学生评估、课程设计、教育技术运用、终身学习和专业发展
联合国教科文组织（United Nations Educational，Scientific and Cultural Organization，UNESCO）	提出教师需要具备的能力，如文化意识、沟通能力、多样性和包容性教学以及促进可持续发展的能力
国际教师教育发展协会（International Task Force on Teachers for Education 2030）	强调教师在实现2030年可持续发展目标中的作用，包括教师的专业知识、教学技巧、评估方法和对全球公民教育的贡献
全美教育专业标准委员会（National Board for Professional Teaching Standards，NBPTS）	提出了一系列高标准的教师专业认证标准，包括教学内容知识、学生学习和发展、学习环境创设、教学实践、专业责任、高级教学技能、反思实践、学科专长
欧洲委员会	提出的教师胜任力要点涵盖了专业知识、教学方法、评估和反馈、持续专业发展以及社区参与和沟通等方面
美国教育研究协会（American Educational Research Association，AERA）	研究能力：能够进行教育相关的研究和分析 数据分析：利用数据来指导教学和评估学生表现 理论与实践相结合：将教育理论应用于实际教学
美国教师联盟（National Education Association，NEA）	学生发展：理解学生的学习和发展过程 教学实践：运用有效的教学方法和策略 专业发展：持续自我提升和专业学习
国际教育技术协会（International Society for Technology in Education，ISTE）	教育技术应用：有效地利用技术来促进学习 数字素养：提升学生的信息和通信技术能力 创新教学：运用创新策略整合技术进入课堂
美国教师教育认证委员会（Council for the Accreditation of Educator Preparation，CAEP）	教育理论知识：掌握教育学的基本理论和知识 教学设计：有效地规划和实施课程 学习成果评估：能够评估和提升学生的学习成效

（续）

研究者	胜任要素
梁舒婷，李臣之（2023）	“跨学科教学设计能力”“整合跨学科学习内容的能力”“分析学科知识间的联系”①
刘敬云，任玉丹，韩奕帆（2023）	教学设计能力、教学反思能力、人格特征和人际特征②
张楠，申仁洪，夏莲莲，葛姝睿（2022）	指向核心素养培养的“综合与实践”教学内生动力、凸显联结与融合的“综合与实践”教学跨学科知识与技能、重在问题解决的“综合与实践”跨学科主题学习设计与实施、关注学业质量的“综合与实践”教学评价与反思、导向突破与成长的“综合与实践”教师合作与拓展③
范建丽，张新平（2022）	数智意识及观念、数智知识与技能、高阶数智思维能力、数智教学应用能力、相关人格特质④
王琴（2022）	职业精神、知识素养、资源开发、教学实施、人际管理、自我发展⑤
孙晓红，李琼（2022）	协助学生学习的数字资源使用能力、关注学生多样化需求的适应性教学能力以及赋能学习者实现学生驱动学习⑥
韦小满，古钦晖，任玉丹，韩奕帆（2021）	教师专业自主发展意识和教学效能感⑦
仇晓春，肖龙海（2021）	技术、教学、伦理和态度⑧
郑旭东，马云飞，岳婷燕（2021）	专业化参与域、数字化资源域、教学和学习域、评价域、赋能学习者域、促进学习者的数字胜任力域⑨

① 梁舒婷，李臣之．中小学教师跨学科教学胜任力测评与提升［J］．全球教育展望，2023，52（8）：87-99.

② 刘敬云，任玉丹，韩奕帆．“三区三州”小学数学骨干教师教学胜任力现状及提升策略［J］．数学教育学报，2023，32（2）：44-50.

③ 张楠，申仁洪，夏莲莲，等．指向核心素养培养的数学综合与实践领域教师胜任力研究［J］．数学教育学报，2022，31（5）：29-35.

④ 范建丽，张新平．大数据＋智能时代的教师数智胜任力模型研究［J］．远程教育杂志，2022，40（4）：65-74.

⑤ 王琴．职业院校“双师型”教师胜任力结构探析［J］．教师教育研究，2022，34（2）：53-60.

⑥ 孙晓红，李琼．“学习者中心”的教师数字胜任力框架国际经验［J］．比较教育学报，2022（1）：28-40.

⑦ 韦小满，古钦晖，任玉丹，等．“三区三州”小学数学教师教学胜任力研究：基于多层链式中介模型的实证分析［J］．民族教育研究，2021，32（5）：114-121.

⑧ 仇晓春，肖龙海．教师数字胜任力框架研究述评［J］．开放教育研究，2021，27（5）：110-120.

⑨ 郑旭东，马云飞，岳婷燕．欧盟教师数字胜任力框架：技术创新教师发展的新指南［J］．电化教育研究，2021，42（2）：121-128.

（续）

研究者	胜任要素
胡重庆，闵学良，黄培凤（2020）	成就导向、分析性思维、共情能力、教育诊断、主动性、教育激励、收集信息、管理监控能力、教育合力、灵活性、组织领导力、服务学生、问题解决
赵忠君，郑晴（2020）	个性动机、态度或价值、知识和能力①
王海霞，唐智松（2020）	专业能力、专业知识、基本理念和职业道德②
李小娟，胡珂华（2017）	人际理解力、理解和尊重学生、责任心③
董圣鸿，胡小燕，余琳燕，王燕（2016）	沟通与交往、专业知识与技能、自我意象、追求卓越、成就能力④
李晔，李哲，鲁铱，卢静怡（2016）	主动性、人际了解、冲击与影响、关系建立、学生服务导向、培养他人、团队合作、分析性思考、自我控制、自信心、责任心、人际理解、正直诚信和反思与改进⑤
郝永林（2015）	学术支撑能力、教学转化能力和教师个性态度⑥
汤舒俊（2014）	人格魅力、学生导向、教学水平和科研能力⑦
刘宇（2014）	知识、能力、品质和创新意识⑧
张丽萍，谢彩春（2014）	专业素养、专业能力、专业价值观⑨
祁艳朝，于飞（2013）	个人魅力、教学水平、科研能力和人际沟通⑩

① 赵忠君，郑晴．智慧学习环境下高校教师胜任力关键要素识别研究［J］．湘潭大学学报（哲学社会科学版），2020，44（4）：118－122.

② 王海霞，唐智松．教师核心素养教育胜任力研究［J］．课程．教材．教法，2020，40（2）：132－138.

③ 李小娟，胡珂华．基于行为事件法的高校教师胜任力研究［J］．湖南师范大学教育科学学报，2017，16（5）：110－115.

④ 董圣鸿，胡小燕，余琳燕，等．幼儿教师胜任力研究：基于BEI技术的模型构建［J］．心理学探新，2016，36（5）：451－457.

⑤ 李晔，李哲，鲁铱，等．基于长期绩效的中小学教师胜任力模型［J］．教育研究与实验，2016（2）：74－78.

⑥ 郝永林．研究型大学教师教学胜任力建模——基于41份文本分析的理论构建［J］．高教探索，2015（8）：76－81.

⑦ 汤舒俊．高校教师胜任力的结构探索与问卷编制［J］．高教探索，2014（6）：162－166.

⑧ 刘宇．创新人才培养与大学教师胜任力对接模型构建研究［J］．科技管理研究，2014，34（9）：71－75.

⑨ 张丽萍，谢彩春．农村中小学教师胜任力及其培育路径［J］．求索，2014（2）：186－190.

⑩ 祁艳朝，于飞．高校教师胜任力模型的思考［J］．黑龙江高教研究，2013，31（9）：43－46.

（续）

研究者	胜任要素
李俐，李智元（2013）	双语语言表达与跨文化沟通能力、专业技能或能力、教学研究能力①
陈斌，刘轩（2011）	能力技能、个性特征和工作态度②
汤舒俊，刘亚，郭永玉（2010）	人格魅力、学生导向、教学水平和科研能力③
徐建平，张厚粲（2006）	服务特征、自我特征、成就特征、认知特征、管理特征、个人特质④
韩曼茹，杨继平（2006）	知识结构、教学能力、育人能力、心理辅导能力、班级管理技能、教育观念、职业道德、情感、自我监控能力、人际交往、成就动机和工作质量意识⑤

二、文献资料中与政策文本中的胜任要素整合

将政策文本和文献分析中提取到的教学胜任力要素进行梳理，去除胜任要素中的相似表述，合并相近教学胜任要素，分析包含与被包含的胜任要素（表3－11）。如“人际理解”是指理解并接受他人的独特性、观点和权利，对他人持有一种积极的态度，并且在言行举止中表现出对他人的考虑和尊敬。这包括倾听他人的意见，理解他人的感受和需要，以及避免对他人进行贬低或歧视。“对人类多样性的人际理解”是指理解和尊重不同个体在种族、文化、性别、年龄、宗教、身份、语言、生理和心理特征等方面的差异性。这种理解是基于对人类社会多样性的深刻认识，并且能在人际交往和工作中体现出来的能力。综合考虑定向教师的实际工作环境与社会环境，认为“对人类多样性的人际理解”中包含“人际理解”要

① 李俐，李智元．藏汉双语教师教学胜任力评价标准建构研究［J］．西藏大学学报（社会科学版），2013，28（2）：154－157.

② 陈斌，刘轩．高等职业院校教师胜任力模型的构建［J］．高教发展与评估，2011，27（6）：106－110.

③ 汤舒俊，刘亚，郭永玉．高校教师胜任力模型研究［J］．教育研究与实验，2010（6）：78－81.

④ 徐建平，张厚粲．中小学教师胜任力模型：一项行为事件访谈研究［J］．教育研究，2006（1）：57－61，87.

⑤ 韩曼茹，杨继平．中学班主任胜任力的初步研究［J］．教育理论与实践，2006（2）：59－61.

素，进行合并，统一以“对人类多样性的人际理解”命名。“数字素养”与“信息技术基础知识”合并为“信息数字能力”，得到41个二级教学胜任要素。

表3-11 文献分析中提取的教师教学胜任力特征补充

胜任力一级要素	国家与地方政策文本教学胜任力二级要素	文献提取的教学胜任力二级要素
知识特征	教育教学知识、学科知识、通识性知识、（特定地域）学生发展知识、省情知识（地域性知识）、信息技术基础知识	
技能特征	综合实践能力、基本运动技能、挖掘地域特色教学资源能力（教学资源开发）、沟通合作能力、教学创新能力、信息数字能力、跨学科教学能力、知识整合能力、国家通用语言文字运用与民族地区语言运用能力	数字素养
教学特征	教学理念、教学设计、教学组织、教学实施、教学评价、学情分析、教学管理、教学反思	差异化教学
成就特征	促进学生全面发展、成为学生健康成长与快乐学习的引路人、教学坚守、批判性思维、长期从教、终身从教、扎根高原（西部、艰边）地区信念、热爱西部（农牧区）教育、乐于奉献、教师效能	教学影响力
自我特质	发展能力、契约精神、教学适应、学习能力、人际理解	自我控制、对人类多样性的人际理解

三、定向教师教学胜任要素编码词典的初步形成

基于国家、地方政策文本、文献资料胜任要素的挖掘与整合，结合我国中小学教师专业标准、心理学家大卫·麦考利（David McClelland）提出的综合胜任力模型（McClelland's Comprehensive Competency Model）中的胜任要素、Lyle Spencer 和 Signe Spencer 夫妇共同撰写的 *Competence at Work：Models for Superior Performance* 一书中提出的胜任力分类模型、Richard Boyatzis 提出的胜任素质词典（Boyatzis Competency Dictionary）、Hay McBer（现为 Korn Ferry）开发的胜任力词典（Hay McBer Competency Dictionary），在征询专家意见及同行讨论基础上初步形成了定向教师教学胜任力编码词典（表3-12），用于后续的行为事件访谈。综合国家政策文本与地方政策文本中教师胜任力要素，结合已有研

究者对教师胜任力的研究，初步确定定向教师41个胜任要素（表3-12）。

表3-12 定向教师教学胜任力编码词典（初步）

序号	胜任要素	具体描述
1	教学理念（TP）	是指教师在教育教学过程中所遵循的基本信条和价值观，这些理念指导着他们的教学行为和决策
2	教学设计（TD）	是指教育工作者为了达到特定的教学目标，系统地规划、组织和实施教学活动的过程。这个过程包括明确教学目标、选择合适的教学内容和方法、设计教学活动、评估和反馈等多个环节。教学设计的目的在于提高教学效率和学习效果，同时也注重学生的主动参与和个体差异
3	教学评价（EE）	是指对教学活动的过程和结果进行系统的分析、判断和改进的过程
4	教师责任感（TR）	教师责任感是指教师对自己的教学工作、学生的学习和发展以及教育事业的重要性和影响有深刻认识和积极投入的态度
5	学情分析（ALS）	是一种教育评估方法，它专注于收集和分析学生的学习数据（学生文化背景、语言多样性、学习成绩、个人差异、成长环境），了解他们的学习状况。在多民族地区，学情分析尤为重要，可以帮助教育者理解不同民族背景学生的特殊需求和挑战
6	教学管理（TM）	指在教育环境中对教学活动的规划、指导和控制。涉及确保教育资源的有效利用，促进教学质量的提升，以及满足学生学习需求
7	契约精神（SC）	根据培养、就业约定，自觉履行教师的职责和义务，以诚实、守信、尽责的态度去履行承诺，不违背承诺，坚守自己的承诺和责任。在行为和言辞中保持真实、恪守承诺，履行责任
8	热爱农牧区、家乡、西部教育（LHE）	深知农牧区学生面临的特殊环境和挑战，愿意投身到这个特殊的教育领域；对农牧区的文化、习俗和传统有深入了解，并重视在教育过程中传承和弘扬优秀传统文化及特色；努力寻找适合农牧区学生的教学方法和资源，充分发掘学生的潜力和特长，为他们提供与农牧区实际情况相适应的教育内容和体验；深知农牧区教育对于地方经济发展和社会进步的重要性，愿意承担起这份责任，为农牧区学生的成长和未来奉献自己的智慧和力量；积极参与农牧区的教育改革和发展。也指对自己的家乡地区有深厚的情感和热爱。保持对家乡的土地、人民、文化和历史的情感认同和关怀。热爱自己成长的土地，对家乡的美景和自然资源感到自豪，关心家乡的发展和繁荣，对家乡人民的困境和需求持有同情和支持的态度，关注西部地区的发展和社会的进步，珍视家乡的文化传统和历史遗产，努力保护和传承家乡的文化瑰宝，在日常生活中弘扬家乡的传统美德和价值观，愿意为家乡的建设和进步贡献自己的力量

（续）

序号	胜任要素	具体描述
9	奉献（DC）	是指无私地付出和贡献自己的力量、时间和精力，为他人或事业的利益而努力
10	扎根高原（RIP）	具备对高原地区的热爱和认同，喜欢高原的自然环境和文化特色，愿意在这个特殊的地域展开教育工作。深入了解青藏高原地区的历史、地理、民俗和风土人情，尊重和传承当地的文化传统，将自己的教育事业深深植根于高原地区，为当地学生的成长和发展做出扎实的贡献
11	长期从教（LTE）	教师在教育领域工作时间长，通常是数年甚至十几年以上，持续从事教学工作，长期致力于教育事业，追求教育的使命和价值
12	终身从教（LLE）	是指教师将教育事业作为自己的一生职业与终身事业，并持续从事教学工作的状态和态度。这是一种终生的教育承诺
13	批判性思维（CT）	是一种分析和评估思维方式，它涉及对教学信息、论断和观点的仔细审查和逻辑推理。批判性思维要求教师具备独立思考的能力，能够从多个角度审视教学问题，辨别论点的合理性，区分事实与观点，以及基于证据和逻辑进行合理的判断
14	教师效能（TE）	指教师对自己能够有效促进学生学习和成长的信念和信心，强调教师的自我认知以及他们对教学成效的影响
15	教学坚守（TU）	是指在面对挑战和困难时，保持坚守初心、坚定的信念和决心，在工作岗位上坚定地履行职责，恪尽职守，不轻易放弃，坚守自己的信念和原则。具有面对逆境和困难时的韧性和毅力，保持乐观和积极的态度，坚持不懈地追求目标
16	教学适应力（TR）	是指教师在面对教学变化、教学任务和教学中不确定情况时，能够灵活应对、适应新环境和新情境的教学能力。能够迅速调整自己的教学行为、思维方式、计划和策略，根据不同的教学问题做出相应的变化，快速适应和应对，以达到教学最佳的效果
17	对人类多样性的人际理解（MUDU）	理解和尊重不同个体在种族、文化、性别、年龄、宗教、身份、语言、生理和心理特征等方面的差异性。这种理解是基于对人类社会多样性的深刻认识，并且能在人际交往和工作中体现出来的能力
18	促进学生全面发展（PCDS）	在教育过程中，通过综合性的方法和策略，培养学生的各个方面的能力和素质，使他们在身心、智力、情感和社交等多个方面得到全面的发展
19	成为学生健康成长与快乐学习的引路人（GHL）	引导学生健康成长和享受学习乐趣

（续）

序号	胜任要素	具体描述
20	教育教学知识（ETK）	是指教育工作者所需的关于教育和教学过程的专业知识，包括教育理论和原理、课程设计和教学方法、教育技术和资源利用、班级管理和师生关系、评估和反馈
21	学科知识（SK）	是指在特定学科领域中所掌握的知识内容和概念。包括学科基础知识、学科方法和技能、学科发展和前沿知识、学科应用和实践知识
22	通识性知识（GK）	是指涵盖广泛领域的综合性知识，它超越学科的界限，涵盖人文、社会科学、自然科学等多个领域的基本概念、原理和理论
23	（特定地域）学生发展知识（SDK）	是指了解和理解特定地域文化、价值观、地理环境、生活条件、学生的成长背景信息和发展特点，制定相应的教育计划和教学策略，满足学生的需求以便更好地理解和支持学生的发展
24	省情知识（PRK）	了解和掌握西部地区的地理、历史、经济、文化、教育、气候、民生等方面的知识。为人们在该省份生活、工作、学习等提供更全面的背景和参考
25	跨学科教学能力（ITS）	指教师在教学过程中能够整合多个学科领域的知识、概念和方法，以促进学生全面理解和应用知识的能力
26	知识整合能力（KIS）	将来自不同学科的知识和概念进行连接和融合，发现它们之间的关联和相互作用，使他们能够超越学科的界限，将不同领域的知识有机地结合起来，形成综合性的认知和理解
27	国家通用语言文字与民族地区语言运用能力（2LU）	牢固掌握国家通用语言的基本规范和用法，了解国家通用语言的语法规则、词汇表达和语用习惯，能够运用正确的语言形式和语境进行交流。具备听、说、读、写等多方面的语言技能，能够流利地进行听说读写的活动，并能使用民族地区语言。能够流利、准确地在两种语言环境中进行口头和书面交流，能够自如地阅读、理解和运用两种语言的词汇、语法、语调和语用规则，有效地表达自己的想法和意见。能够在教学中灵活运用两种语言进行教学和教学指导
28	综合实践能力（CPA）	指具备全面培养学生的知识、技能、情感和品德的能力。具有学科知识和教学技能，具有心理管理、人际交往、德育和综合评价等方面的能力，具有综合思维和创新能力，能够综合考虑多个因素和角度，将所学的知识和技能应用到实际情境中，灵活地运用各种资源和方法，做出全面和有效的决策，有效地解决复杂问题
29	健康知识＋基本运动技能（HBS）	是指掌握的一些基本的身体运动技巧和能力。这些技能包括跑步、跳跃、投掷、接球、滑冰等基本的身体动作，能够使个体具备基本的身体协调和运动控制能力

（续）

序号	胜任要素	具体描述
30	挖掘地域特色教学资源的能力（URC）	能够深入了解所处地域的自然、人文和社会资源，并能够发现其中的独特价值和潜力。能够通过调查研究、实地考察和社区参与等方式，收集相关数据和信息，分析和评估地域特色资源的可利用性和发展潜力。包括观察和发现能力、调研和分析能力、创新和整合能力、管理和推广能力
31	教学组织（TO）	指在教育过程中，教师对教学活动进行规划、安排和协调的过程
32	教学实施（TI）	教师根据教学计划和教学设计，在实际教学过程中执行和应用这些计划和设计的过程
33	沟通合作能力（CO）	是指教师或团队在共同目标下，能够有效地协同合作、互相支持和协调工作的能力
34	教学创新能力（TIA）	指教师在教学和教育实践中具备提出创新想法、方法和教学策略的能力
35	信息数字能力（IDA）	涵盖了有效地利用信息和数字技术的能力，包括信息获取和评估能力、信息处理和分析能力、信息应用和创新能力、数字工具和技术应用能力、信息安全和伦理意识
36	教学反思能力（RA）	对自己的教学行为、教育实践和学生学习情况进行深入思考和评估的能力，以改进教学方法和策略，提升教学效果和学生学习成果，获得洞察力和改进的机会
37	学习能力（LA）	主动获取、应用和更新教育知识和教学技能的能力，以不断提升自身的教学水平和专业素养。包括自主学习、持续学习、合作学习、教学研究、学习改进
38	发展能力（DC）	在职业发展过程中不断提升自身的专业素养、教学技能、领导力、完善自我的能力
39	差异化教学（DT）	是一种教育策略，旨在满足不同学生的个别学习需求
40	教学影响力（TIC）	指教师在教学过程中对学生学习态度、行为和成绩产生积极影响的能力
41	自我控制（SC）	个人管理和调节自己的情绪、思想和行为的能力。这种能力使人能够在面对诱惑、挑战或压力时保持自律，做出理智和合适的反应

第四节 定向教师主观视角中的教学胜任要素特征凝练

政策文本中的定向教师教学胜任力要素挖掘为教师能力发展与研究提供了统一的标准和规范，属于宏观指导性文件，这些要求通常与整体的教育目标、社会发展需求或特定行业的标准相关，其包含着国家、地方对教师能力要求和期望的规定，是应然状态下的教师能力要求。文献资料中提到的胜任力则更倾向于中观方面，这些资料基于学术研究、理论分析或实践经验。为更准确地了解定向教师在实际工作中的能力、水平和潜力，识别定向教师在特定领域或方面的优势，及时发现并解决教育教学中存在的问题和挑战，全面了解和分析定向教师教学胜任力要素的组成，不仅要了解“应然状态下的教学胜任要素”，还要进行“实然状态下的胜任要素”补充与说明。

一、方法与步骤

材料与工具：录音笔、记录册。

编制《定向教师教学胜任特征核检表》。参考我国中小学教师专业标准、国家与地方政策文本中胜任力要素的梳理、国外成熟胜任力词典如大卫·麦考利（David McClelland）提出综合胜任力模型（McClelland's Comprehensive Competency Model）中的胜任要素、Lyle Spencer 和 Signe Spencer 夫妇共同撰写的 *Competence at Work：Models for Superior Performance*（1993）一书中提出的胜任力分类模型、Richard Boyatzis 提出的胜任素质词典（Boyatzis Competency Dictionary）、Hay McBer（现为Korn Ferry）开发的胜任力词典（Hay McBer Competency Dictionary）、SHL（CEB/Gartner）开发的胜任力词典（SHL Competency Dictionary）为基本素材，在讨论基础上编制形成“西部民族地区定向教师教学胜任特征核检表”，共66项教学胜任特征。

（一）方法

核检表方法。一种通过制定核查要素，对工作、计划、项目或流程进行要素核对和评估的方法。核检表基于特定要求或标准制定，将复杂的要求或标准分解为具体的检查点，使得评估过程更加清晰和可操作。

行为事件访谈法。一种常用的质性研究方法，用于获取个体对于特定行为事件的详细描述和理解。通过深入访谈研究对象，了解他们的经历、行为动机、情感体验以及事件的背景和影响因素。

（二）步骤

1. 访谈取样标准

研究中的访谈教师均为在职教师，是师范院校中定向培养小学教育、小学教育（全科）专业毕业，学历起点为本科，在进行访谈时分为优秀定向教师与合格定向教师。在确定待研究优秀定向教师标准与指标时，参考了徐建平等国内学者在胜任力建模中优秀教师与合格教师的选择标准，并根据定向教师的实际培养与任教数量、年限等做了调整。取样遵循三个标准：一是曾获得过国家级、省级、州级、区级优秀称号及荣誉证书的教师。考虑到定向培养教师及全科专业教师任教的年限整体较短，将在教学、活动组织、备课、讲课等活动中获奖的教师都纳入这一标准。二是自任教以来获得过年度考核优秀的教师。三是近三年所在学校教师数量在50人以上①。考虑到定向教师实际任教学校地点基本都在西部民族地区、农牧区边远地区，很多学校体量较小，还有部分定向教师在乡村教学点工作，部分定向教师教学形式为区域走教，而这一部分中的优秀定向教师所具备的胜任要素正是研究中“教得好、下得去、留得住”的关键胜任特征，为探寻定向教师最具鉴别特征的教学胜任要素，本研究取样只遵循前两个标准。

2. 访谈对象的确定

通过前期已有的追踪了解、州县教研究员推荐、学校领导推荐，遵循之前的取样原则，共获得有效访谈样本20个，其中鉴别组10个，基准组10个，其中男性9名，女性11名，藏族11名，回族3名，汉族6名（表3-13）。

3. 预研究

关键事件中访谈的方法、技巧、时间的控制，都会使访谈结果受到影响。为达到有效的访谈结果，并从访谈中准确地识别出胜任力要素和行为

① 徐建平．教师胜任力模型与测评研究［D］．北京：北京师范大学，2004.

表 3-13 西部民族地区定向教师访谈被试分布

编号	性别	民族	教龄	职称	学科	兼职学校其他工作	访谈时间	地区	属性	编号
1	男	藏族	5年	二级	藏语文、美术、音乐、科学、道德与法治、数学	安全副校长、办公室、教务、教学、值周员、宿舍管理	3 137s	牧区	鉴别	A1
2	男	藏族	5年	二级	藏语文、数学、体育	班主任、安全、德育、值周员	2 820s	牧区	基准	B1
3	女	回族	3年	二级	语文、道德与法治、英语、阅读	班主任、社团组织教师、值周	2 827s	农区	鉴别	A2
4	男	藏族	7年	二级	藏语文、语文、英语、信息技术、数学	班主任、教务、教学、校务、前勤、后勤、数据录入、宿舍管理、值周、学校文化建设	4 963s	牧区	鉴别	A3
5	女	藏族	4年	二级	音乐	舞蹈社团、全校学籍录入、学籍管理、学校艺术活动辅导、值周	2 717s	牧区	基准	B2
6	女	汉族	6年	二级	语文、美术、道德与法治	班主任、值周	2 120s	农区	基准	B3
7	男	汉族	1年	初级	语文、数学、体育、美术、音乐	教务、社团、宿舍管理、值周	3 312s	农区	基准	B4
8	女	回族	7年	中级	语文、数学、体育、美术、英语	教务、教学、社团、班主任、安全	3 796s	农区	基准	B5
9	男	藏族	3年	二级	藏语文、数学、体育、语文	班主任、教务、教学、学校特色足球队教练	4 061s	牧区	基准	B6

（续）

编号	性别	民族	教龄	职称	学科	兼职学校其他工作	访谈时间	地区	属性	编号
10	男	汉族	1年	初级	语文、体育、美术、音乐、道德与法治	班主任、德育、社团	4 300s	农区	基准	B7
11	女	汉族	4年	中级	语文	班主任	5 047s	农区	鉴别	A4
12	女	汉族	4年	二级	数学、体育	班主任	3 374s	农区	基准	B8
13	女	汉族	4年	二级	数学、语文、道德与法治	班主任、书法社团	2 619s	农区	鉴别	A5
14	女	藏族	1年	无	数学	教务干事、学校资料收集、国画社团	3 318s	牧区	鉴别	A6
15	女	藏族	2年	二级	数学、科学	德育干事、卫生与健康干事、班主任、太极社团	1 917s	牧区	基准	B9
16	女	藏族	1年	无	音乐	会计、舞蹈社团	2 236s	牧区	基准	B10
17	男	藏族	2年	二级	语文、数学、外语、体育	班主任、大队辅导员、账务	2 594s	农区	鉴别	A7
18	女	藏族	6年	中级	英语、数学、音乐、美术	民族团结资料员、党建资料员、实验室与音乐室管理员	2 221s	牧区	鉴别	A8
19	男	回族	4年	二级	数学、体育、道德与法治、音乐、科学、美术、信息技术	篮球社团、学籍管理、学校统计工作、控辍保学、	2 286s	农区	鉴别	A9
20	男	藏族	7年	中级	藏语文、语文、数学、体育	教务、学校安全	3 200s	牧区	鉴别	A10

指标，根据取样标准和策略，依据关键事件访谈提纲，首先选择了2名高绩效定向教师进行访谈。2名课题协助成员分别对其中一份文本进行编码，直到编码Kappa系数达到高一致性时，对文本进行最终编码，并对之前初步形成的胜任力词典进行补充和完善，形成《定向教师教学胜任力编码词典》初稿。词典包括胜任特征名称、定义、行为指标、等级强度及示例。

4. 访谈过程

课题研究的时间正好经历了三年的疫情特殊时期，原本安排在2023年初进行的实地调研由于疫情时期的管控没有实现，其间的教师访谈的工作尝试了远程访谈，但效果不理想。法国社会学家皮埃尔·布迪厄（Pierre Bourdieu）强调社会是由各种相互关联的场域组成的，每个场域都有其独特的规则、结构和运作方式①，个体通过参与不同的场域，不断获取和转化各种形式的资本，并通过这些实践来塑造自己的社会地位和身份认同②，他指出为能更深刻地理解人与人之间的错综往来与互动，以及社会现象的产生和演变，仅仅关注于表面上的事件和事务，关注于人们说了些什么和所发生的事情本身是远远不够的，要对这些互动、事务及所发生的事件之中所蕴含的空间进行整体、全面的考查③。定向教师工作地点特殊，学校多为寄宿制学校，教师工作地点是平均海拔在4 000米以上的高寒地区，部分教师工作地点在生源地很少的教学点，定向教师工作所在场域与通常意义上理解的场域无论在条件、环境、文化、习俗上皆有很大区别。远程访谈由于屏蔽了定向教师生活工作的外围环境与社会空间，无法对研究、访谈对象所处的场域相对自主性、客观关系网络与架构形成整体评价与认识，增加了研究人员的主观与想象因素，受到职业市场逻辑场域自身的逻辑影响，其独立性被忽视。考虑到保证研究的真实性、科学性与客观性，本研究依旧坚持采用面谈为主的形式。西部地区由于疫情反弹，在2022—2023年初进行了为期较长的三次封城管控，为规避疫情期

① Pierre Bourdieu. The Logic of Practice［M］. Illinois：Polity Press，1990.

② Pierre Bourdieu. Outline of a Theory of Practice［M］. Cambridge：Cambridge University Press，1977.

③ Pierre Bourdieu. The Forms of Capital［C］//Handbook of Theory and Research for the Sociology of Education［M］. Sam Francisco：Greenwood Press，1986.

间差旅产生的额外成本消耗，访谈一直延迟到了 2023 年 5 月初才得以进行。行为事件访谈遵循访谈的基本步骤①。

第一步是访谈前预约。通过电话、微信、QQ、短信等各种渠道与访谈者进行事先的说明与沟通，将访谈提纲内容和目的提前告知被访谈对象，对具体的时间进行确定。由于定向教师的工作性质特殊，每个人担任的事务繁多复杂，而访谈期间又要保证时间、情感与逻辑的连贯性，因此在初期时间商榷过程中经过了反复的调整与多次的协商，非常考验研究人员的沟通、协调能力与耐心。

第二步是对访谈对象、工作环境、访谈资料的熟悉。在确定好具体访谈时间之后，研究人员选择提前半天或一天进入访谈对象工作场地，对其生活、工作的物理环境和人文环境进行前期的观察、记录与了解。其间由于突然进入海拔 4 000 米以上高原，研究人员出现了不同程度的高海拔地区综合低压、低氧反应，出现头痛、疲倦、呼吸困难、前额和双颞部跳痛等症状，在慢行、轻言策略下，亲身体验、记录、感知定向教师工作真实场域。为使访谈对象能在更为轻松和放松的条件下进行交流，研究原本设定了室内室外两种场景，在实际实施过程中，例如所到访谈地区青海玉树藏族自治州杂多县（海拔 4 290 米）当天的高原大风天气几乎使人闭气，没有办法克服压力差问题，后续访谈基本调整在室内进行，考虑定向教师工作特性与高原缺氧等实际客观条件，访谈时间也由原本计划的 60～70 分钟缩短为 35～45 分钟。

第三步实施行为事件访谈。此次访谈中部分教师是由研究者所在学校与地区培养的学生，甚至是部分定向教师的曾经任课教师，在告知研究规范、表明来意后，身份介绍等过程基本简化，与这部分定向教师的访谈全程亲切、信任度极高、信息挖掘透彻到位。部分定向教师由其他院校培养，访谈程序遵循“自我介绍—研究目的介绍—研究规范程序告知—意愿征得—口头或书面授权—访谈”程序。访谈过程中要求他们分别描述三件在教学过程中成功、自豪、振奋、获得感极高的事件，三件在教学过程中感到沮丧、失落、挫败、失败的事件，目的是收集访谈者在具体事件中的行为要素。访谈使用美国著名的管理顾问公司 DDI（Development Dimen-

① 陈向明．质的研究方法与社会科学研究［M］．北京：教育科学出版社，2000：174－227.

sions International）提出的 STAR 访谈法（Situation，Task，Action，Result）进行，包括情境（Situation）、任务（Task）、行动（Action）、结果（Result）四个要素（表 3 - 14）。首先需要描述被访谈者当时面临的具体情境或场景，这个情境可以是之前工作、学习或其他经历中遇到的问题或挑战。如："在您的教学过程或工作中处理过的满意的事件有哪些？是在什么样的情景下发生的？"其次，在描述情境后，被访谈者需要明确说明他们在该情境下的任务或目标是什么，任务应该是具体和可衡量的。如"您当时打算怎么办？""您当时计划做什么？""您当时的想法是什么？"再次，被访谈者需要说明他们为了完成任务或应对挑战所采取的具体行动和步骤。在这一步，可以强调他们的个人能力、技能、决策和解决问题的能力。如"您用了什么办法？""为什么要这样做？""您的具体计划是什么？"最后，总结并强调他们采取行动后所取得的结果。这些结果应该是可量化的，并且最好能够体现被访谈者的成就和贡献。如"这件事情结果如何？""有没有引发其他事件的出现或产生？""您觉得处理完这件事情后，自己真实的想法是什么？"等。在访谈过程中尽量要求被访谈者完整描述事件及个人具体行为，进行探测性问题的询问，同时记录当时被访谈者的身体动作、表情、停顿等伴随性表现行为，记录当时访谈人的想法、感受作为旁证资料。实际访谈录音时间最短的为 28 分钟，最长的为 84 分钟，平均访谈时间为 47 分钟。

表 3 - 14 定向教师教学胜任力 STAR 访谈示例

访谈要素	详细说明	示例问题
情境（Situation）	要求教师描述他们在特定的教学环境或情境中的经历，包括学校的类型、学生的特点、教学资源的状况等	"请描述一个你认为特别具有挑战性的教学情境，包括你所在的学校环境和学生背景。"
任务（Task）	让教师说明在这个情境中他们的主要任务或目标是什么，例如提高学生的学习兴趣、处理班级管理问题等	"在这个情境中，你的主要教学任务是什么？你需要达成哪些具体目标？"
行动（Action）	询问教师为完成任务采取了哪些具体行动。这些行动可能包括特定的教学方法、学生互动策略、资源利用等	"你采取了哪些具体行动来解决这个问题或达成这些目标？请描述你的教学方法和策略。"

（续）

访谈要素	详细说明	示例问题
结果（Result）	要求教师描述他们的行动所带来的结果，包括学生的反应、教学效果的提升、个人的成长等	“你的这些行动带来了什么结果？请分享学生的反馈、教学效果的变化或你个人的收获。”

第四步文本转录。首先将访谈录音转为文字资料形式，初步完成资料转录后由课题组协助人员进行校正转录，核查文本。本研究 20 份录音共转录 24 万字。其次，对文本进行编码。编码前对之前在政策文本中提取的 38 个胜任特征进行反复熟悉，对转录文本进行仔细阅读，在此基础上进行正式编码工作。有时在事件叙述过程中的一个片段或句子中会同时显现多个胜任要素，要仔细区分、留意这些陈述。全部编码工作初步完成之后，要重新进行核查，防止出现重复编码与遗漏编码。最后进行频次与强度统计。

5. 访谈个案分析示例

按照之前的分组，研究中将鉴别组标注为 A，将基准组标注为 B，组别后面用字母简写标注行为事件中的胜任要素。为体现访谈中的真实性与“原汁原味”性，转录的资料基本没有修改，保持了访谈者的原本语言特色与表达习惯。

这边是双语地区，也是一个特殊地区，主要特殊在它跟县城有点区别，家长全部都是游牧地区的，他们所说的定居，不是特别固定的居住地，是不定期的，就是迁居。各个地方转场的也特别多，因为要保证每个季节让牛羊有吃的，所以夏季牧场和冬季牧场季节转场的也特别多，所以他们对社会接触时间和接触面有点窄，也导致他们对普通话，对国家通用语言不是那么重视，使用也不广泛。所以那会儿我主要的教学工作就是加强学生的基础性知识，首先让他们从心态上发生转变。如果说只关注在课堂里的教学，那我觉得不能从根本上提高学生的成绩。	PRK－A3 ALS－A3 SDK－A3 EE－A3
编码说明： PRK－A3：省情知识　　SDK－A3：（特定地域）学生发展知识 ALS－A3：学情分析　　EE－A3：教学评价	

A3 教师工作地点在西藏牧区，毕业后回到了自己的家乡任教。如果是其他地域教师需要在一个双语地区工作，教师必须进行深入的学情分析，了解学生来自游牧地区，生活方式与定居地与县城的学生不同，需要

适应不同文化的教育需求，理解并尊重不同文化背景的学生和家长，跨文化教育能力是必须具备的。但是由于定向教师的招生与分配是“州来州去”的原则，对于自己长大的地方文化了解深入，在理解上不存在障碍，因此，在此处的“跨文化教育能力”不做标注，按照词典编码为“省情知识”。针对学生的特殊背景，教师需要采用适合的教学策略，加强学生的基础性知识，同时从实际需求出发，推进学生对国家通用语言的学习和使用。对于“（特定地域）学生发展知识”，教师要帮助学生和家长转变心态，由于家长们接触面较窄，对普通话和国家通用语言的重视程度较低，教师需要通过有效的沟通方式，引导家长认识到国家通用语言的重要性，增强他们对语言学习的意愿，从而使得学生能够更多地参与相关学习活动，帮助他们更好地理解、增强对国家通用语言的认知和使用，体现出教师的责任与“使命感”。

我刚上班的时候，校长就安排我做音乐的教学工作，兼职学籍统计和管理的工作。我在学校读书时可以选修音乐或美术特长，我选修的是音乐课，了解基础的乐理知识与音乐课的教授程序，上中低年级的课对我来说没有问题，但是我还有五六年级的课，感觉上课还是有难度的。而且每次学校里的文艺活动，或是参加州级的演出活动，校长都要求我排练参赛节目，这对我来说太难了。刚开始接到工作时自己很烦躁，但是想想工作也不能停下来啊，我就在课余自己花钱报了一个音乐高阶班，天天下班就去上课，练琴学乐理，还和其他学校的老师请教怎么排练节目，学习舞蹈的基本技能。上个学期，由我负责和其他老师一起排练的节目还在州级比赛中获得了一等奖，五六年级的课对我来说也不再是难题，校长知道后夸我学得快，说我学习能力超强（开心地大笑）。	教学问题解决能力 LA-B2 CSCO-B2 CPA-B2
编码说明： LA-B2：学习能力　　CSCO-B2：合作沟通能力　　CPA：综合实践能力	

受访教师是一名入职不久的定向培养的教师，在担任音乐教师的同时，被安排兼职学校的学籍管理工作，她所在学校学生超过 1 200 人，这么多的学生的数据整理即便是有经验的教师也难免出现差错，虽然一开始什么都不会，但面对任务，教师表现出了积极的学习态度和快速的学习能力。面对教学中出现的问题，教师没有退缩，通过“报学习班”“向其他老师请教”主动解决问题，突出了胜任要素“教学问题解决能力”。通过自己的努力，教师不仅克服了教学难题，还成功指导学生在比赛中获得一等奖，显示了在教学实践中将新知识综合应用的能力，根据胜任力词典，编码为“综合实践能力”。教师在面对困难时保持冷静并寻找解决方案，

向许多人询问和请教，这说明教师具备积极的沟通能力，愿意与他人合作并寻求协助，并通过与其他老师的沟通顺利开展了教学工作，展现了有效的沟通技巧。根据词典编码为“合作沟通能力”。

我22岁参加工作，因为工作的地方是牧区，所以学生普遍上学有点晚，我们班的学生也有十几岁的，甚至十七八岁的都有，我跟他们年龄相差不多，所以我就能更好地融入那个环境当中，在课堂里我是他们的老师，在生活里我是他们的哥哥，然后我们打成了一片。他们跟我说他们哪个地方不懂，需要哪个地方重新讲一下，或者缺少哪部分的知识，我作为一个老师，就想办法去给他们讲，在教学中我还摸索了一套适合我们学生的讲课方式和奖励办法，给他们创造一个更好的学习环境，我自己不会的就上网查，在这个过程中，我好像也更能理解学生，能从他们的角度去看和想问题，所以大家都是相互成长起来的。	ALS－A3 LA－B4 TIA－B4 教学共情
编码说明： TIA－B4：教学创新能力　LA－B4：学习能力　ALS－A3：学情分析	

定向教师的工作地点基本在西部的农牧区，地方较为偏远，牧区里的孩子们上学也普遍较晚，面对特殊地域学生成长特点，教师能够创新教学路径，根据学生的不同年龄和学习需求，灵活地调整教学内容和方法，为学生创造更适合他们学习的环境，按照词典编码为“教学创新能力(TIA)”。面对学生提出的问题和缺乏的知识，教师不回避，而是主动寻求答案，通过上网查找资料来丰富自己的知识，并将这些知识传授给学生，教师展现了积极的学习态度和对教学的热情，编码为“学习能力(LA)”。在课堂里是老师，在生活里是哥哥，和学生打成了一片，能从他们的角度去看和想问题，形成了教学共情的良好氛围，析出新的教学胜任力“教学共情”。

我任课的班里有一个学生，只要上课就睡觉，用了很多方法，但似乎没有什么效果，很多老师刚开始的时候还能教一教，说一说他，但他油盐不进，老师说得多了他就逃课，后来似乎老师们都放弃这个孩子了。我们学校是寄宿制的，因为在牧区，离镇上很远。每天晚上我们都会去查寝，要保证每个学生的安全。有一次轮到一个新来的女老师值班，我们去查寝的时候，她说她刚点完女生寝室的名，都在，和她一起搭班的男老师也刚点完男生的名，也都在。因为我是学校的安全副校长，为了确保安全，半夜又去看了一遍，发现这个男生不见了。然后我们就开始翻监控，翻到大概是凌晨2点的时候，看到这个男生出去了，出去之后直接是用架子车搭在墙头，翻墙就直接走了，然后我们所有老师到处去找，结果根本就找不到，我们很担心学生的安危，就报警处理了。学校里有个年龄比较大一点老师，他在这边的经验比较丰富，他提议要到学生家里去找，或许是跑回家去了。	PRK－A1 经验互递

（续）

然后我们开着学校的皮卡车就过去了，估计走了10多千米，刚好我们快到他们家门口的时候，他也在下面草台上慢慢走着，我们开始叫他，他根本就不理我们，直接就跑，折腾一晚上总算学生没事，心总算放下一点，没出事就好，我们也安心了。之后我们给他们家里人说了孩子的情况，希望给他做一下思想工作，教育一下，而孩子的父亲却说必须要狠狠地揍，我当时就劝家长要好好沟通。这个孩子之后又逃了好几次，我也在思考为什么会这样，想起大学的时候教育心理学老师给我们讲过一个关于问题学生的处理方式，印象特别深刻。我想这个问题必须要好好处理一下。	MC - A1 DC - A1 TR - A1 自我控制 RA - A1
后来我在学生到学校之后，试着跟他接触一下，因为他不是我们班的，他是五年级的，差不多年龄也12岁了，我试着跟他沟通的时候他根本就不说话。后来我去找他们班班主任，他们班班主任说他是个傻子，别理他，只要他不出事，其他没啥问题。这是第一次我尝试与他接触。之后我就又试着慢慢跟他沟通，他还是特别排斥我，我没有生气，也没有放弃。	CSCO - A1 TU - A1 SC - A1 LS - A1
我观察了一下他旁边有没有朋友之类的，好像也没有，他特别喜欢一个人单独走。后来他好像又逃了两次，有一次他逃走之后就在马路上堵了个车，逃到了县城，从我们现在的学校到县里的话有30千米。后面我们学校里发动了各方面的力量去找他，最后在他家姑姑家里找到了。我跟他姑姑沟通的时候了解到，这个学生的母亲在他很小时就得病去世了，现在他家那个女的就是他的后妈，他父亲经常酗酒，打麻将，反正就特别不顾家，一喝醉就打他。	MC - A1 ETK - A1 教学问题解决能力
我分析了一下，觉得不能只从教学和课堂入手，感觉这个孩子缺少家庭教育和家庭温暖，缺少爱与关怀。想起来大学里学的马斯洛需求层次理论，这个孩子应该是缺失了处于底层的“安全需要”“归属与爱”。后面我到县城买了几件衣服啥的，没让其他老师知道，悄悄地给他了。我直接就塞到了他的书包里，然后我说“给你买了个衣服你自己穿”，他就一直看着我，啥都没说，我说你不要让其他老师知道，这就是我俩的秘密，他也没说话就是点点头。	教学共情 DC - 1 CPA - A1
这之后，在学校里碰面的时候他就开始向我问好，我开始感觉之前的付出开始起作用了。后来吃饭的时候，我就把饭打上，带到宿舍里，把他叫到宿舍里一起吃饭，或者是我俩一起躺在沙发上刷手机，教他打一些小游戏，他就慢慢开始跟我说话了。我发现他的戒备心、心理各方面慢慢开始放松，开始在学校里面踢球，跟学生一起玩耍，慢慢转变了。到现在我感觉他真的就像变了一个人。在学校里也开始学习了，也跟老师们打招呼了，从那之后就没有逃过学，成绩自然也提高了很多。现在我们老师们在上课前、上课后，每天都会信息沟通一下，及时了解学生情况。一个人的力量总是不够的，一定是团体的力量和教学共同体的力量，共同在教学中发力，给予学生的推力才足够强大。	DT - A1 教学共同体意识
访谈笔记：这段访谈很有意思。看似内容游离于生活、教学与工作之间，但教学最终结果呈现却与教师细微之处所用功夫紧密相关。与访谈教师交流过程中，虽然没有明确出现“双语”运用的胜任力特征，但为了使学生更好地接受教师，与教师进行沟通，访谈教师在进行家长沟通与学生沟通时使用的都是藏语，是隐藏在显性行为之中的重要胜任特征“双语”运用能力。分析出“经验互递”“自我控制”“教学共同体意识”三个新的胜任要素。	

（续）

编码说明：		
RA－A1：教学反思能力	CSCO－A1：合作与沟通能力	PRK－A1：省情知识
TU－A1：教学坚守	DC－1：乐于奉献	ETK－A1：教育教学知识
TR－A1：教师责任感	CPA－A1：综合实践能力	SC－A1：自我控制
DT－A1：差异化教学		

教师在学校寄宿制工作环境中，尤其是在牧区，周围非常空旷，教师负责查寝，确保每个学生的安全，并在发现有学生不见后，立即采取行动，强调了对学生安全的高度关注，并联合其他老师翻查监控，寻找学生的行踪，最终报警处理，体现了教师极高的责任感。按照词典编码为“教师责任感”。教师作为学校的安全副校长，与其他老师形成了团队合作，共同查寝，翻查监控，寻找学生。在关键时刻，他们相互支持，形成了紧密的合作团队，共同为学生的安全着想，按照词典编码为“沟通合作能力”，同时分析出新要素“教学共同体意识”。学校有一位经验丰富的老师，对于牧区特殊情况有更多了解，他提议到学生家里寻找学生，这体现了教师之间经验分享和相互学习的精神，通过共享经验，找到更多解决问题的办法。出现了新的胜任要素，暂时编码为“经验互递”。教学中发现问题学生后，教师并没有止步于课堂，而是深入探究引起教学问题的深层根源，在许多教师已经放弃这位学生的时候，这名教师依旧坚持与学生沟通，了解学生学不好背后的原因，显示了教师在面对教学挑战时保持冷静和果断的能力，按照词典编码为“教学坚守”（TU）。

教师在寻找学生过程中，面对学生的逃跑和家长的暴力解决方式，能够保持冷静和镇定，不因情绪波动而影响判断和决策。在处理学生问题时，能够客观理性地思考，并采取恰当的处理方式属于“自我控制”（SU）要素。教师在发现学生失踪后，与其他老师一起组成小组，并积极行动，使用学校的皮卡车前往学生家寻找。团队合作和积极行动使得教师能够有效地应对紧急情况，执行能力迅速，按照词典编码为“教师责任感”（TR）。教师面对一个特殊情况的学生，尝试跟他进行沟通和接触，表现出情感关怀和人际沟通的能力。教师试图了解学生的问题和需求，尽可能地与学生建立联系，但面对学生排斥，仍然坚持尝试，编码为“沟通能力”。对学生的行为和表现进行仔细观察，并注意学生是否有朋友和社交圈。教师在察觉学生缺失的情况后，采取个性化的教育教学方式，从生活细微处入手，先打游戏后教学，并暗地里为他购买衣物等物品，给予他关怀和爱，属于编码词典里“差异化教学”（DT）。教师通过在日常生活中与学生相处，建立起师生之间特殊的信任和情感纽带，产生共情，暂时编码为“教学共情”。教师担任学生的导师角色，不仅关注学习成绩，还关心学生的心理和行为。教师在和学生相处时，为学生提供感兴趣的内容，如一起玩游戏、看视频等，从而激发学生学习的兴趣，并培养学生参与学习的积极性，编码为“综合实践能力”。为找学生好几个晚上老师都没有休息，后来在和学生的沟通中教师主动地无偿给学生打饭、利用自己的时间进行陪伴，无私地付出，按照词典编码为“奉献”。利用学过的心理学知识进行实际问题的分析，按照词典编码为“教育教学知识”“综合实践能力”。

我认为一个学生的学习成绩只是发展和成长过程中测评他的一小部分，我希望我的学生哪怕学习成绩不理想但他也可以成为一个心理健康和快快乐乐的人，或许他们在以后的学习和生活中有意想不到的能力和本事呢！我觉得能帮着家人分担事务，体谅父母，放牛放羊放得很好，也是一个人的能力，不是吗？在教学中我反正挺注重亲情啊、学生生活能力的培养的。	GHL－A7 PCDS－A7 SDK－A7
编码说明： GHL－A7：成为学生健康成长与快乐学习的引路人 PCDS－A7：促进学生全面发展 SDK－A7：（特定地域）学生发展知识	

教师的教育理念是关注学生的心理健康和幸福，不仅仅关注学习成绩，而是希望学生在成为快乐的人的同时，能够在学习和生活中发挥出意想不到的潜力和能力。对学生的期望并不仅仅局限于学习成绩，而是希望他们在日常生活中能够有所进步和成长。教师通过与学生建立积极、亲切的关系，开展情感关怀和人际沟通，促使学生理解自己不仅仅被看重学习成绩，而是被理解和关爱的全面发展的个体，属于专业理念中“成为学生健康成长与快乐学习的引路人”的胜任特征。教师相信每个学生都有未知的潜力和能力，其教育目标是激发学生的潜力，并鼓励他们在学习和生活中探索和发展自己。不仅注重学术成就，还注重学生的人格发展和自我实现，编码为“促进学生全面发展”。教师认识到学习成绩并不是学生人生中唯一重要的事情。教师希望学生能够在生活中培养一系列实用的生活技

能，例如分担家务事务、体谅父母等，这些技能将在学生未来的生活中起重要作用，编码为“促进学生全面发展”。

6. 形成定向教师教学胜任力类属结果

通过与政策文本胜任要素的多次比较，将相近编码进行链接建立类属之间的相互关系，将核心类属与次要概念类属进行再连接，提炼出定向教师访谈文本中教学胜任力“核心类属”。将“教学组织”与“教学实施”合并为“教学组织与实施”，将“长期从教”与“终身从教”合并为“长期从教”，将访谈中析出的“教学共同体意识”“经验互递”“协同教学”“教学问题解决能力”“教学探索创新”“教学共情”“条理性”“教学筹划”“教学期望”“耐心”“宽容”补充到之前教学胜任力二级要素中，得到52个特征项（表3-15）。

表3-15 基于多维视角定向教师教学胜任力要素呈现

胜任力一级要素	胜任力二级要素
知识特征	教育教学知识、学科知识、通识性知识、（特定地域）学生发展知识、省情知识（地域性知识）、信息素养
技能特征	综合实践能力、健康知识＋基本运动技能、教学资源开发、沟通合作能力、教学探索创新能力、跨学科教学能力、知识整合能力、国家通用语言文字运用与民族地区语言运用能力、教学问题解决能力
教学特征	教学理念、教学设计、教学组织与实施、教学评价、学情分析、教学管理、教学反思、教学共情、经验互递、条理性、教学筹划、教学期望、协同教学、教学共同体意识、公平公正
成就特征	促进学生全面发展、成为学生健康成长与快乐学习的引路人、教学坚守、批判性思维、长期从教、扎根高原（西部、艰边）地区信念、热爱西部（农牧区）教育、乐于奉献、教师效能教学影响力
自我特质	发展能力、契约精神、教学适应力、学习能力、人际理解、自我控制、教师责任感、情感投入、宽容、耐心、强健体魄

二、在职定向教师胜任要素的分析

（一）访谈长度与字数分析

方差齐性是指在不同的组别或条件下，观测值的方差是否相等。在访谈研究中，因为有不同的参与者或不同的访谈场景，因此可能会产生不同数量的访谈文字内容，即访谈转录字数，而访谈的时间长度也可能因参与者不同而有所差异，如果数据不满足方差齐性，可能会导致错误的结论。对不同组别或条件的访谈时间长度和转录字数进行比较，以探索其中的差异。如表 3-16 所示，优秀组访谈字数平均值为 13 555 字，访谈平均时间为 2 988 秒，普通组访谈字数平均值为 10 589 字，访谈平均时间为 2 911 秒（Levene 检验结果）。

表 3-16 定向教师不同绩效组访谈时间长度比较分析

项目	优秀组（$N=10$）		普通组（$N=10$）		t	df	P
	平均值	标准差	平均值	标准差			
字数（字）	13 555.9	4 366.39	10 589.6	3 247.16	1.455	18	0.102
时间（秒）	2 988.6	556.09	2 911.9	423.42	1.422	18	0.172

对于访谈字数，P 值为 0.102，大于 0.05 的显著性水平，因此可以认为优秀组和普通组的访谈字数方差相等，方差齐性假设成立。对于访谈时间，P 值为 0.172，大于 0.05 的显著性水平，因此可以认为优秀组和普通组的访谈时间方差相等，方差齐性假设成立。

字数比较方面，优秀组的平均字数为 13 555.9 字，标准偏差为 4 366.39 字。

普通组的平均字数为 10 589.6 字，标准偏差为 3 247.16 字。t 值为 1.455，自由度（df）为 18，P 值为 0.102。时间比较方面，优秀组的平均访谈时间为 2 988.6 秒，标准偏差为 556.09 秒。普通组的平均访谈时间为 2 911.9 秒，标准偏差为 423.42 秒。t 值为 1.422，自由度（df）为 18，P 值为 0.172。由此可见，字数方面优秀组的平均字数明显高于普通组，但是 P 值为 0.102，高于 0.05 的常规显著性水平，这表明两组间的字数差异在统计学上不是非常显著。换句话说，尽管优秀组的字数平均值高于普通组，但这种差异的显著性不足以排除随机变异的可能性。时间方面，两组的平均访谈时间也有差异（优秀组略高于普通组），但 P 值为 0.172，同样高于 0.05 的标准，说明时间上的差异也不具有统计学上的显著性。总的来说，尽管优秀组在访谈字数和时间上的平均值都高于普通组，但这些差异都没有达到统计学上的显著水平，因此不能断定优秀组和普通组在访谈时间长度上存在显著差异，这意味着其他因素可能对访谈时间长度有更大的影响。

使用皮尔逊相关系数（Pearson correlation coefficient）计算访谈时间和访谈字数的相关系数，用于衡量两个连续变量之间的线性相关性，皮尔逊相关系数的取值范围在−1～1之间，其中1表示完全正相关，−1表示完全负相关，0表示不相关。计算结果显示，访谈时间和访谈字数的皮尔逊相关系数约为0.726，表明访谈时间和访谈字数之间存在较强的正相关关系，即访谈时间越长，访谈内容（字数）也越丰富，访谈的时间长度可能是影响访谈深度和效率的一个重要因素。长时间的访谈能提供更多机会深入探讨话题，从而产生更丰富的访谈内容。从数据分析中得出，对于进行教师绩效评估和相关训练的组织者来说，了解访谈时间和访谈字数之间的正相关性可以帮助后续研究更好地规划访谈流程。这种正相关性还意味着在分析访谈数据时，不能仅仅关注单一的量化指标（如字数或时间），而应该考虑这些指标之间的关系。例如，如果在分析中发现某些访谈的字数异常多，那么检查这些访谈的时间长度是否也相应较长可能是有意义的。尽管访谈时间和字数之间存在正相关性，但这并不意味着更长的访谈时间总是等同于更高质量的内容。这提醒我们，在设计访谈和分析访谈数据时，需要寻找时间长度和内容质量之间的最佳平衡点。

对定向教师教学胜任特征发生频次、平均分数、最高分数与访谈时间长度之间的相关性进行分析如表3-17所示。

表3-17 定向教师教学胜任力发生频次、平均分数、最高等级分数与访谈时间长度相关系数

胜任特征	时间长度与频次相关	时间长度与平均分数相关	时间长度与最高等级分数相关
综合实践能力	0.264	0.007	0.181
学情学析	0.558*	0.448*	0.397
教学问题解决能力	0.319	0.381	0.359
教学探索创新	0.523*	0.342	0.510*
国家通用语言文字与民族地区语言运用能力	0.739**	0.527*	0.396
学习能力	0.281	0.166	0.468*
教学适应力	0.444*	0.484*	0.615**
跨学科教学能力	0.136	0.20	0.464*
（特定地域）学生发展知识	0.399	0.596*	0.684*

（续）

胜任特征	时间长度与频次相关	时间长度与平均分数相关	时间长度与最高等级分数相关
知识整合能力	0.333	0.078	0.155
教师效能	0.219	0.031	0.331
教学共情	0.022	0.139	0.271
乐于奉献	0.285	0.230	0.446*
批判性思维	0.072	0.393	0.482*
自我控制	0.334	0.199	0.289
教学坚守	0.494*	0.410*	0.356
教学反思	0.454*	0.256	0.522*
教育教学知识	0.239	0.274	0.684**
教学理念	0.108	0.314	0.849**
省情知识	0.439	0.077	0.807**
教师责任感	0.451*	0.330	0.706**
经验互递	0.344	0.434*	0.613**
契约精神	0.322	0.474*	0.703**
情感投入	0.391	0.294	0.514*
组织与实施	0.392	0.437*	0.504*
成为学生健康成长与快乐学习的引路人	0.231	0.248	0.615**
信息素养	0.068	0.194	0.651**
条理性	0.108	0.111	0.790**
教学筹划	0.247	0.167	0.303
热爱农牧区教育	0.363	0.490*	0.486
发展能力	0.138	0.068	0.638**
公平公正	0.329	0.305	0.276
宽容	0.242	0.292	0.823**
教学期望	0.086	0.132	0.519*
人际理解	0.371	0.476*	0.590*
沟通合作能力	0.186	0.196	0.786**
耐心	0.469*	0.175	0.759**
促进学生全面发展	0.235	0.370	0.409
长期从教	0.183	0.340	0.222
协同教学	0.573**	0.540**	0.813**

（续）

胜任特征	时间长度与频次相关	时间长度与平均分数相关	时间长度与最高等级分数相关
教学设计	0.000	0.495*	0.687**
教学管理	0.250	0.224	0.879**
健康知识＋基本运动技能＋1～2项专技	0.125	0.298	0.765**
教学共同体意识	0.510*	0.451*	0.796**
学科知识	0.138	0.152	0.767**
教学影响力	0.490*	0.160	0.728**
通识性知识	0.385	0.010	0.359
教学评价	0.250	0.288	0.780**
强健体魄	0.323	0.596*	0.663**
扎根高原信念	0.572*	0.434*	0.518*
爱家乡	0.065	0.271	0.741**
教学资源开发	0.395	0.571**	0.597*

注：* 表示数据在 $P<0.05$ 的水平下显著，**表示数据在 $P<0.01$ 的水平下显著。

采用频次、等级平均分和最高分数三种指标是 Hay 公司进行人力资源分析时的经典研究方法[①]。使用这三项指标可以从不同的角度对定向教师教学胜任特征数据进行观察和分析，有助于全面了解数据的特征和分布情况。我国学者时勘和徐建平都使用过这种方法进行过胜任力特征方面的研究，频次可以帮助了解数据中某个特定事件或数值出现的次数，等级分级可以将数据按照不同的等级进行分类，最高分数可以帮助研究者找到数据中的最高值，这些峰值通常代表着数据的重要特征或极端情况[②]，在某些研究中，关注数据的最高分数可能对了解问题的本质有重要意义。从表 3-17 中可以看出频次、平均分数和最高分数与字数间的相关情况，频次计分中有 12 项胜任特征频次与访谈文本字数有关。其中 2 项胜任特征在 $P<0.01$ 的水平上相关；最高分数这一指标中有 37 项胜任特征频次与访谈文本字数有关；平均分指标有 16 个与访谈字数相关。可见，使用胜任特征的等级平均分这一指标比频次与最高分数指标更为稳定。

① 徐建平．教师胜任力模型与测评研究［D］．北京：北京师范大学，2004.

② 时勘．基于胜任特征模型的人力资源开发［J］．心理科学进展，2006（4）：586-595.

（二）胜任特征频次分析

将20份访谈记录中的定向教师教学胜任特征编码频次进行汇总，对优秀教师组和普通教师组进行进一步的频次比较，差异比较分析如表3-18所示。

表3-18　定向教师不同绩效胜任特征发生频次差异比较分析

胜任特征	优秀组（N=10）		普通组（N=10）		t	df	P
	平均值	标准差	平均值	标准差			
综合实践能力	8.70	5.982	6.20	3.259	1.160	18	0.261
学情分析	9.00	5.477	3.70	2.111	2.855	18	0.011*
教学问题解决能力	6.70	2.406	4.80	3.458	1.426	18	0.171
教学探索创新	5.80	3.393	2.60	1.897	2.603	18	0.018
应对挑战	2.00	1.764	6.80	2.741	−4.657	18	0.000*
国家通用语言文字与民族地区语言运用能力	5.80	6.844	3.00	1.944	1.244	18	0.229
学习能力	4.50	3.136	2.60	2.271	1.552	18	0.138
教学适应力	3.60	2.171	4.20	2.440	−0.581	18	0.568
跨学科教学能力	1.50	2.068	3.20	2.044	−1.849	18	0.081
（特定地域）学生发展知识	2.80	2.700	4.90	3.510	−1.500	18	0.151
知识整合能力	3.60	3.534	2.40	1.838	0.953	18	0.353
教师效能	3.30	2.263	3.40	2.591	−0.092	18	0.928
教学共情	3.60	3.864	1.90	1.792	1.262	18	0.223
乐于奉献	3.00	2.108	3.30	2.263	−0.307	18	0.763
批判性思维	2.20	1.751	3.60	2.366	−1.504	18	0.150
自我控制	2.10	1.370	3.50	2.014	−1.818	18	0.086
教学坚守	1.80	1.619	3.10	0.994	−2.163	18	0.044*
教学反思	2.80	1.549	2.10	1.449	1.043	18	0.311
教育教学知识	1.30	1.418	1.70	1.252	−0.669	18	0.512
教学理念	0.70	1.059	0.90	0.876	−0.460	18	0.651
省情知识	3.20	2.616	1.30	1.252	2.072	18	0.053

（续）

胜任特征	优秀组（N=10）		普通组（N=10）		t	df	P
	平均值	标准差	平均值	标准差			
教师责任感	2.30	2.214	0.70	0.823	2.142	18	0.046
经验互递	0.80	1.549	1.80	1.317	−1.555	18	0.137
契约精神	1.40	1.174	1.90	2.807	−0.520	18	0.610
情感投入	2.10	1.969	0.90	0.738	1.805	18	0.088
组织与实施	1.30	2.163	2.20	1.814	−1.008	18	0.327
成为学生健康成长与快乐学习的引路人	1.50	1.434	1.30	1.636	0.291	18	0.775
信息素养	1.30	1.829	1.00	0.943	0.461	18	0.650
条理性	0.60	1.265	1.10	0.738	−1.080	18	0.295
教学筹划	0.70	1.889	0.90	1.449	−0.266	18	0.794
热爱农牧区教育	1.20	1.989	0.80	0.789	0.591	18	0.562
发展能力	1.00	1.333	1.80	1.989	−1.057	18	0.305
公平公正	1.00	1.886	1.30	1.767	−0.367	18	0.718
宽容	1.20	2.486	0.60	0.699	0.735	18	0.472
教学期望	1.00	1.247	0.60	0.966	0.802	18	0.433
人际理解	0.50	0.707	2.50	2.718	−2.252	18	0.037*
沟通合作能力	3.50	2.799	5.20	4.442	−1.024	18	0.319
耐心	0.70	0.823	1.10	1.370	−0.791	18	0.439
促进学生全面发展	0.40	0.699	1.80	1.317	−2.970	18	0.008*
长期从教	0.90	2.183	0.70	0.823	0.271	18	0.789
协同教学	0.70	1.252	0.70	0.675	0.000	18	1.000
教学设计	0.80	0.919	0.40	0.699	1.095	18	0.288
教学管理	0.50	0.850	0.70	0.823	−0.535	18	0.600
健康知识＋基本运动技能	0.30	0.675	1.30	1.059	−2.518	18	0.022*
教学共同体意识	0.60	1.350	0.90	0.876	−0.590	18	0.563
学科知识	0.10	0.316	1.10	1.287	−2.387	18	0.028*
教学影响力	0.40	0.699	1.40	1.647	−1.768	18	0.094
通识性知识	0.10	0.316	0.30	0.483	−1.095	18	0.288
教学评价	0.20	0.422	0.20	0.422	0.000	18	1.000

（续）

胜任特征	优秀组（$N=10$）		普通组（$N=10$）		t	df	P
	平均值	标准差	平均值	标准差			
强健体魄	0.30	0.675	0.80	1.135	−1.197	18	0.247
扎根高原信念	0.20	0.632	0.30	0.949	−0.277	18	0.785
爱家乡	0.10	0.316	0.40	0.966	−0.933	18	0.363
教学资源开发	1.70	2.005	1.167	0.749	0.877	18	0.390

表 3-18 的分析结果显示，在优秀组和普通组中，仅有 7 个教学胜任力特征的提及频次表现出差异，而在两组的总提及频次上并未观察到统计上的显著差异。因此，这进一步表明，在本研究中，使用定向教师的教学胜任力特征的频率作为衡量指标可能并不具备较大的意义。

（三）胜任特征评价法的信度分析

根据全科教师胜任特征编码词典对两组人员进行编码，对访谈资料进行编码，其结果的归类一致性是影响胜任特征信度的重要因素①。归类一致性是指在编码或分类系统中，相似的对象或数据被分配到相同的类别或分类中，以确保系统的分类结果符合一致性原则。这意味着当有多个标准或准则用于对数据或对象进行分类时，无论使用哪种标准，相似的数据都应该被归类到相同的类别中，从而保持系统的一致性和可比性。本研究参照 Winter 在 1994 年动机编码手册中提出的一致性计算公式：$CA=2S/(T_1+T_2)$，其中 S 表示两组编码中编码者归类相同个数，T_1 表示第一组编码的编码个数，T_2 表示第二组编码的编码个数，S 表示编码归类相同个数（表 3-19）。

表 3-19　两组编码者胜任特征编码归类一致性统计

访谈编号	T_1	T_2	S	CA
01	89	79	62	0.738
02	118	103	78	0.706
03	88	81	55	0.651
04	97	92	69	0.730

① 徐建平．教师胜任力模型与测评研究［D］．北京：北京师范大学，2004.

（续）

访谈编号	T_1	T_2	S	CA
05	95	88	71	0.776
06	86	81	56	0.671
07	104	110	86	0.804
08	116	106	81	0.730
09	102	107	78	0.746
10	97	91	58	0.617
11	98	89	66	0.706
12	96	87	58	0.634
13	89	90	61	0.682
14	92	86	67	0.753
15	84	94	65	0.730
16	88	90	72	0.809
17	82	92	59	0.678
18	79	74	57	0.745
19	76	71	59	0.803
20	86	79	52	0.630
全体访谈	1862	1790	1310	0.717

通过数据计算，得到每个访谈样本的归类一致性（CA）值，这些值在0.617～0.809之间。而所有访谈样本的总体归类一致性为0.717，这个值较高，表示两组编码在归类上有较好的一致性。Kappa系数值在0.617～0.809之间，说明整体上具有一定程度的归类一致性，本研究中具体的解释参照定向教师教学胜任特征编码词典进行。一般来说，Kappa系数值越接近1，表示两组编码的归类越一致。而Kappa系数值为0.717表明编码归类在总体上表现较好。

（四）定向教师教学胜任力特征的差异检验

从以上研究中可以看出，在频次、平均等级及最高分分析中，平均等级是三种指标检测中最稳定的指标，其他研究者在进行检测中也得到了相同的结果①，本研究也再次验证了这个结果。以平均等级分数为指标，求

① 时勘．基于胜任特征模型的人力资源开发［J］．心理科学进展，2006（4）：586-595.

得不同的编码者对同一文本转录资料的胜任特征平均分，并进行校准化转换。因为在模型构建中非常重要的一点是使得数据符合标准正态分布，通过校准化转换，可以使得数据更稳定，减少异常值的影响，将分数转换到更易于理解的范围内，便于结果解释和传达，增强模型的准确性和解释性。转化为 Z 值后，再用 $S=3+2Z/3$ 转换为 1～5 的五点量表分数，进行定向教师优秀组与普通组具体胜任力特征平均分数比较，检验两组中胜任特征差异的显著性（表 3－20）。

表 3－20 定向教师不同绩效组教学胜任特征平均分数差异比较

胜任特征	优秀组（$N=10$）		普通组（$N=10$）		t	df	P
	平均值	标准差	平均值	标准差			
综合实践能力	3.365	0.263	3.191	0.258	1.672	18	0.112
学情分析	3.617	0.150	3.405	0.282	1.492	18	0.153
教学问题解决能力	3.631	0.121	3.512	0.180	2.101	18	0.050*
教学探索创新	3.848	0.139	3.618	0.201	1.736	18	0.100
国家通用语言文字与民族地区语言运用能力	3.986	0.400	3.349	0.464	3.245	18	0.004**
学习能力	4.054	0.401	3.407	0.379	3.286	18	0.004**
教学适应力	4.026	0.196	3.628	0.279	3.707	18	0.002**
跨学科教学能力	4.105	0.165	3.705	0.297	3.692	18	0.002**
（特定地域）学生发展知识	3.994	0.140	3.772	0.228	3.726	18	0.002**
知识整合能力	3.457	0.329	3.255	0.115	2.626	18	0.017*
教师效能	4.075	0.122	3.860	0.201	1.834	18	0.083
教学共情	3.208	0.115	3.183	0.109	2.887	18	0.010*
乐于奉献	3.661	0.145	3.476	0.279	0.499	18	0.624
批判性思维	3.136	0.105	3.093	0.159	1.860	18	0.079
自我控制	3.625	0.247	3.135	0.381	0.711	18	0.486
教学坚守	3.118	0.082	3.075	0.105	3.416	18	0.003**
教学反思	2.516	0.371	2.295	0.252	1.030	18	0.317
教育教学知识	2.429	0.157	2.296	0.171	1.557	18	0.137
教学理念	3.831	0.088	3.555	0.221	1.814	18	0.086

（续）

胜任特征	优秀组（$N=10$）		普通组（$N=10$）		t	df	P
	平均值	标准差	平均值	标准差			
省情知识	2.713	0.101	2.625	0.131	3.671	18	0.002**
教师责任感	3.948	0.061	3.589	0.328	1.684	18	0.109
经验互递	3.178	0.215	3.105	0.255	3.407	18	0.003**
契约精神	3.082	0.122	3.024	0.108	0.691	18	0.499
情感投入	2.619	0.186	2.497	0.223	1.127	18	0.274
组织与实施	3.771	0.136	3.539	0.310	1.326	18	0.201
成为学生健康成长与快乐学习的引路人	3.152	0.109	3.048	0.150	2.162	18	0.044*
信息素养	3.744	0.097	3.480	0.306	1.769	18	0.094
条理性	2.485	0.112	2.464	0.126	2.598	18	0.018*
教学筹划	3.035	0.120	2.872	0.179	0.394	18	0.698
热爱农牧区教育	3.464	0.117	3.326	0.172	2.387	18	0.028*
发展能力	3.176	0.115	3.099	0.113	2.095	18	0.051
公平公正	3.039	0.115	2.898	0.170	1.507	18	0.149
宽容	2.542	0.107	2.505	0.102	2.171	18	0.044*
教学期望	2.524	0.137	2.433	0.147	0.789	18	0.440
人际理解	3.286	0.227	2.876	0.349	1.432	18	0.169
沟通合作能力	3.086	0.156	2.951	0.087	3.114	18	0.006**
耐心	2.695	0.123	2.564	0.093	2.393	18	0.028*
促进学生全面发展	2.964	0.089	2.820	0.212	2.691	18	0.015*
长期从教	2.748	0.115	2.623	0.178	1.981	18	0.063
协同教学	4.137	0.581	3.381	0.453	2.979	18	0.008**
教学设计	2.519	0.137	2.386	0.150	1.309	18	0.207
教学管理	3.641	0.107	3.404	0.294	2.069	18	0.053
健康知识+基本运动技能	2.488	0.144	2.485	0.109	2.397	18	0.028*
教学共同体意识	2.521	0.084	2.482	0.075	0.053	18	0.959
学科知识	2.848	0.130	2.618	0.165	1.100	18	0.286
教学影响力	3.068	0.122	2.986	0.093	3.472	18	0.003**

（续）

胜任特征	优秀组（$N=10$）		普通组（$N=10$）		t	df	P
	平均值	标准差	平均值	标准差			
通识性知识	2.462	0.082	2.386	0.038	1.693	18	0.108
教学评价	2.707	0.103	2.485	0.143	2.647	18	0.016
强健体魄	3.051	0.074	2.994	0.067	3.984	18	0.001**
扎根高原信念	2.624	0.125	2.511	0.100	1.807	18	0.087
爱家乡	3.336	0.255	2.868	0.257	2.228	18	0.039*
教学资源开发	3.365	0.263	3.191	0.258	4.085	18	0.001**

注：* 表示数据在 $P<0.05$ 的水平下显著，** 表示数据在 $P<0.01$ 的水平下显著。

表 3-20 中的数据显示，定向教师优秀组和普通组在国家通用语言文字与民族语言地区语言运用能力、学习能力、教学适应力、跨学科教学能力、（特定地域）学生发展知识、知识整合能力、教学坚守、经验互递、省情知识、成为学生健康成长与快乐学习的引路人、条理性、热爱农牧区教育、宽容、沟通与合作、促进学生全面发展、耐心、协同教学、健康知识、教学影响力、强健体魄、爱家乡和教学资源开发这几种教学胜任特征之间有差异，其他的胜任特征间差异无统计学意义。优秀组的整体绩效平均分数高于普通组，优秀组教师的整体得分显示出正向性。将所有教学胜任特征的分加总后对两组定向教师教学胜任特征平均分总和间进行差异检验，结果显示优秀组总体平均分显著高于普通组平均分，差异显著。

根据之前的研究，访谈中的等级胜任特征最高分数据也是可鉴别的良好指标。表 3-21 中用相同的方法对两组数据进行标准化处理后的五点计分进行统计，以对比、补充定向教师教学胜任力特征。

表 3-21 定向教师不同绩效组教学胜任特征最高分数差异比较

胜任特征	优秀组（$N=10$）		普通组（$N=10$）		t	df	P
	平均值	标准差	平均值	标准差			
综合实践能力	3.143	0.242	3.172	0.245	3.461	18	0.003**
学情分析	3.597	0.126	3.315	0.276	1.501	18	0.151

（续）

胜任特征	优秀组（$N=10$）		普通组（$N=10$）		t	df	P
	平均值	标准差	平均值	标准差			
教学问题解决能力	3.662	1.303	2.801	0.442	2.101	18	0.050*
教学探索创新	3.631	0.129	3.663	0.224	1.992	18	0.062
国家通用语言文字与民族地区语言运用能力	3.896	0.392	3.337	0.459	3.305	18	0.004**
学习能力	4.139	0.425	3.398	0.393	3.322	18	0.004**
教学适应力	4.006	0.172	3.568	0.263	3.619	18	0.002**
跨学科教学能力	4.122	0.157	3.697	0.286	3.676	18	0.002**
（特定地域）学生发展知识	3.792	0.139	3.765	0.236	3.662	18	0.002**
知识整合能力	3.447	0.327	3.253	0.121	2.636	18	0.017
教师效能	4.171	0.120	3.792	0.232	1.783	18	0.092
教学共情	3.235	0.125	3.181	0.136	2.774	18	0.010*
乐于奉献	3.657	0.136	3.446	0.269	0.477	18	0.640
批判性思维	3.125	0.110	3.172	0.216	1.872	18	0.077
自我控制	3.614	0.236	3.124	0.373	0.709	18	0.487
教学坚守	3.107	0.079	3.112	0.121	3.412	18	0.003**
教学反思	2.416	0.369	2.276	0.233	1.127	18	0.275
教育教学知识	2.415	0.146	2.316	0.186	1.523	18	0.145
教学理念	3.661	0.109	3.542	0.227	1.814	18	0.086
省情知识	2.716	0.199	2.525	0.124	3.664	18	0.002**
教师责任感	3.884	0.097	3.489	0.368	1.686	18	0.109
经验互递	3.165	0.235	3.112	0.249	3.412	18	0.003**
契约精神	3.068	0.142	3.104	0.122	0.671	18	0.511
情感投入	2.616	0.176	2.476	0.243	1.131	18	0.273
组织与实施	3.792	0.143	3.449	0.373	1.328	18	0.201
成为学生健康成长与快乐学习的引路人	3.256	0.119	3.128	0.146	2.160	18	0.045
信息素养	3.534	0.109	3.338	0.322	1.764	18	0.095
条理性	2.581	0.127	2.362	0.126	2.638	18	0.017*

（续）

胜任特征	优秀组（N=10）		普通组（N=10）		t	df	P
	平均值	标准差	平均值	标准差			
教学筹划	3.132	0.228	2.776	0.197	0.349	18	0.731
热爱农牧区教育	3.522	0.120	3.322	0.169	2.378	18	0.029*
发展能力	3.206	0.121	3.122	0.143	2.196	18	0.051
公平公正	3.235	0.125	2.698	0.179	1.521	18	0.146
宽容	2.539	0.119	2.534	0.122	2.331	18	0.032*
教学期望	2.423	0.136	2.468	0.152	0.771	18	0.451
人际理解	3.268	0.221	2.794	0.327	1.332	18	0.199
沟通合作能力	3.112	0.165	2.672	0.103	3.109	18	0.006**
耐心	2.559	0.168	2.556	0.928	2.400	18	0.027*
促进学生全面发展	2.766	0.082	2.721	0.216	2.674	18	0.016*
长期从教	2.726	0.112	2.558	0.169	1.881	18	0.076
协同教学	2.493	0.277	2.337	0.226	1.878	18	0.076
教学设计	2.498	0.136	2.384	0.159	1.319	18	0.203
教学管理	3.646	0.107	3.453	0.246	2.145	18	0.046
健康知识+基本运动技能	2.396	0.179	2.399	0.117	2.406	18	0.027*
教学共同体意识	2.254	0.094	2.536	0.102	0.069	18	0.946
学科知识	2.648	0.224	2.582	0.265	1.112	18	0.281
教学影响力	3.148	0.162	2.782	0.102	3.492	18	0.003**
通识性知识	2.661	0.052	2.686	0.068	1.769	18	0.094
教学评价	2.599	0.113	2.282	0.132	2.546	18	0.020*
强健体魄	3.074	0.036	2.935	0.076	3.722	18	0.001**
扎根高原信念	2.754	0.227	2.436	0.125	1.794	18	0.090
爱家乡	3.412	0.246	2.747	0.322	2.312	18	0.033*
教学资源开发	3.532	0.247	3.204	0.262	3.792	18	0.001**

注：* 表示数据在 $P<0.05$ 的水平下显著，** 表示数据在 $P<0.01$ 的水平下显著。

表 3-21 显示，定向教师优秀组和普通组的最高分在综合实践能力、教学问题解决能力、教学探索创新、教学共情胜任特征方面存在差异，将所有教学胜任特征最高分的标准差进行两组差异比较，结果显示，在 $P<0.01$ 的水平下具有统计学意义。

（五）在职定向教师教学胜任特征核检表频次统计结果

研究中使用了前期自编的“西部民族地区定向教师教学胜任核检表”，发放给在职定向教师，要求列举出其中10～15项胜任特征。填写核检表的被试教师来自拉萨城关区海萨小学、拉萨城关区白定小学、拉萨堆龙德庆区羊达乡小学、西藏林周县旁多乡中心小学、甘肃武威新城区第一小学、甘肃静宁甘沟乡响河小学、青海黄南藏族自治州、玉树藏族自治州（玉树第一完全小学、玉树州红旗小学）、果洛藏族自治州（白玉乡民族寄宿制完全小学）、海北藏族自治州（刚察县沙柳河寄小）、海南藏族自治州（贵德新街寄宿制学校、共和县第一小学、青海湖民族寄宿制学校、贵南县城关寄宿制小学）、海西蒙古族藏族自治州（都兰县第一寄宿小学、都兰县第三寄宿小学、乌兰县第二寄宿中学、天峻县民族寄宿小学、乌兰县第四中学）、黄南藏族自治州（年都乎乡中心寄宿制学校、门堂乡民族寄宿制小学）民和回族土族自治县（满坪镇小学、官亭镇中心寄宿学校、李二堡镇中心寄校、大庄乡唐卡寄宿小学、转导乡三湾教学点、中川乡中心寄校）、互助土族自治县、化隆回族自治县、循化撒拉族自治县（积石镇伊麻目小学、积石镇和美小学、查汗都斯西滩小学、阿什努乡中心寄校）、湟中县（海子沟海上寄宿学校、殷家寨小学、塔尔镇中心寄校、共和镇维新寄宿学校）、湟源县（塔湾寄宿制学校、）等农牧区。共发放115份问卷，回收104份问卷，回收率90.4%，剔除无效问卷2份，有效问卷共102份。频次统计结果如表3-22所示。

表3-22　西部民族地区《定向教师教学胜任特征核检表》频次统计

序号	胜任特征	频次	百分比	序号	胜任特征	频次	百分比
1	教学组织实施能力	89	87.25	9	教学灵活性	61	59.8
2	自我控制能力	85	83.33	10	教学反思	61	59.8
3	专业知识	79	77.45	11	跨学科综合能力	57	55.88
4	学习能力	74	72.55	12	合作沟通	56	54.9
5	批判性思维	71	69.6	13	教学探索创新	52	50.98
6	教学筹划	68	66.67	14	国家通用语言文字与民族地区语言运用能力	50	49.2
7	宽容	66	64.7	15	（特定地域）学生发展知识	43	42.16
8	教师责任心	62	60.78				

根据访谈数据 T 检验结果，找出定向教师群体中教学胜任特征差异具有显著性的特征，结合《定向教师教学胜任特征核检表》频次统计表中的统计数据，将部分核检表中的特征进行合并，析出定向教师主观诉求中的教学胜任基准性特征和鉴别性特征（表 3 - 23）。

基准性胜任特征，又称为共性胜任特征，是指教师在一般性教学工作中所必备的、通用的胜任特征。本研究中的基准性特征是指定向教师在进行教育教学工作中所具备的共同素质特征，是定向教师成为合格教育者的基础和前提。只有具备了这些通用的素质，定向教师才能在各种教育环境下胜任工作，提供高质量的教育服务，促进学生的全面发展。基准性胜任特征是定向教师专业成长的坚实基础，是其能够不断进步和成长为优秀的教育者的起始条件。鉴别性胜任特征，也称为个性化胜任特征，指的是定向教师在特定教学背景和学校环境下所需要具备的个性化、适应性较强的胜任特征。本研究中的鉴别性胜任特征是指在西部民族地区工作中，用于甄别出优秀定向教师的高级别胜任特征，这些特征是区分优秀定向教师与普通定向教师的关键因素，属于甄别、区分性胜任特征。

表 3 - 23 定向教师主观诉求中的教学胜任基准性特征和鉴别性胜任力特征

组别	教学胜任力特征			
优秀定向教师教学胜任特征	综合实践能力	教学问题解决能力	教学探索创新	学习能力
	国家通用语言文字与民族地区语言运用能力		（特定地域）学生发展知识	
	教学适应能力	跨学科教学能力	知识整合能力	教学共情
	教学坚守	经验互递	教学影响力	强健体魄
	教学资源开发	契约精神		
定向教师共有教学胜任特征	教学理念	教师责任感	教学组织与实施	沟通与合作
	教育教学知识	多学科知识	自我控制	条理性
	信息素养	公平公正	健康知识＋基本运动技能	
	学情分析	教学筹划	教师效能	乐于奉献
	教学反思	省情知识	情感投入	

三、定向教师教学胜任力模型

将国家政策文本、地方政策文本与定向教师主观诉求中的教学胜任特征进行综合，形成西部民族地区定向教师教学胜任力模型（表 3 - 24）。

表 3-24 西部民族地区定向教师教学胜任力模型

胜任力一级要素	胜任力二级要素
A 知识特征	A1 教育教学知识、A2 心理学知识、A3 通识性知识、A4 多学科知识、A5（西部民族地区）学生发展知识、A6 西部民族地域性知识、A7 多民族文化知识、A8 信息素养
B 技能特征	B1 综合实践能力、B2 跨学科教学能力、B3 知识整合能力、B4 综合分析与多维评价能力、B5 国家通用语言文字应用与民族地区语言交互能力、B6 健康知识＋基本运动技能、B7 教学问题解决能力、B8 教学探索创新、B9 教学资源开发
C 教学特征	C1 教学筹划、C2 教学理念、C3 多学科教学设计与实施能力、C4 学情分析、C5 教学管理、C6 教学反思、C7 教学共情、C8 经验互递、C9 条理性、C10 教学期望、C11 协同教学、C12 教学共同体意识
D 成就特征	D1 教师效能、D2 教学坚守、D3 教学影响力、D4 从教信念、D5 扎根意愿
E 自我特质	E1 发展能力、E2 契约精神、E3 自我控制、E4 公平公正、E5 人际理解、E6 宽容、E7 耐心、E8 强健体魄

本章小结

本章从相关定向教师培养的国家政策文本、地方政策文本信息入手，通过对 43 份国家政策文本、52 份地方政策文本信息进行编码，挖掘政策文本中呈现出的对教师岗位的胜任要素，综合国家政策文本与地方政策文本中教师胜任力要素，结合已有研究者对教师教学胜任力的研究，初步确定定向教师教学胜任力 5 个一级要素。

以我国中小学教师专业标准、心理学家大卫·麦考利（David McClelland）提出的综合胜任力模型（McClelland's Comprehensive Competency Model）中的胜任要素、Lyle Spencer 和 Signe Spencer 夫妇撰写的胜任力分类模型、Richard Boyatzis 提出的胜任素质词典（Boyatzis Competency Dictionary）、Hay McBer（现为 Korn Ferry）开发的胜任力词典（Hay McBer Competency Dictionary）为基本素材，在课题组成员讨论基础上初步形成了 41 个胜任特征组成的定向教师教学胜任力编码词典，用作后续行为事件访谈文本的参考编码。

对 20 位中小学教师开展了行为事件访谈，主要请被访者讲述从事教学过程中让他们感到有成就感和有挫败感的三件事。通过对事件的描述，反映出在实际的教育教学中应该具有的教学胜任特征要素。在对照前期形成的胜任词典编码的基础上，通过行为事件访谈补充了心理学知识、多民族文化知识、综合分析与多维评价能力、教学坚守、经验互递、教学筹划、教学影响力、强健体魄、协同教学、教学资源开发等教学胜任要素，分析呈现出定向教师基准性胜任特征和鉴别性胜任特征。结合国家政策文本、地方政策文本、文献资料与定向教师四种视角获得应然与实然状态下定向教师胜任要素 42 个，初步构建了五个一级要素胜任特征结构的定向教师教学胜任力模型。

综合看来，本章构建的西部民族地区定向教师教学胜任要素基本体现了国家对于教师职业的要求，较为全面地涵盖了定向教师教学胜任要素。在国家政策文本的基础之上，与定向教师实然教学胜任力要素的相互印证，体现出需求方对西部民族地区定向教师教学能力的诉求。由于研究中难免存在不足及缺点，构建的定向教师教学胜任力模型并不是最后结论，对于西部民族地区定向教师来讲，其工作的特殊性与挑战性远远胜过普通教师，本研究对西部民族地区定向教师教学胜任特征尝试性的梳理与探索，对工作于高原多民族地区的定向教师群体有重要意义。

第四章　定向教师教学胜任力问卷编制与验证

本章将对之前构建的西部民族地区定向教师教学胜任力模型进行有效性验证，根据得到验证的定向教师教学胜任力模型，初步编制“西部民族地区定向教师教学胜任力测试”问卷，并进行检验。

第一节　定向教师教学胜任力问卷设计与过程

在西部民族地区定向教师教学胜任力研究的初级阶段，为了编码行为事件访谈法，研究中综合了国家与地方的政策文件，结合现有文献，构建了一个针对西部民族地区定向教师教学胜任力的编码词典。该词典包括教学胜任力的各个组成要素及其描述，不仅方便了行为事件访谈法的编码过程，也为问卷的编制提供了基础。

一、定向教师教学胜任力测评维度

在测量教师教学胜任力的维度方面，借鉴了 McClelland 的冰山模型和 Spencer 等人的改进。McClelland 的冰山模型将胜任力分为六个层次，其中显性特征包括知识和技能，而隐性特征则涵盖社会角色、自我认知、特质和动机。Spencer 等人对此模型做了调整，将六个层次简化为五个，并将社会角色从隐性特征中移除，仅包括自我概念、特质和动机。随后，他们又提出了洋葱模型，这一模型将冰山模型转化为三层环形结构，其中核心层包含特质和动机，中间层由社会角色和价值观组成，最外层则是知识和技能。无论是冰山模型还是洋葱模型，两者在胜任力结构的划分上都展现了一定的共通性，即将能力划分为易于观察的外显能力和难以后天习得的内隐能力。

为了有效评估西部民族地区定向教师的潜能，本研究通过构建定向教师教学胜任力模型来判定受访者是否适合该职业角色，并具备相应的职业特质。该模型可作为识别和解决定向教师专业发展中存在的问题的工具。根据本研究之前的论述，已经建立了一个包括五个主要维度的定向教师教学胜任力模型，包括知识特征、技能特征、教学特征、成就特征以及自我特质。其中，知识特征和技能特征构成了冰山模型的显性部分，而教学特征位于中间层，成就特征和自我特质则构成了模型的隐性部分。

二、定向教师教学胜任力项目构建

在确定了五个关键维度之后，本研究着手撰写量表的初选条目。研究过程中首先对国家政策文件中关于定向教师及其能力的描述进行了整理，分析了 43 份涉及定向教师的国家政策文本，并针对教师能力相关的 19 份政策文件进行了深入分析。这一过程从国家层面提炼出了宏观性和指导性的项目和要素。然而，在整理过程中发现，这些收集到的条目与研究预设的维度存在差异。国家政策更侧重于教师队伍和能力的总体布局，而非针对定向教师个人的具体和可操作的教学胜任特征。之后，通过分析地方政策文件，进一步梳理了西部民族地区定向教师的教学胜任力要素，运用分析工具挑选出能反映各方面的项目和要素。

在从国家和地方政策层面收集了初步项目后，结合我国中小学教师的专业标准、心理学家 David McClelland 的综合胜任力模型、Lyle Spencer 与 Signe Spencer 夫妇的胜任力分类模型、Richard Boyatzis 的胜任素质词典以及 Hay McBer（现为 Korn Ferry）开发的胜任力词典，本研究小组在深入讨论后初步建立了包含 41 个胜任特征的定向教师教学胜任力编码词典，并对这些特征进行了定义，以便为后续行为事件访谈的编码提供参考。

本研究针对 20 位中小学教师进行了行为事件访谈，重点探讨了他们在教学过程中遇到的成就感和挫败感事件。通过对这些事件的描述，反映出在实际教育教学中应具备的教学胜任要素特征。在与早期形成的胜任词典编码对照的基础上，通过行为事件访谈补充了包括心理学知识、多民族文化知识、综合分析与多维评价能力等在内的教学胜任要素，并分析展现了定向教师的基准性和鉴别性胜任特征。

通过综合国家政策文本、地方政策文本、文献资料与定向教师 4 个视角，获得了 42 个应然与实然状态下的定向教师教学胜任要素，进而初步构建了包含五个一级要素的定向教师教学胜任力模型。

在选定初步项目之后，接下来的步骤是选择合适的量表形式进行心理测量。心理学领域中存在多种不同类型的量表，例如项目反应理论量表、Guttman 量表、维度量表、语义区分量表和李克特量表（Likert Scales）、行为评估量表。在这些量表中，李克特量表是最为常见的一种，被广泛应用于各类心理测试中。心理学研究表明，无论是采用 4 点量表还是 9 点量表，其对测试结果的影响并不显著，如 Dawes 在其研究中对比了 5 点量表和 11 点量表，发现两者在平均值得分上相同，偏态和峰度指标上没有显著差异[①]。Leung 对采用不同应答等级（4 点、5 点、6 点、11 点）的李克特量表进行了研究，发现这些量表在平均值、标准差、项目相关性等统计指标上没有显著差异[②]。

本研究借鉴五点量表的创始人 Rensis Likert[③]，Likert 型量表改进专家 John P. Robinson[④]、Floyd J. Fowler Jr.[⑤]、Susan E. Embretson[⑥]、James R. Larson[⑦] 等著名学者在量表设计和心理测量领域的重要贡献，初步设计出西部民族地区定向教师教学胜任力问卷。为确保其准确性、适宜性及合理性，仍需通过德尔菲方法进行专家验证，并据此进行进一步的修订和完善。表 4-1 列出了部分项目的概述，完整的项目如附录 7 所示。

---

① Dawes J. Five point vs. eleven point scales: Does it make a difference to data characteristics [J]. Australasian Journal of Market Research, 2002, 10 (1).

② Leung S O. A comparison of psychometric properties and normality in 4-, 5-, 6-, and 11-point Likert scales [J]. Journal of Social Service Research, 2011, 37 (4): 412-421.

③ Likert R. A technique for the measurement of attitudes [M]. New York: The Science Press, 1932.

④ Robinson J P, Shaver P R, Wrightsman L S. Measures of personality and social psychological attitudes [M]. San Diego, CA: Academic Press, 1991.

⑤ Fowler F J Jr. Improving survey questions: Design and evaluation [M]. Thousand Oaks, CA: Sage Publications, 1995.

⑥ Embretson S E, Reise S P. Item response theory for psychologists [M]. Mahwah, NJ: Lawrence Erlbaum Associates, 2000.

⑦ Larson J R. In search of synergy in small group performance [M]. New York: Psychology Press, 2010.

表 4－1　西部民族地区定向教师教学胜任力问卷项目说明

二级教学胜任力要素	要素具体描述
A1 教育教学知识	掌握基本的教学计划、教学设计、教学方法、学生评估、课堂管理的相关知识
A2 心理学知识	了解教育过程中的心理现象和教育心理学理论。更注重高原儿童心理学知识
A3 通识性知识	具有广泛知识和基本素养，不局限于特定领域，涵盖多方面的学科内容和人文科学知识
A4 多学科知识	了解小学阶段内两门以上多个学科教学的广泛知识，包括语文、数学、英语、道德与法治、体育、音乐、艺术等
A5（西部民族地区）学生发展知识	了解和理解西部民族地区学生的成长背景信息和发展特点，制定相应的教育计划和教学策略，以满足农牧区学生的需求以便更好地理解和支持学生的发展
A6 西部民族地域性知识	了解和掌握西部民族地区的情况，包括地理、历史、经济、社会等方面的知识。为定向教师在西部民族地区生活、工作、学习等提供更全面的背景和参考。包括对地理和气候特点、历史、经济发展和产业特点、教育和科研机构的了解
A7 多民族文化知识	了解和掌握西部民族地区世居多民族文化，包括这些民族的传统习俗、语言、宗教、节日、艺术等方面的知识，以更好地支持教学工作的开展
A8 信息素养	了解和掌握与教育教学相关的计算机、网络和数字信息等相关的基础技术知识

第二节　定向教师教学胜任力问卷专家验证

为了确保问卷的有效性和可靠性，对问卷内容进行深入分析和评估，进行专家评审。通过这一过程，可以发现并修正问卷中可能存在的问题，如语义不明确、项目重复或不相关等，从而提升问卷的整体质量，确保评估问卷的面向性和实用性，能够有效适用于特定的西部民族地区教育环境和教师群体。

一、研究方法与步骤

德尔菲法是一种专家共识法，是一种常见的决策支持技术。它旨在通过多轮匿名问答来收集专家意见，用于决策或解决问题。这种方法最早在20世纪50年代由兰道尔公司（RAND Corporation）的研究人员提出，后来得名于希腊的德尔菲（Delphi）。德尔菲法在本研究中的基本过程为①咨询问卷的编制。问卷包括西部民族地区定向教师教学胜任力研究引言、说明、转化为明确的问题的具体指标体系、专家信息以及专家评估依据。②专家选择。专家是指在某个特定领域具有高度专业知识、丰富经验和卓越技能的人。本研究选择了高等院校中参与过或正在开展定向教师培养的师范院校、综合院校的教授及副教授、小学校长。③多渠道咨询过程。通过当面分发、电话咨询等方式把问卷发给专家，要求他们匿名回答。这有助于避免群体思维和主观偏见的影响。④汇总反馈：收集专家们的回答，并将其汇总成统计数据或综合意见。⑤反馈循环：将汇总的结果提供给专家组，并允许他们再次讨论和修订他们的观点，通过多个循环逐步达成共识。⑥收敛达成共识：通过反复迭代的过程，逐渐收敛到一个共识意见。

二、咨询专家构成说明

研究中的函询专家包括教育学专家，心理学专家，各地师范大学从事定向教师、全科教师及卓越教师培养的教授、副教授、讲师，西部民族地区小学校长和西部民族地区教育机构教研员。

三、咨询问卷的赋值说明

（一）赋值构成

咨询问卷共分为五个部分。第一部分包括研究的说明和先前研究的简述；第二部分涉及一级维度指标的制定、详细描述、数值赋予及其修改建议；第三部分处理二级维度指标的相关事宜；第四部分收集参与评估的专家的个人信息，如受教育年限、学历、职称和工作单位等；第五部分为专家对不同维度指标的自我评估表，主要是对各项指标的打分和修改建议进行判断。在第一部分和第二部分中，专家需根据胜任要素的重要性进行打分，其中5分代表“最重要”，4分代表“重要”，依次类推，直到1分，代表“最不重要”。同时，专家对指标的熟悉程度分为五个等级：“非常熟悉”到“完全不了解”，对应的数值分别是1、0.8、0.6、0.4、

0.2。对于专家的判断依据，也分为四个等级，包括“实践经验”“理论分析”“相关研究参考”和“个人直觉”，相应的数值分别为0.8、0.6、0.4、0.2[①]。

（二）德尔菲法评价主要函数统计方法

1. 专家积极系数

用来衡量专家对于调查内容的参与度，以及他们提供反馈的热情和及时性。专家积极系数通过回应率、参与度来计算。

2. 专家意见集中度

专家意见的集中度可通过均数（M_j）和满分频率（K_j）来表示（式4-1）。

$$M_j = \frac{1}{m_j}\sum_{i=1}^{m} C_{ij} \tag{4-1}$$

均数（M_j）是指所有参与评价某一指标的专家打分的平均值，计算方式是将每位专家对该指标的评分累加后除以评价该指标的专家总数（m）。均数的数值越高，表明该指标被认为越重要。

满分频率（K_j）是指在评价某一指标时给出满分的专家占所有评价该指标专家的比例，计算方式是将给出满分的专家数（$m_{满}$）除以评价该指标的专家总数（m）。K值在0～1之间变化，数值越接近1，意味着越多专家认为这一指标重要。简而言之，均数反映了专家群体对某指标重要性的整体评价，而满分频率显示了认同其重要性的专家比例，两者共同揭示了指标的重要程度。

3. 专家意见的协调系数

在德尔菲法中，专家意见一致性的衡量可通过变异系数（V_j）和协调系数（w）来体现（式4-2）。

$$V_j = \frac{\delta_j}{\overline{X}_j} \tag{4-2}$$

变异系数（V_j）根据标准差（δ_j）和均值（$\overline{X}_j$）计算得出，用来描述专家对某一指标重要性看法的分散程度。变异系数越小，表明专家们对该指标看法越一致，意见的集中程度越高，这也暗示德尔菲调查的反馈过程

① 王春枝，斯琴．德尔菲法中的数据统计处理方法及其应用研究［J］．内蒙古财经学院学报（综合版），2011，9（4）：92-96.

可能即将结束。协调系数（w）则是评估不同专家对指标评价一致性的指标，它反映了意见的一致性和咨询结果的可靠性（式 4-3）。

$$M_{sj} = \frac{1}{n}\sum_{j=1}^{n} S_j, S_j = \sum_{i=1}^{mj} R_{ij} \qquad (4-3)$$

在具体计算中，首先确定每位专家对各指标的评价等级（R_{ij}）以及各指标等级的总和（S_j），S_j的值越高，表示该指标越重要（式 4-4）。接着，基于这些数据计算出协调系数（w）（式 4-5）。

$$\sum_{j=1}^{n} d_j^2 = \sum_{j=1}^{n} (S_j - M_j)^2, \sum_{j=1}^{n} d_j^2(\max) = \frac{1}{12} m^2 (n^3 - n) \qquad (4-4)$$

$$w = \sum_{j=1}^{n} d_j^2 / \sum_{j=1}^{n} d_j^2(\max) \qquad (4-5)$$

经过 2～3 轮的讨论后，如果协调系数的值能在 0.5 左右波动，这通常意味着误差控制得当。使用非参数的 χ^2 检验，计算 χ^2 值和 P 值验证协调系数的显著性。若 P 值小于 0.05，说明专家的意见一致性是显著的，评估结论的可信度较高（式 4-6）。

$$\chi_R^2 = \frac{1}{mn(n+1) - \frac{1}{n-1}\sum_{j=1}^{m} T_t} \sum_{j=1}^{n} d_j^2 \sim \chi^2(n-1) \qquad (4-6)$$

4. 专家意见的权威程度

在德尔菲法中，专家的专业水平主要是通过自评来确定的，表现为权威系数（C_r）。这一系数由专家对自身判断依据的自信度（C_a）和对相关问题了解程度（C_s）两方面构成，二者共同决定了 C_r 的数值（式 4-7）。

$$C_r = \frac{C_a + C_s}{2} \qquad (4-7)$$

专家判断的根据（C_a）涵盖了实际操作经验、理论推导、直觉判断以及相关学术资料参照等多个方面，其数值范围不会超过 1。当 C_a 值达到 1 时，意味着这些判断依据对专家的影响达到最高；当 C_a 值为 0.8 时，表示这些因素对专家判断的影响处于中等水平；而 C_a 值为 0.6 时，其影响相对较弱（表 4-2）。在本研究中，我们采用了加总为 1 的各个判断系数进行计算。C_s 则代表专家对调查问卷中问题的熟悉程度（表 4-3，表 4-4）。

表 4-2 专家判断影响程度

判断依据	专家对判断的影响程度		
	大	中	小
实践经验	0.5	0.4	0.3
理论分析	0.3	0.2	0.1
个人直觉	0.1	0.1	0.1
相关研究参考	0.1	0.1	0.1
合计	1	0.8	0.6

表 4-3 第一轮专家判断依据评分

判断依据	第一轮人数		
	多	中	少
实践经验	11	3	5
理论分析	14	4	1
个人直觉	4	5	10
相关研究参考	6	8	5

表 4-4 专家问题掌握程度指数

判断依据	量化值
很熟悉	1.0
熟悉	0.8
一般	0.6
不太熟悉	0.4
完全不了解	0.2

四、第一轮专家咨询数据统计过程与结果分析

在首轮咨询中，以邮件、微信和纸质问卷的方式向 20 位专家分发了西部民族地区定向教师教学胜任力调查问卷，并成功收回了 19 份问卷。课题组对专家们对于各项胜任要素的一级和二级维度评分以及意见进行了仔细的梳理和汇总。

（一）专家的积极参与度

第一轮咨询向 20 位专家通过邮件、微信、纸质形式发放定向教师教

学胜任力咨询问卷，收回19份，回收率为95%，表明专家对本研究的关注程度很高。

（二）专家意见集中程度

专家意见集中程度考察在德尔菲法中，专家对特定问题或主题的意见在两轮讨论中是否趋于一致。当专家们的意见在经过多次反馈和修正后逐渐接近或收敛到一个共识时，可以说专家意见的集中程度较高，这意味着就该问题形成了相对统一的观点或解决方案。一般认为指标重要性均值≥3，指标可保留；变异系数（Coefficient of Variation）是一种用于衡量数据变异程度的统计指标，它是标准差与平均值之比，通常以百分比表示。变异系数可以帮助比较不同数据集之间的变异程度，尤其在平均值不同的情况下，使得比较更具有可比性。

变异系数的计算公式如下：变异系数=（标准差/平均值）×100%。其中，标准差是衡量数据集中数据离散程度的指标，平均值是数据集中所有数据的平均数。当变异系数较小时，表示数据的变异程度相对较低，数据相对集中在平均值附近；反之，当变异系数较大时，表示数据的变异程度相对较高，数据相对分散。一般认为变异系数不应大于0.3[①]。由表4-4可看出，五个一级指标中，专家认可度高的为知识特征、教学特征、技能特征，成就特征与自我特质次之。本研究经过两轮专家问询，进行了一级指标及二级胜任力特征要素描述的调整，最终结果如表4-5、表4-6所示。

表4-5　第一轮西部民族地区定向教师教学胜任力一级维度指标均值及变异系数结果

一级指标	均值	标准差	满分频率	变异系数
A知识特征	4.75	0.44	85	0.09
B技能特征	4.55	0.51	80	0.11
C教学特征	4.75	0.44	85	0.09
D成就特征	4.50	0.61	70	0.13
E自我特质	4.20	0.77	60	0.18
平均	4.55	0.554	76	0.12

① 林小美，张丽，林北生，等．中国武术发展指标体系构建及评估研究［J］．体育科学，2009，29（6）：90-96.

根据42个二级胜任特征项目的专家意见可以看出，均值最低的项目为健康知识与基本运动技能、经验互递、教学期望（均值为3.95），均值较高的项目为跨学科教学能力、多学科教学设计与实施能力、（西部民族地区）学生发展知识，均值分别为5.00、4.95、4.90。从专家咨询反馈来看，认可度较高的二级项目是多民族文化知识、人际理解、公平公正、教育教学知识、多学科知识、综合分析与多维评价能力、教学反思、学情分析，专家意见相对集中度较低的主要是教学期望、经验互递、省情知识。

表4-6 第一轮西部民族地区定向教师教学胜任力二级维度指标均值及变异系数结果

二级要素	均值	标准差	满分频率（%）	变异系数（%）
A1 教育教学知识	4.73	0.42	80	0.09
A2 心理学知识	4.35	0.49	75	0.11
A3 通识性知识	4.20	0.62	75	0.15
A4 多学科知识	4.75	0.44	80	0.09
A5（西部民族地区）学生发展知识	4.90	0.31	95	0.06
A6 省情知识	4.15	0.59	65	0.14
A7 多民族文化知识	4.85	0.37	90	0.08
A8 信息素养	4.20	0.41	80	0.10
B1 综合实践能力	4.75	0.44	80	0.09
B2 跨学科教学能力	5.00	0.00	100	0.00
B3 知识整合能力	4.85	0.37	85	0.08
B4 综合分析与多维评价能力	4.70	0.47	70	0.10
B5 国家通用语言民族地区语言交互能力	4.55	0.60	65	0.13
B6 健康知识与基本运动技能	3.95	0.76	45	0.19
B7 教学问题解决能力	4.65	0.49	70	0.11
B8 教学探索创新	4.55	0.51	60	0.11
B9 教学资源开发	4.10	0.31	50	0.08
C1 教学筹划	4.10	0.31	65	0.08
C2 教学理念	4.45	0.51	60	0.11
C3 多学科教学设计与实施能力	4.95	0.22	95	0.05
C4 学情分析	4.70	0.47	70	0.10
C5 教学管理	4.30	0.66	45	0.15
C6 教学反思	4.70	0.47	75	0.10

（续）

二级要素	均值	标准差	满分频率（%）	变异系数（%）
C7 教学共情	4.60	0.50	65	0.11
C8 经验互递	3.95	0.39	50	0.10
C9 条理性	4.15	0.59	45	0.14
C10 教学期望	3.95	0.51	40	0.13
C11 协同教学	4.15	0.37	50	0.09
C12 教学共同体意识	4.15	0.37	45	0.09
D1 教师效能	4.20	0.41	55	0.10
D2 教学坚守	4.45	0.60	60	0.14
D3 教学影响力	4.65	0.59	75	0.13
D4 从教信念	4.50	0.51	55	0.11
D5 扎根意愿	4.35	0.49	40	0.11
E1 发展能力	4.30	0.47	55	0.11
E2 契约精神	4.15	0.75	40	0.18
E3 自我控制	4.45	0.51	50	0.11
E4 公平公正	4.85	0.37	90	0.08
E5 人际理解	4.85	0.37	90	0.08
E6 宽容	4.40	0.50	65	0.11
E7 耐心	4.45	0.51	65	0.11
E8 强健体魄	4.10	0.64	50	0.16
均值	4.45	0.47	65.71	0.11

（三）专家意见的协调系数

德尔菲法中的专家意见协调系数通常是指用来衡量德尔菲调查过程中专家意见一致性的统计指标。德尔菲法是一种通过多轮问卷调查，逐步收敛专家意见，以达成某种共识或预测未来趋势的方法。专家意见的协调系数用于评估不同专家在某个议题上意见的一致程度。肯德尔的协调系数是一种用来衡量评分一致性的统计指标。它的值介于 0～1，接近 1 表示一致性较高，接近 0 则表示意见分歧较大。经过 2～3 轮的专家咨询修正后，协调系数在 0.5 上下波动的表明误差控制良好。对西部民族地区定向教师教学胜任力要素第一轮德尔菲法咨询结果进行分析可知，五个一级要素的协调系数为 0.330，42 个二级要素协调系数为 0.341，如表 4-7 所示。

表 4-7 第一轮西部民族地区定向教师教学胜任力专家协调系数结果分析

	指标个数	W 值	卡方值	P 值
第一轮咨询	一级指标 5 个	0.330	38.371	0.001
	二级指标 42 个	0.341	179.831	0.000

数据表明，在西部民族地区定向教师教学胜任力的第一轮德尔菲咨询中，无论是一级指标还是二级指标，专家意见的一致性都处于中等水平。尽管二级指标的一致性略高于一级指标，但在两个层级上专家的意见都存在差异。这表明需要进一步讨论或调整，以提高专家意见的一致性。这种差异也反映出专家们对定向教师教学胜任力各方面的看法和重视程度存在不同，需要进一步沟通和协调来达成更高程度的共识。

(四) 专家权威程度

在德尔菲法研究中，专家的权威程度通常是指专家在其专业领域内的专业水平和经验，以及他们在特定主题上的知识和判断力。专家权威程度的评估对于确保德尔菲调查的有效性和可靠性至关重要。在本轮德尔菲调查中，专家的权威程度由两个因素决定：判断依据（C_a）和熟悉程度（C_s）。本轮专家判断依据 C_a 为 0.83，熟悉程度 C_s 为 0.88，专家权威系数 C_r 为 0.855，大于 0.7，说明研究精度高，权威程度高①。参与第一轮德尔菲访谈的专家基本情况如表 4-8 所示。

表 4-8 参与第一轮德尔菲讨论专家基本情况

属性	类别	数量	百分比（%）	属性	类别	数量	百分比（%）
职称	正高级	6	31.6	性别	男	14	73.7
	副高级	10	52.6		女	5	26.3
	中级	3	15.8	教龄	5～10 年	1	5.2
学历	博士研究生	14	73.7		11～15 年	2	10.5
	硕士研究生	1	5.2		＞15 年	16	84.2
	本科	4	21.1				

① 侯雨欣，王冲．基于德尔菲法与因子分析的大学生信用评价指标筛选研究［J］．四川师范大学学报（社会科学版），2016，43（5）：34-41.

（五）评价指标的筛选与专家意见

关于评价指标的选择和专家意见，本研究采取了明确的筛选标准：只保留那些重要性均值超过 3.5、满分频率超过 20%、变异系数低于 20% 的指标①。不符合这些标准的指标将被剔除。

专家们对于一级胜任要素指标的反馈主要集中在对部分要素的名称和内涵的界定上，需要进一步明确和讨论。如，专家指出“平衡不同要素的重要性”，建议深入研究定向教师的个人特质如何影响教学效果，考虑是否需要提高“自我特质”的重视程度，以达到更全面的评估。“成就特征”方面，专家提出对于该项指标的理解和评价存在差异，建议明确“成就特征”的具体定义和评价标准，确保评价的一致性。还有专家指出“自我特质”在民族地区或特殊地域中的作用极为重要，建议对“自我特质”进行更深入的分析，进一步挖掘隐藏特征。对于技能特征，建议细化和具体化技能特征的分类，比如将其细分为教学技能、沟通技能等，以便更精确地指导定向教师的教学专业发展。

对于二级教学胜任要素指标的修改意见包括以下 5 个方面。

A 知识特征：建议在 A5 中进一步明确“学生发展知识”与西部民族地区特有的社会文化背景之间的联系。胜任要素 A6“省情知识”和 A7“多民族文化知识”对于理解学生背景至关重要，建议增加案例分析和实地考察来加深理解。A6“省情知识”这一项可以更学术性地命名为“地域文化与社会背景理解”或者“区域社会文化认知”。这样的名称不仅涵盖了对特定省份的了解，还扩展到了对该地区文化、社会和历史背景的全面认识，从而更准确地反映了这一知识对于教师教学胜任力的重要性。对于 A2“心理学知识”，建议增加更多关于多元文化背景下的心理学应用知识。A8“信息素养”应包括数字教学工具的使用能力和网络资源的整合能力。

B 技能特征：B5“国家通用语言与民族地区语言教学交互能力”应强调双语或多语教学的能力，特别是在多语言环境中的应用。B6 中增加对现代健康教育理念的理解和应用，建议将“健康知识与基本运动技能”更

① 侯雨欣，王冲．基于德尔菲法与因子分析的大学生信用评价指标筛选研究［J］．四川师范大学学报（社会科学版），2016，43（5）：34－41.

名为“现代健康教育理论与实践”。B7“教学问题解决能力”应包含多元文化背景下或文化多样性下的教学问题解决策略。B8应更强调创新教学方法。B9“教学资源开发”应注重资源的本地化适应性。增加教育技术应用能力，如利用在线平台和数字资源进行教学。

C教学特征：C1“教学筹划”应结合当地文化和社会背景进行案例研究，建议更名为“文化融合型教学策略设计”更具学术性，同时也能准确反映此项内容的核心要义。C2中的“教学理念”应包括对多元文化包容性的理解。C3和C4需要强调基于学生多样性的个性化教学设计，可以合并为“多元化背景下的个性化教学策略”或“多样性教学设计”。C5中应包含班级管理的多元文化策略，如“多元文化班级管理”。C6“教学反思”应鼓励定向教师反思文化差异对教学的影响。C7～C12应更多关注教师与学生、家庭和社区的互动与合作。

D成就特征：D1更加强调教师的自我成长和自我激励，尤其是在多样化的文化环境中。D2“教学坚守”应包括对教育公平和优秀文化传承的承诺。D3“教学影响力”需关注定向教师在多文化环境中的领导力和影响力。D4和D5应涵盖对教育多样性和包容性的价值观。

E个人特质：E3“自我控制”应强调在多元文化背景下的自我调节和适应能力，建议胜任要素命名为“自我调节”。E4“公平公正”需重视文化多样性下的教育公平。E5和E6应包括跨文化沟通和理解的能力。E7“耐心”应特别强调在跨文化教学环境中应对学习差异和文化冲突的耐心。E8“强健体魄”不仅是身体健康，也应包括心理健康和压力管理，特别是在多样化的教育环境中，建议命名为“身心健康与体能维护”，这样的名称不仅包含了身体健康的维护，还强调了心理健康的重要性，更全面地体现了定向教师身心健康的维护在教学胜任力中的作用。

综合第一轮专家咨询反馈结果，结合数据分析统计，对部分定向教师教学胜任力一级要素和二级要素的命名和内涵进行修正与补充。A2“心理学知识”中增加关于多元文化背景下的心理学应用知识。A5“西部地区学生发展知识”中进一步明确与西部民族地区特有的社会文化背景之间的联系。A6“省情知识”修正命名为“区域社会文化认知”。A8“信息素养”释义包括数字教学工具的使用和网络资源的整合能力。B7“教学问题解决能力”释义中体现文化多样性下的教学问题解决策略。B9“教学资源开发”命名为“本土化教学资源开发”，释义中增加教育技术应用能力，如利用在线平台和数字资源进行教学。C4“学情分析”命名为“多样化学情分析”。C5“教学管理”命名为“多样文化教学管理”。C8“经验互递”命名为“多样文化教学经验互递”。E8“强健体魄”命名为“身心健康与体能维护”。

五、第二轮专家咨询数据统计过程与结果分析

（一）专家积极系数

专家的积极参与度是通过比较发放与收回问卷的比例来衡量的，这反映了专家对此研究的关注度和合作意愿。在这一轮中，发放了 20 份问卷，收回了全部的 20 份问卷，回收率达到了 100%。这说明前期沟通有效，显示出专家们对这项研究的高度积极性。

（二）专家意见集中程度

最终结果如表 4-9、表 4-10 所示。

表 4-9　第二轮西部民族地区定向教师教学胜任力一级维度指标均值及变异系数结果

一级指标	均值	标准差	满分频率（%）	变异系数（%）
A 知识特征	4.85	0.26	80	0.11
B 技能特征	4.70	0.50	85	0.09
C 教学特征	4.60	0.55	85	0.09
D 成就特征	4.60	0.54	70	0.13
E 自我特质	4.15	0.57	60	0.18
平均	4.58	0.48	76	0.11

根据 42 个二级胜任特征项目的专家意见可以看出，均值最低的项目是教学期望，均值较高的三个项目是跨学科教学能力、多学科教学设计与实施能力、（西部民族地区）学生发展知识。专家集中较为认可的二级项目是教育教学知识、多学科知识、综合实践能力、多民族文化知识、知识整合能力、公平公正、人际理解和宽容；专家意见集中程度相对较低的项目是本土化教学资源开发、基本运动技能教学、教学期望。

表4-10 第二轮西部民族地区定向教师教学胜任力二级指标均值及变异系数结果

二级要素	均值	标准差	满分频率（%）	变异系数（%）
A1 教育教学知识	4.72	0.46	75.00	0.10
A2 心理学知识	4.33	0.49	70.00	0.11
A3 通识性知识	4.11	0.58	75.00	0.14
A4 多学科知识	4.72	0.46	80.00	0.10
A5（西部民族地区）学生发展知识	4.89	0.32	85.00	0.07
* A6 区域社会文化认知	4.00	0.69	65.00	0.17
A7 多民族文化知识	4.78	0.55	85.00	0.11
* A8 信息素养	4.11	0.32	75.00	0.08
B1 综合实践能力	4.72	0.46	80.00	0.10
B2 跨学科教学能力	5.00	0.00	90.00	0.00
B3 知识整合能力	4.83	0.38	80.00	0.08
B4 综合分析与多维评价能力	4.67	0.49	70.00	0.10
B5 国家通用语言文字应用与民族地区语言交互能力	4.44	0.70	60.00	0.16
* B6 基本运动技能教学	3.33	0.84	40.00	0.25
* B7 教学问题解决能力	4.61	0.50	70.00	0.11
* B8 教学探索创新	4.50	0.51	55.00	0.11
* B9 本土化教学资源开发	3.78	0.55	50.00	0.15
C1 教学筹划	4.06	0.42	65.00	0.10
C2 教学理念	4.50	0.51	60.00	0.11
C3 多学科教学设计与实施能力	4.94	0.24	90.00	0.05
* C4 多样化学情分析	4.67	0.49	70.00	0.10
* C5 多样文化教学管理	4.17	0.71	40.00	0.17
* C6 教学反思	4.67	0.49	70.00	0.10
* C7 教学共情	4.61	0.50	65.00	0.11
* C8 多样文化教学经验互递	3.44	0.78	50.00	0.23
C9 条理性	3.56	1.15	45.00	0.32
C10 教学期望	3.28	0.89	40.00	0.27
C11 协同教学	3.94	0.64	45.00	0.16
C12 教学共同体意识	4.11	0.32	45.00	0.08
D1 教师效能	3.78	0.88	55.00	0.23
D2 教学坚守	4.39	0.61	60.00	0.14

（续）

二级要素	均值	标准差	满分频率（%）	变异系数（%）
D3 教学影响力	4.56	0.78	70.00	0.17
D4 从教信念	4.44	0.51	50.00	0.12
D5 扎根意愿	4.28	0.46	40.00	0.11
E1 发展能力	4.28	0.46	50.00	0.11
E2 契约精神	4.00	0.77	45.00	0.19
E3 自我控制	3.89	0.96	50.00	0.25
E4 公平公正	4.83	0.38	85.00	0.08
E5 人际理解	4.83	0.38	85.00	0.08
* E6 宽容	4.39	0.50	65.00	0.11
E7 耐心	4.44	0.51	60.00	0.12
* E8 身心健康与体能维护	3.94	0.73	45.00	0.18
均值	4.32	0.56	63.10	0.13

注：* 表示第二轮修正的要素。

（三）专家意见的协调系数

肯德尔协调系数（Kendall's Rank Correlation Coefficient）是一种用于衡量两个变量之间相关性的非参数统计指标。肯德尔协调系数的取值范围在−1～1之间，当系数为1时，表示两个变量的顺序完全一致，即一个变量的值增加，另一个变量的值也随之增加，反之亦然。

经过2～3轮专家协调，肯德尔协调系数在0.5上下波动即为误差控制良好。对西部民族地区定向教师教学胜任力研究第二轮德尔菲专家咨询结果进行分析可知，5个一级要素协调值系数为0.831，42个二级要素专家意见协调系数为0.406（表4-11）。

表4-11　第二轮西部民族地区定向教师教学胜任力专家协调系数结果分析

	指标个数	*W* 值	卡方值	*P* 值
第二轮咨询	一级指标 5 个	0.831	66.44	0.000
	二级指标 42 个	0.406	299.95	0.000

（四）专家权威程度

第二轮中专家判断系数（C_a）达到了0.91，这显示出专家在评估时依据的判断基础相当坚实；同时，熟悉程度（C_s）为0.96，表明专家对本研究主题非常了解。权威系数为 0.935，高于 0.7 的一般标准[①]，表明本次研究的精度很高。

（五）评价指标的筛选与专家意见

在这轮专家咨询中，专家意见逐渐统一，收敛度较高。在本轮咨询中，有专家提出修改 B9“本土化教学资源开发”，建议教师参与本地教育资源的开发，如利用当地的自然资源、文化遗产等，创造富有地方特色的教学材料。C2“教学理念”方面，鼓励教师采纳和实践更现代化和创新的教学理念，如以学生为中心的教学法，批判性思维的培养以及合作学习等。

在 E5“人际理解”方面，要增强定向教师的国际视野和跨文化交流能力，可以通过组织国际交流项目、参与国际教育会议等方式，提升定向教师的国际视野和跨文化沟通能力，使其更能理解和尊重不同文化背景的学生。第二轮咨询中专家意见收敛度达到研究所需要求，故不再进行第三轮问询。参与二轮德尔菲访谈的专家基本情况如表 4-12 所示。

表 4-12　参与第二轮德尔菲讨论专家基本情况

属性	类别	数量	百分比（%）	属性	类别	数量	百分比（%）
职称	正高级	7	35	性别	男	15	75
	副高级	10	50		女	5	25
	中级	3	15	教龄	5～10 年	1	5
学历	博士研究生	15	75		11～15 年	2	10
	硕士研究生	1	5		＞15 年	17	85
	本科	4	20				

第三节　西部民族地区定向教师教学胜任力问卷指标最终阐释

一、西部民族地区定向教师教学胜任力一级要素释义

经过两轮的德尔菲专家咨询意见反馈及整理，结合前期国家政策文

① 侯雨欣，王冲．基于德尔菲法与因子分析的大学生信用评价指标筛选研究［J］．四川师范大学学报（社会科学版），2016，43（5）：34-41.

本、地方政策文本、文献资料梳理的汇总，对西部民族地区定向教师教学胜任力结构与要素解读进行进一步完善与修订，形成如下释义，包括一级要素的 5 个维度，二级教学胜任要素 42 个。

一级要素的 5 个维度释义：

知识特征：在“西部民族地区定向教师教学胜任力研究”中，指的是教师在专业知识方面的掌握和应用能力。这一维度涵盖了教师为有效教学所需具备的核心知识体系。

技能特征：在“西部民族地区定向教师教学胜任力研究”中，指的是教师在各类教学技能和实践技能方面的能力。这一维度侧重于教师在实际教学过程中所需的操作性技能和应用能力。

教学特征：在“西部民族地区定向教师教学胜任力研究”中，指的是教师在教学计划、实施及评估等方面的能力和特点。这一维度强调了教师在完成教学任务、达成教学目标过程中所表现的各种能力和特质。

成就特征：在“西部民族地区定向教师教学胜任力研究”中，指的是教师在个人和职业发展方面取得的成就，以及他们在教育行业内的影响力和贡献。这一维度主要关注教师的成果和效果。

自我特质：在“西部民族地区定向教师教学胜任力研究”中，指的是教师个人的品质、性格特征以及个人价值观等内在因素。这些特质对教师的教学风格、与学生和同事的互动方式以及教育效果都有着深远的影响。

二、西部民族地区定向教师教学胜任力二级要素释义

42 个二级教学胜任要素释义：

A1 教育教学知识：教育教学知识是指教育工作者所需的关于教育和教学过程的专业知识，包括教育理论和原理、课程设计和教学方法、教育技术和资源利用、班级管理和师生关系、评估和反馈。

A2 心理学知识：是指教师对于特定区域（如高原地区、民族地区）环境下学生心理特征和行为模式的了解和研究。涉及对高原地区特有的环境因素如高海拔低氧环境对学生心理健康的影响，以及民族地区文化多样性背景对学生心理发展的特殊作用。这些知识的掌握有助于教师更好地理解和支持学生，特别是在应对学生的适应性问题、文化身份认同和情感需求方面。

A3 通识性知识：通识性知识是指涵盖广泛领域的综合性知识，它超越学科的界限，涵盖人文、社会科学、自然科学等多个领域的基本概念、原理和理论。

A4 多学科知识：教师掌握并能够融合运用来自不同学科领域的知识，以促进学生全面发展的能力。这不仅涉及对自己专业领域的深入理解，还包括对其他领域知识的基本掌握和应用。

A5（西部民族地区）学生发展知识：指教师对西部民族地区学生的成长背景、心理发展、学习特点以及文化身份的深入理解。这包括认识到这些地区学生可能面临的特殊挑战，如语言差异、文化差异、教育资源的限制等，以及这些因素如何影响他们的学习和个人发展。

A6 区域社会文化认知：指的是教师对中国西部民族地区的社会结构、文化特征、历史背景及其对教育的影响的深入了解和理解。这包括对当地社会的风俗习惯、传统价值观、社会动态以及教育体系的认识，使教师能够在这一特定文化和社会环境中更有效地进行教学和学生指导。

A7 多民族文化知识：指教师对中国西部地区不同民族文化的深入理解和认识，包括各民族的历史、传统、价值观、社会习俗和教育观念。这一知识使教师能够在多元文化背景下进行敏感且有效的教学，促进不同文化背景学生之间的理解和尊重，为促进文化多样性和融合提供支持。

A8 信息素养：信息获取、处理和应用方面的能力，涵盖了有效地利用信息和数字技术的能力。包括信息获取和评估能力、信息处理和分析能力、信息应用和创新能力、数字工具和技术应用能力、信息安全和伦理意识。

B1 综合实践能力：指具备全面培养学生的知识、技能、情感和品德的能力。掌握学科知识和教学技能，具有心理管理、人际交往、德育和综合评价等方面的能力，具有综合思维和创新能力，能够综合考虑多个因素和角度，将所学的知识和技能应用到实际情境中，灵活地运用各种资源和方法，做出全面和有效的决策，有效地解决复杂的问题。

B2 跨学科教学能力：指教师在教学过程中能够整合多个学科领域的知识、概念和方法，以促进学生全面理解和应用知识的能力。

B3 知识整合能力：将来自不同学科的知识和概念进行连接和融合，发现它们之间的关联和相互作用。教师能够超越学科的界限，将不同领域的知识有机地结合起来，形成综合性的认知和理解。

B4 综合分析与多维评价能力：指的是教师在教学过程中综合运用各种信息和数据，从多个角度对教学效果、学生表现和学习进度进行分析和评估的能力。这不仅包括对学术成绩的评估，还涉及对学生的能力发展、态度、行为等方面的全面考量。

B5 国家通用语言文字应用与民族地区语言交互教学能力：牢固掌握国家通用语言的基本规范和用法，了解国家通用语言的语法规则、词汇表达和语用习惯，能够运用正确的语言形式和语境进行交流。具备听、说、读、写等多方面的语言技能，能够流利地进行听、说、读、写的活动，并能使用民族地区语言。能够流利、准确地在两种语言环境中进行口头和书面交流，能够自如地阅读、理解和运用两种语言的词汇、语法、语调和语用规则，有效地表达自己的想法和意见。能够在教学中灵活运用两种语言进行教学和教学指导的能力。

B6 基本运动技能教学：是教师教授学生基础体育运动技能的能力，如跑步、跳跃、投掷、平衡等。

B7 教学问题解决能力：是教师在教学过程中遇到各种挑战或困难时，能够有效识别、分析问题，并采取合适的策略和方法来解决这些问题的能力。这包括对课堂管理问题、学生学习障碍、教学资源限制等情况的应对，以及能够灵活调整教学计划和方法，确保教学目标的顺利实现。

B8 教学探索创新：指教师在教学和教育实践中具备提出创新想法、方法和教学策略的能力。

B9 本土化教学资源开发：根据中国西部民族地区的特定文化、历史和社会背景，开发与之相适应的教学材料和资源。这包括利用当地的民族文化遗产、自然环境、社会习俗等元素，设计出贴近学生生活实际、反映地方特色的教学内容。利用这样的本土化资源，教师能够更有效地进行教学，同时帮助学生建立对自身文化的认同感和自豪感，促进学生全面发展。

C1 教学筹划：指的是教师在教学活动开始之前，对教学目标、内容、方法、评估等方面进行的系统规划和安排。

C2 教学理念：是指教师在教育教学过程中所遵循的基本信条和价值观，这些理念指导着他们的教学行为和决策。包括对多元文化包容性的理解。

C3 多学科教学设计与实施能力：设计并实施富有创新性和互动性的教学活动的能力。这包括将不同学科的概念和技能融合到课程中，创造跨学科学习环境，促进学生全面思维的发展，并有效实施这些教学计划，以适应多元化的学习需求和教育目标。

C4 多样化学情分析：是指教师对学生在知识水平、学习能力、文化背景、个人兴趣等方面的多样性进行深入理解和综合评估的能力。这包括识别和适应不同学生的学习需求，以及根据这些多样化的学情来调整教学方法和策略，以实现更高效和包容的教学效果。强调基于学生多样性的个性化教学设计。

C5 多样文化教学管理：是指教师在文化多样性背景下，有效地组织、协调和管理教学活动的能力。这涉及对不同文化背景学生的包容、理解以及在教学策略、课堂互动和学习评估中考虑文化多样性。目的是创造一个促进文化交流与尊重、满足所有学生学习需求的教学环境。

C6 教学反思：对自己的教学行为、教育实践和学生学习情况进行深入思考和评估的能力，以改进教学方法和策略，提升教学效果和学生学习成果，获得洞察力和改进的机会。包括教师反思文化差异对教学的影响。

C7 教学共情：指的是教师在文化多样性背景下，在教学过程中能够理解并感受学生的情感和思想，包括学生的学习经历、情绪状态以及个人背景。这种共情能力使教师能够更有效地与学生沟通，调整教学方法以适应学生的个别需求，从而创造一个支持性和包容性的学习环境。

C8 多样文化教学经验互递：指的是在文化多样性教育环境中，教师之间相互分享和交流各自在不同文化背景下的教学经验、策略和见解。这种互递不仅增进了教师对不同文化理解的深度和广度，也促进了教学方法的创新和多样性，帮助教师更好地应对文化多样性带来的教学挑战。

C9 条理性：指的是教师能够清晰、有序、有逻辑地组织教学、课堂、思维表达等活动。这包括能够系统地规划教学内容，合理安排课堂流程，以及在教学交流中清楚、连贯地表达思想，从而使学生能够更好地理解和吸收教学内容。

C10 教学期望：指的是教师对学生学习成果和发展潜力的预期，这些期望反映了教师对学生能力的信心和支持。它包括对学生在学业成绩、思维能力、行为表现等方面的正面预测，以及通过高期望激励学生达到更高的学习目标。教师的这种积极期待对学生的自我认知、动机和学习成效具有重要影响。

C11 协同教学：指的是在包含多种文化背景的教育环境中，教师之间通过合作和共享资源，共同设计和实施教学活动。这种协作方式强调在教学策略、内容和方法上融入文化多样性的元素，以适应不同文化背景学生的需求，促进文化理解和尊重，以及提高教学效果。

C12 教学共同体意识：指的是教师认识到自己是一个更广泛教育共同体的一部分，这个共同体包括同事、学生、家长以及更大的社会环境。教师不仅关注个人的教学活动，还积极参与和贡献于共同体内的合作、交流和发展活动，共同促进教育的质量和效果。这种意识有助于建立支持性的教育环境，鼓励知识分享和团队合作。

D1 教师效能：指的是教师对自身教学能力的信心。这包括教师对于能够有效促进学生学习、管理课堂和应对教学挑战的自我评估和信念。具有高教师效能的教师通常更能积极应对教育中的困难，创新教学方法，并在教学实践中取得更好的成效。

D2 教学坚守：是指在面对挑战和困难时坚守初心，保持坚定的信念和决心，在工作岗位上坚定地履行职责，恪尽职守，不轻易放弃，坚守自己的信念和原则。具有面对逆境和困难时的韧性和毅力，保持乐观和积极的态度，坚持不懈地追求目标。

D3 教学影响力：指的是教师在教学过程中对学生学习、思维方式和价值观产生积极影响的能力。这包括通过高质量的教学实践激发学生的兴趣和学习热情，引导学生形成正确的学习态度和价值观念，以及在学生的个人成长和发展方面产生长远的正面效果。

D4 从教信念：深知农牧区学生面临的特殊环境和挑战，愿意投身到这个特殊的教育领域；对农牧区的文化、习俗和传统有深入了解，并重视在教育过程中传承和弘扬优秀传统文化及特色；努力寻找适合农牧区学生的教学方法和资源，充分发掘学生的潜力和特长，为他们提供与农牧区实际情况相适应的教育内容和体验；深知农牧区教育对于地方经济发展和社会进步的重要性，愿意承担起这份责任，为农牧区学生的成长和未来奉献自己的智慧和力量；积极参与农牧区的教育改革和发展。

D5 扎根意愿：指对自己的家乡有深厚的情感和热爱。保持对家乡的土地、人民、文化和历史的情感认同和关怀，具有长期在特定教育环境（如西部民族地区）从事教学工作的愿望和决心。这包括教师对于当地社区的投入、对教育事业的热忱，以及愿意在这一领域深耕细作、持续贡献自己的专业技能和知识。扎根意愿体现了教师对教育事业的承诺和对于服务地区的责任感。

E1 发展能力：在职业发展过程中不断提升自身的专业素养、教学技能、领导力、完善自我的能力。

E2 契约精神：根据培养、就业约定，自觉履行教师的职责和义务，以诚实、守信、尽责的态度履行承诺，不违背承诺，坚守自己的承诺和责任。在行为和言辞中保持真实、恪守承诺，履行责任。

E3 自我控制：个人管理和调节自己的情绪、思想和行为的能力。这种能力使人能够在面对诱惑、挑战或压力时保持自律，做出理智和合适的反应。强调在文化多样性背景下的自我调节和适应能力。

E4 公平公正：是指教师在教学过程中坚持平等对待每一位学生，无论其背景、能力或特征。这涵盖了在评估、资源分配、机会提供以及对待学生的行为上都保持一视同仁的原则，强调文化多样性下的教育公平。

E5 人际理解：理解和尊重不同个体在种族、文化、性别、年龄、宗教、身份、语言、生理和心理特征等方面的差异性。这种理解是基于对人类社会多样性的深刻认识，并且能在人际交往和工作中体现出来的能力。

E6 宽容：指的是教师在教学和人际交往中表现出的理解、接纳和尊重不同个体差异（如学生的文化背景、学习能力、行为特点等）的态度。

E7 耐心：指的是教师在教学过程中展现出的对学生学习节奏、能力差异的理解和接纳，以及在面对学生的问题和挑战时保持冷静和持续支持的态度。强调在跨文化教学环境中应对学习差异和文化冲突的耐心。

E8 身心健康与体能维护：对于定向教师而言，工作环境存在挑战（如高海拔带来的氧气稀薄、生活条件相对落后、工作压力大等），保持良好的身体状态和心理状态对于他们有效履行教职工作至关重要。强调教师自身需要保持良好的身心状态，以便更有效地履行教学职责，为学生树立积极健康的榜样。

本章小结

本章研究通过函询教育学专家，心理学专家，各地师范大学从事定向教师培养的教授、副教授、讲师，西部民族地区小学校长和西部民族地区教育机构教研员等专家，经过2轮专家协调，五个一级要素协调系数为0.831，42个二级要素专家意见协调系数为0.406。第二轮访谈结束后专家自信度（C_a）达到了0.91，这显示出专家在评估时依据的判断基础相当坚实；同时，了解程度（C_s）为0.96，表明专家对本研究主题有很好的了解。权威系数为0.935，高于0.7的一般标准①，表明本次研究的精度很高。经过两轮的德尔菲专家咨询意见反馈及整理，结合前期国家政策文本、地方政策文本、文献资料梳理的汇总，对西部民族地区定向教师教学胜任力结构与要素解读进行进一步完善与修订，形成5个维度的一级要素，42个二级教学胜任要素。

① 侯雨欣，王冲．基于德尔菲法与因子分析的大学生信用评价指标筛选研究［J］．四川师范大学学报（社会科学版），2016，43（5）：34－41.

第五章 西部民族地区在职定向教师教学胜任力水平及特征研究

西部民族地区的教育环境因其独特的地理位置、多元的文化背景和复杂的社会结构而显得尤为特殊，这些因素为在岗定向教师的教学胜任力提出了更高的要求和挑战。

本章旨在分析和评估在岗西部民族地区定向教师的教学胜任力水平，通过对其知识掌握、技能运用、教学策略、自我特质等多方面的考察，揭示其在教学实践中的表现及其背后的影响因素。本研究着眼于揭示西部民族地区教师胜任力的特点，为西部民族地区定向教师的专业发展和能力建设提供指导，也为制定更加有效的定向教师培养和支持策略提供理论依据。

第一节 西部民族地区定向教师教学胜任力问卷预测

一、预测问卷组成及预测对象

预测问卷由两个部分组成。第一部分为人口学信息，包括性别、民族、教龄、学段、学校所属区域、学校类型、担任学科及其他工作信息。第二部分为问卷测试内容，包括修正后的 5 个维度、42 个胜任要素，由 42 个胜任要素的描述形成了 42 道问卷题目。本次试测以手机 App 方式下发，预测对象为来自甘肃、陕西、青海的在职定向教师。此次发放 220 份问卷，共收回问卷 200 份，回收率为 91%。

二、预测问卷项目分析

运用临界比值对预测问卷结果进行项目分析[①]，作为定向教师教学胜任力二级要素的筛选与修改依据。降序排列后找出前后 27%的高分组与

① 吴明隆．问卷统计分析实务：SPSS操作与应用［M］．重庆：重庆大学出版社，2010：244.

低分组，通过独立样本 T 检验得出高低分组平均数差异显著性，42 个题项的高低分组平均值差异 T 检验均达到 $P<0.05$ 的显著水平，临界比值 t 统计量均大于 3.0，参考数值保留 42 个题项（表 5-1）。

表 5-1　高低分组项目分析独立样本 T 检验

题项	t 值	题项	t 值
教育教学知识	20.123***	多样文化教学管理	26.172***
心理学知识	19.260***	教学反思	27.670***
通识性知识	21.146***	教学共情	25.772***
多学科知识	19.507***	多样文化教学经验互递	25.692***
（西部民族地区）学生发展知识	18.313***	条理性	26.294***
区域社会文化认知	19.465***	教学期望	26.705***
多民族文化知识	23.485***	协同教学	25.825***
信息素养	25.343***	教学共同体意识	25.460***
综合实践能力	25.068***	教师效能	27.344***
跨学科教学能力	23.291***	教学坚守	27.908***
知识整合能力	24.209***	教学影响力	28.204***
综合分析与多维评价能力	26.854***	从教信念	28.092***
国家通用语言文字应用与民族地区语言教学交互能力	26.665***	扎根意愿	27.786***
		发展能力	24.927***
基本运动技能教学	24.890***	契约精神	16.438***
教学问题解决能力	25.999***	自我控制	28.219***
教学探索创新	23.537***	公平公正	29.357***
本土化教学资源开发	26.028***	人际理解	29.289***
教学筹划	25.908***	宽容	29.012***
教学理念	27.651***	耐心	26.332***
多学科教学设计与实施能力	26.845***	身心健康与体能维护	29.935***
多样化学情分析	25.628***		

注：***表示数据在 $P<0.001$ 的条件下显著。

三、预测问卷信度检验

依据问卷的五个维度对问卷进行整体及二级维度的克隆巴赫系数计算（表 5-2）。

表 5-2　预测整体问卷及维度信度

项目	*Cronbach's Alpha*	题数
整体问卷	0.971	42
知识特征	0.923	8
技能特征	0.941	9
教学特征	0.959	12
成就特征	0.963	5
自我特质	0.924	8

表 5-2 显示，信度系数值均在 0.90 以上，优于信度系数验证研究中的 0.80 以上，问卷整体的克隆巴赫系数为 0.971，五个维度的信度分别是知识特征为 0.923、技能特征为 0.941、教学特征为 0.959、成就特征为 0.963、自我特质为 0.924，表明预测问卷总体信度与五个维度信度都具有良好的可信度。

四、预测问卷效度检验

效度检验是用来评估一个测量工具（例如问卷或量表）是否能够准确地测量其所要衡量的概念或特性。效度检验旨在确定测量工具是否能有效地捕捉到所研究的变量，以及其是否能够提供有关被测量对象的准确信息，包括检验关注测量工具中的项目是否涵盖了所研究概念的全部内容的内容效度检验（Content Validity）、检验关注测量工具是否能够捕捉到预期的概念的构效效度检验（Construct Validity）、检验关注测量工具与已有准则的关联性的准则效度检验（Criterion Validity）[①]。

本研究中问卷内容效度说明：西部民族地区教师教学胜任力问卷的编制依据国家政策文本、地方政策文本中对定向教师及卓越教师的教学能力范畴的要素提取及定向教师行为事件访谈法要素提取构建的教学胜任力结构，经过后续两轮的德尔菲专家问询修正后最终修订而成，并在发放前经过前期测试与问询反馈，结果良好，具有良好的内容效度。

本研究中问卷结构效度说明：分析数据显示，本研究中的问卷一级维

① 吴明隆．问卷统计分析实务：SPSS 操作与应用［M］．重庆：重庆大学出版社，2010：195.

度间的相关系数在0.721~0.956之间，在0.01置信水平上达到了显著相关（表5-3）。

表5-3　预测问卷五个维度与整体问卷Pearson相关性

	整体问卷	知识特征	技能特征	教学特征	成就特征	自我特质
整体问卷	1					
知识特征	0.865**	1				
技能特征	0.903**	0.832**	1			
教学特征	0.941**	0.774**	0.871**	1		
成就特征	0.956**	0.777**	0.831**	0.920**	1	
自我特质	0.918**	0.721**	0.785**	0.871**	0.921**	1

注：**表示数据在 $P<0.01$ 的条件下显著。

采取探索性因子分析对问卷结构进行验证，提取因子数量设置为5，*KMO*取样适切性量数为0.992，*KMO*值≥0.6，Bartlett球形检验值为96 457.164，显著值为0.000，$P<0.05$，适合进行探索性因素分析。按照之前研究，形成了五个一级维度，分别为知识特征、技能特征、教学特征、成就特征、自我特质，将抽取模块提取因子数设置为“5”，使用常用旋转方式最大方差法使检验数据差异可视化。42个成分的载荷均大于0.50，累积解释变量为78.147%，高于60%，提取因子比较理想（表5-4）。

表5-4　西部民族地区定向教师教学胜任力构成要素因子结果摘要

教学胜任力项目	共同因子				
	一	二	三	四	五
教育教学知识	0.511				
心理学知识	0.560				
通识性知识	0.554				
多学科知识	0.558				
（西部民族地区）学生发展知识	0.559				
区域社会文化认知	0.609				
多民族文化知识	0.528				
信息素养	0.625				
综合实践能力		0.885			

（续）

教学胜任力项目	共同因子				
	一	二	三	四	五
跨学科教学能力		0.805			
知识整合能力		0.824			
综合分析与多维评价能力		0.862			
国家通用语言文字应用与民族地区语言教学交互能力		0.752			
基本运动技能教学		0.844			
教学问题解决能力		0.796			
教学探索创新		0.819			
本土化教学资源开发		0.789			
教学筹划			0.743		
教学理念			0.756		
多学科教学设计与实施能力			0.758		
多样化学情分析			0.815		
多样文化教学管理			0.709		
教学反思			0.686		
教学共情			0.726		
多样文化教学经验互递			0.766		
条理性			0.712		
教学期望			0.701		
协同教学			0.759		
教学共同体意识			0.716		
教师效能				0.904	
教学坚守				0.874	
教学影响力				0.895	
从教信念				0.905	
扎根意愿				0.897	
发展能力					0.891
契约精神					0.905
自我控制					0.789
公平公正					0.864
人际理解					0.892

（续）

教学胜任力项目	共同因子				
	一	二	三	四	五
宽容					0.889
耐心					0.876
身心健康与体能维护					0.899

通过对西部民族地区定向教师教学胜任力问卷信度与效度进行分析，问卷题项之间的结构效度达到预期效果，42 个题项予以保留。同时也印证了专家咨询对于实现问卷内容效度和结构效度起着辅助作用。

第二节　西部民族地区定向教师教学胜任力问卷正式测试

预测问卷的信度与效度呈现度均理想，扩大测定范围进行西部民族地区定向教师教学胜任力的测定，进行在岗西部民族地区定向教师教学胜任力水平及特点研究。

一、正式问卷组成及测试对象

正式问卷由预测检验试卷再次调整后生成，包括两个部分。第一部分为人口学信息，包括性别、民族、教龄、学段、学校所属区域、学校类型、担任学科及其他工作信息。第二部分为问卷测试内容，包括修正后的 5 个维度，42 个胜任要素，由对 42 个胜任要素的描述形成了 42 道问卷题目。本次试测问卷部分以手机 App 方式下发，部分以纸质问卷方式下发，目的是观测电子问卷答题时间与纸质问题答题时间是否是存在明显差异，教师对待试卷及辨别问题认真程度是否一致。记录时间显示，纸质问卷答题时间略高于电子版问卷。得益于前期的有效沟通与说明，答卷质量程度一致。正式测试中共发放问卷 1 300 份，收回有效问卷 1 204 份，回收率为 92.6%。被试教师来自西藏自治区，甘肃天祝藏族自治县，宁夏回族自治区，青海黄南藏族自治州、玉树藏族自治州、果洛藏族自治州、海北藏族自治州等地（表 5－5）。

表 5-5 有效调查样本情况（N=1 204）

属性	类别	数量	百分比	属性	类别	数量	百分比
民族	汉族	489	40.61%	年龄阶段	20～30 岁	206	17.11%
	藏族	383	31.81%		31～40 岁	292	24.25%
	回族	134	11.13%		41～50 岁	577	47.92%
	撒拉族	21	1.74%		51 岁以上	129	10.71%
	蒙古族	42	3.39%	教龄	5 年以下	206	17.11%
	土族	54	4.49%		6～10 年	194	16.11%
	其他	81	6.73%		11～15 年	121	10.05%
性别	男	500	41.53%		16～20 年	178	14.78%
	女	704	58.47%		21 年及以上	505	41.94%
学历	高中及以下（含中师中专）	80	6.64%	职称	未评级	310	25.75%
					三级教师	37	3.07%
	大专	489	40.61%		二级教师	204	16.94%
	本科	600	49.83%		一级教师	417	34.63%
	硕士研究生及以上	35	2.91%		高级教师	236	19.6%
学校所在地域	青海	654	54.32%	荣誉称号	国家级教学名师	25	2.08%
	甘肃	219	18.19%		省级教学名师	49	4.07%
	宁夏	139	11.54%		区（州）级教学名师	204	16.94%
	陕西	117	9.71%		乡、校级教学名师	899	74.67%
	西藏	75	6.23%		未获得	191	15.86%
学科	语文	490	40.70%				
	数学	489	40.61%				
	全科	225	18.69%				

二、正式问卷信度分析

表 5-6 呈现了西部民族地区定向教师教学胜任力整体问卷及其各维度的信度指标（*Cronbach's Alpha*）。信度指标是衡量问卷内部一致性的重要标志，有助于判断问卷是否能够准确可靠地测量所涉及的概念。西部民族地区定向教师教学胜任力问卷整体 *Cronbach's Alpha* 值均在 0.921 以上，五个一级维度的 *Cronbach's Alpha* 值在 0.919 以上，问卷的整体自评具有较高的内部一致性。*Cronbach's Alpha* 系数通常介于 0～

1之间，值越接近1，表明问卷内部各项问题之间的关联性越强，问卷的信度越高。

各个维度的信度表现也较为良好。知识特征维度的*Cronbach's Alpha*系数为0.919；技能特征维度的*Cronbach's Alpha*系数为0.935；教学特征维度的*Cronbach's Alpha*系数为0.957；成就特征维度的*Cronbach's Alpha*系数为0.962；自我特质维度的*Cronbach's Alpha*系数为0.951。这些较高的信度指标表明各个维度的问卷在内部一致性方面表现良好，能够可靠地测量西部民族地区定向教师在不同维度上的胜任力。

表5-6 西部民族地区定向教师教学胜任力整体问卷及维度信度

项目	*Cronbach's Alpha*	题数
整体问卷	0.969	42
知识特征	0.919	8
技能特征	0.935	9
教学特征	0.957	12
成就特征	0.962	5
自我特质	0.951	8

三、正式问卷测试效度分析

Pearson相关性系数用于衡量两个变量之间的线性相关程度，其取值范围在−1～1之间，代表着相关性的强度和方向。本研究数据显示问卷一级维度的相关系数在0.700～0.950之间，在$P<0.01$的置信水平上有显著相关性，在正式测试中，结构效度良好（表5-7）。

首先，根据数据分析可以看出，整体问卷与知识特征、技能特征、教学特征、成就特征、自我特质之间的相关性系数分别为0.838、0.897、0.933、0.950和0.914。这些系数都是正值且接近于1，意味着这些维度之间存在着较为强烈的正向线性相关关系。其次，不同维度之间的相关性强度存在差异。观察相关系数的数值大小，可以发现整体问卷与成就特征之间的相关性系数最高，为0.950。这意味着在评估中，整体问卷得分与成就特征得分之间的线性关系最为显著。相比之下，整体问卷与教学特征之间的相关性系数为0.933，稍低于整体问卷与成就特征之间的相关性。

而整体问卷与知识特征、技能特征、自我特质之间的相关性系数也较高，分别为 0.838、0.897 和 0.914。另外，数据中的相关性系数均在 $P<0.01$ 的水平上显著。这表示不同维度之间的相关性不太可能是由于随机因素引起的，而是具有一定的统计意义和实际意义。这一点进一步加强了各个维度之间相关性的可靠性。

综合而言，西部民族地区定向教师教学胜任力整体问卷的五个维度（知识特征、技能特征、教学特征、成就特征、自我特质）之间存在着较为强烈的正向线性相关关系。这意味着在评估西部民族地区定向教师教学胜任力时，各个维度之间的得分变化是相互协调的，定向教师在一个维度上的表现往往在其他维度上也有类似的得分表现。这对于教育管理部门和教师培训机构在制定培训和提升计划时具有重要的参考价值，可以有针对性地促进教师在不同维度上的综合素质的提升，以推动西部民族地区教育事业的进一步发展。

表 5-7 西部民族地区定向教师教学胜任力整体问卷五个维度与整体问卷 Pearson 相关性

项目	整体问卷	知识特征	技能特征	教学特征	成就特征	自我特质
整体问卷	1					
知识特征	0.838**	1				
技能特征	0.897**	0.809**	1			
教学特征	0.933**	0.724**	0.860**	1		
成就特征	0.950**	0.736**	0.815**	0.904**	1	
自我特质	0.914**	0.700**	0.772**	0.859**	0.920**	1

注：**表示数据在 $P<0.01$ 的条件下显著。

第三节 西部民族地区定向教师教学胜任力研究结果分析

一、西部民族地区定向教师教学胜任力总体现状

根据对 1 204 名西部民族地区定向教师的问卷统计，定向教师教学胜任力总评分为 4.26 分，自评分数整体较高，西部民族地区定向教师群体

对自身的教学胜任力持肯定态度。西部民族地区的定向教师，作为一种“定向招生、定向培养、定向就业”的独特教育模式的产物，整体总评分之所以显著，根源在于其系统严格的职前培训及实践经验的积累。这种教育模式注重从基础开始，通过一系列的见习、实习、研习及顶岗支教活动，让定向教师在真实的教学环境中锤炼自己，从而积累了丰富的实地教学经验。这不仅极大地提升了他们的教学技巧，也增强了他们对自身专业能力的自信。

更为关键的是，这些定向教师对西部民族地区的文化底蕴和语言特点有着深刻的理解和掌握。他们的教学不仅仅是知识的传授，更是一种文化的交流和融合。他们能够使用学生的母语进行教学，这种语言上的亲切感大大增强了师生间的情感纽带，使得教育过程不再是单向的灌输，而是一种双向的、富有共鸣的互动。在这样的教学环境中，教师不仅是知识的传递者，更是文化的桥梁，他们的每一次授课都是对学生文化身份的肯定和尊重，使得他们在教学过程中能够更加灵活、有效地与学生进行沟通和互动，从而提升了教学效果，赢得了学生和社会的广泛认可和尊重。

从胜任力的五个维度来看，知识特征、技能特征得分最高，教学特征、成就特征次之，自我特质认可度相对较低，五个维度呈现出一定的特点和趋势。西部民族地区定向教师教学胜任力在不同维度上呈现出明显的分布情况。知识特征和技能特征得分最高，这点可以从定向教师定向培养的特殊方式中找到解释，定向教师在职前和职后培训中，往往会着重于知识和技能的培养。知识特征和技能特征涉及教学技能、课堂管理等实际操作能力，对定向教师的评估和考核体系也更侧重于知识和技能方面的考查。对于定向教师的教育教学知识和教学方法等方面的评价可能有更详细、更严格的评价标准，这会导致定向教师在这些维度上得分较高，另外这些方面也是教师教育和培训的核心内容，因此在评估中得分较高。此外，技能特征的高得分反映了定向教师这个群体注重努力追求专业技能，以满足西部民族地区学生多样化学习需求的决心。在这种情况下，定向教师不仅要具备丰富的知识储备，还要通过不断学习来适应不断变化的教育环境。

教学特征和成就特征在得分上次之。西部民族地区的定向教师不仅是知识的传递者，还承担着文化传承和融合的重要角色。在教学特征方面，他们需要适应多样化的文化背景和不同的学生需求，这要求他们在教学设计、教学实施和课堂管理上具有较高的灵活性和创新性。然而，由于教育资源、地区特性和专业培训的局限性，这些能力的培养和实践可能不如知识和技能那样得到充分的发展，导致定向教师在教学特征方面的得分相对较低。另外，在西部民族地区，社区和家庭在教育教学中扮演重要角色，社区的参与和支持可以促进学生学习效果的提升，反过来也可以提高教师效能。然而，如果社区和家庭参与不足，可能会限制定向教师在这些方面的表现。

自我特质认可度相对较低。虽然定向教师来自当地，但这并不意味着他们能够完全适应或满足当地教育环境的所有要求。首先，自我特质如发展能力、契约精神、自我控制、公平公正和强健体魄等，受到多种因素的影响，包括教育体系内的挑战、社会经济环境、个人心理状态和职业发展路径等。在教育体系内，西部民族地区可能面临着教育资源的不均等分配问题。资源的稀缺不仅限于物质层面（如教学设施、学习材料），也包括专业发展机会、教育培训和学术支持等。这种资源的有限性可能直接影响定向教师的能力发展，限制他们在教学技能和知识方面的提升，从而影响他们对自身能力的认可和自信。其次，西部民族地区的社会经济环境对定向教师的自我特质认可也有重要影响。经济条件相对落后的地区可能给定向教师带来额外的经济压力，这不仅影响他们的生活质量，也可能导致工作动力和教育热情的下降。此外，社会经济环境的限制可能导致教育成效不如预期，这反过来会影响定向教师的自我效能感和职业满意度。定向教师的个人心理状态也是一个不容忽视的因素。长期面对教育资源的不足和社会经济的限制，可能导致他们感到挫败或无力。这种心理状态可能影响他们的自我控制、公平公正的态度以及对职业的热情。特别是在较为封闭的西部民族地区，社会支持系统的不完善可能加剧了这种心理压力。此外，职业发展路径对定向教师的自我特质认可也有深远影响。在西部民族地区，教师的职业晋升和发展机会可能相对有限。这种局限性不仅影响他们的职业规划，也可能导致他们在职业成就和个人价值实现上感到受限。职业发展的不确定性和局限性可能导致教师对自己的未来缺乏信心，从而影响他们对自身特质的认可。最后，需要考虑的是西部民族地区的社会文化背景。尽管定向教师来自当地，但他们仍然需要在保持个人文化特色和适应现代教育要求之间找到平衡。这种文化和教育的双重压力可能对他们的自我认同和自我特质的认可产生影响。他们可能在维持传统文化价值观和适应现代教育模式之间感到挣扎，这种挣扎可能影响他们的契约精神和自我效能感。

从西部民族地区定向教师教学胜任力二级维度的42个要素来看，得分前六的要素为综合实践能力、多样文化教学经验互递、教育教学知识、跨学科教学、（西部地区）学生发展知识、多民族文化知识；得分排名后五的要素分别为教学期望、心理学知识、条理性、自我控制、本土化教学资源开发。

得分前六的要素涵盖了西部民族地区定向教师实践素养、专业知识、人文素质等多个方面。综合实践能力、经验互递、教育教学知识等要素强调了定向教师在实际教学中所需的专业知识和能力。综合实践能力和（西部地区）学生发展知识凸显了定向教师需要关注不同地区学生的个性化需求，注重学生的全面发展。多民族文化知识的重要性反映了西部多民族地区实际教育教学的多样性，处于农牧区多民族地区的定向教师需要了解不同民族的文化背景，以更好地进行教学。

得分排名后五的要素可以从定向教师的综合素质和专业发展角度进行解读。跨学科教学要求定向教师在不同学科领域进行教学，需要具备较强的综合素质，能够将不同学科的知识进行整合。受民族地区经济发展及生活习俗的影响，多数定向教师工作地点在当地的寄宿制学校，这些学校中一年级起学生便开始寄宿学习，低龄寄宿、长时间与跨空间距离的特点，要求定向教师更好地了解寄宿制学生的心理需求，更好地引导学生的学习、成长和发展。条理性和自我控制则强调定向教师在教学过程中需要冷静、理智地做出判断和控制情绪，以保证教学质量。本土化教学资源开发则要求定向教师需要善于在资源匮乏的环境中发现和应用一切有利于教学及工作的资源，以提升学生的学习效果。显然，从这一方面来考虑，定向教师在职前的培养中还存在着不足与可提升的空间。

二、不同性别、学校类别、教龄的西部民族地区定向教师教学胜任力水平

本研究中不同性别、学校类别、教龄的西部民族地区定向教师在教学胜任力水平上存在差异。首先，不同性别的西部民族地区定向教师在教学胜任力水平上存在差异。男女教师在教学影响力、沟通合作方式、情感表达等方面存在不同，在教学胜任力的表现方面有所区别。例如，女性教师在人际理解、情感投入、教学共情方面更为突出，而男性教师在教学组织管理、教学问题解决等方面表现较好。

其次，不同学校类别的西部民族地区定向教师的教学胜任力水平也存在差异。寄宿制学校与走读制学校在教育资源、学生群体、教学环境、社区参与程度等方面的客观条件，影响着定向教师的教学胜任力表现。例如，寄宿制学校的定向教师在教学组织管理、特定区域学生发展知识、学情分析等方面具备较强的能力，而农区走读制小学的定向教师在多学科设计与教学能力方面更为突出。

最后，不同教龄的西部民族地区定向教师在教学胜任力水平上也呈现出一定差异。由于定向教师的培养年限并不长，参考教师专业发展理论及定向教师的实际工作情况，按照1～2年、3～5年、6～10年、11年以上进行了教龄划分[①]，其中教龄为6～10年的定向教师积累了丰富的教学经验和专业知识，从而在教学问题解决、教育教学中表现出更高的胜任力。而教龄较短的定向教师则更加注重提高学习能力与教学探索创新，通过不断提升自身能力来提高教学胜任力。教龄为3～5年的定向教师则在条理性、教学筹划、教学资源开发方面呈现出良好胜任力。

三、不同绩效水平西部民族地区定向教师教学胜任力差异比较

在测试时，将曾经获得过国家级、省市级、州县区（乡）级优秀教师、教学能手及教学名师荣誉称号的西部民族地区定向教师归为优秀组，其他教师为普通组，其中，优秀组教师578名，普通组教师626名（表5-8）。

① Brookfield S D. Becoming a critically reflective teacher [M]. San Francisco: Jossey-Bass, 1995.

表 5-8 西部民族地区定向教师优秀组与普通组总体绩效比较

项目	优秀组（$N=578$）		普通组（$N=626$）		t 值
	均值	标准差	均值	标准差	
知识特征	4.42	0.46	4.31	0.51	2.25*
技能特征	4.40	0.45	4.29	0.49	2.28*
教学特征	4.39	0.47	4.22	0.53	3.26**
成就特征	4.18	0.55	3.95	0.52	3.23**
自我特质	4.26	0.53	3.92	0.50	3.39**

注：* 表示数据在 $P<0.05$ 的条件下显著，** 表示数据在 $P<0.01$ 的条件下显著，*** 表示数据在 $P<0.001$ 的条件下显著。

在表 5-8 中，列出了两个不同组别在不同维度项目上的均值和标准差，以及计算得出的 t 值。在知识特征这一项目中，优秀组的均值为 4.42，而普通组的均值为 4.31。在技能特征、教学特征、成就特征、自我特质等项目中，同样也可以看到优秀组在均值上均优于普通组，这表明优秀组在多个维度上的绩效得分较高。标准差则提供了绩效得分在各组内部分散程度的信息。在大多数项目中，两个组别的标准差较接近，这意味着绩效得分的变化在两个组内部的分散程度相似，这可能与定向教师都是本科学历起点有关。t 值是用来判断两组均值之间差异是否显著的统计指标。在表 5-8 中，t 值分别为 2.25、2.28、3.26、3.23 和 3.39，超过了显著性水平，优秀组和普通组的绩效差异是显著的，且差异程度较高。具体来说，在教学特征、成就特征和自我特质等维度上，优秀组的绩效明显优于普通组，且差异在统计上是显著的（$P<0.01$）。这意味着在西部民族地区定向教师的优秀组与普通组的绩效比较中，优秀组在多个维度上表现出明显的优势，尤其在教学特征、成就特征和自我特质方面，其差异在统计上是显著的。这与教师的个人素质、经验积累以及对教育的热情和投入程度有关。从研究的数据及结果呈现来看，优秀组的定向教师具有更强的教学技巧和方法论知识，这使他们在教学过程中能够更有效地传达知识，激发学生的学习兴趣，从而在教学特征方面表现出色。在成就特征方面，优秀组的定向教师更擅长设定并达成教学目标，通常具有更高的教学规划能力。他们能够根据学生的实际具体需求和当地学习特点，精确地设定合理且具有挑战性的教学目标。这些目标既符合课程标准的要求，又贴

合学生的实际水平和兴趣，可以有效地引导和激发学生的学习动力。优秀组定向教师在实现教学目标的过程中表现出高效的执行力。他们不仅在课堂上运用多样化的教学方法和手段，还能灵活调整教学策略，以应对不同学生的学习差异和课堂上出现的各种情况。这种灵活性和应变能力是他们成功实现教学目标的关键。此外，优秀组的定向教师还具备强大的自我反思能力。他们会定期评估教学效果，反思教学实践中的成功和不足。通过不断的自我调整和优化，他们能更加有效地达成设定的教学目标，并不断提升自身的教学水平。优秀组定向教师在教学规划、执行力和自我反思等方面的综合作用，使得他们在实现教学目标的过程中更为高效和成功。

自我特质，如教师的自信心、责任感、自我激励能力等个人特质，在优秀组教师中也更加显著。这些特质不仅影响着定向教师自身的职业发展和教学效果，也在很大程度上影响着他们与学生的互动和学生的学习态度。优秀组的定向教师在这些方面具有更强的自我认知和自我提升能力，这使得他们在面对教学挑战时能够更加灵活和有效地调整策略，保持高效的教学状态。

总体而言，优秀组教师在教学特征、成就特征和自我特质等方面的突出表现，可能是其综合能力、职业态度和个人特质综合作用的结果。这些因素共同促成了他们在教学领域中的优异表现，从而在统计上形成了与普通组明显的差异。

在 42 个二级要素中 16 个教学胜任要素体现出显著的差异，从另一个方面也说明构建的西部民族地区定向教师教学胜任力模型可以很好地鉴别出优秀组与普通组。其中存在显著差异的是教学探索创新、学习能力、综合实践能力、教学问题解决能力、西部地区学生发展知识、教学共情、国家通用语言文字与民族地区语言教学交互能力、多样化学情分析、跨学科教学能力、多学科设计与教学能力、知识整合能力、教学坚守、多样文化教学经验互递、身心健康与体能维护、教学影响力、本土化教学资源开发，与之前在定向教师关键事件访谈中提取到的鉴别性胜任力特征形成了互证。

四、西部民族地区优秀定向教师教学胜任特征分析与阐释

优秀西部民族地区定向教师教学胜任特征在定向教师群领域中扮演着

至关重要的角色，这些特征不仅影响着定向教师的教学效果，还直接影响着学生的学习成果和发展。以下将对优秀定向教师的各项教学胜任特征进行分析，探讨其在教育中的意义和重要性。

1. 教学探索创新

优秀西部民族地区定向教师不断追求创新，他们能够尝试新的教学方法、教材和教学技术，以适应不断变化的教育环境和学生需求。他们鼓励学生思考、探索和创新，培养学生的创造力和创新精神。

优秀定向教师认识到教育领域不断变化的特点。教育环境和学生需求都在不断地发生变化，新的教育政策、技术和社会趋势都在影响着教育实践。因此，优秀定向教师意识到传统的教学方法和教材可能无法完全适应现代教育的要求，他们需要不断寻找新的方法和策略。研究过程中，在普通组定向教师教学胜任特征中，也获取到了这一项特征，但两者出现显著差异的地方在于对探索和创新的持续性与层次性的程度不同。在访谈中有多位优秀组的定向教师提及会“不断尝试这种教学方法的适用性”“如果不合适，或者效果并不明显的时候，我会再想办法来改进”。他们具备积极的学习态度和求知欲望，愿意不断地学习、探索和研究，关注教育领域的最新发展和创新成果。通过不断地更新自己的知识和技能，了解新的教学方法、教材和教学技术，并将其应用到自己的教学实践中，在实际教学中并不拘泥于一成不变的教学模式，而是愿意尝试不同的方法，包括使用新的教学工具、引入创新的教学内容等，以提升教学效果。

2. 学习能力

优秀西部民族地区定向教师具备持续、主动学习的意识，他们不断地更新自己的知识，紧跟教育领域的最新发展。他们能够积极参加培训、研讨会和学术活动，提升自己的专业素养，为学生提供更高质量的教育。

在用人单位及社会普遍认识概念的局限下，定向教师的“订单式”培养在工作中被赋予了“适用性强”“针对性强”“能力强”的用人期望，使定向教师工作的机动性无形增加。在这种情况下，定向教师的持续学习能力尤为重要，不仅有助于保持专业素养，还能在持续学习过程中，不断提高多岗位的胜任能力，以满足现实中复杂而有挑战性的工作。此外，持续学习还有助于定向教师的职业发展。在现代社会中，教育领域的竞争越来越激烈，具备不断学习能力的教师更容易获得职业机会和晋升空间。持续学习可以使定向教师保持在职业道路上的前进势头，提高竞争力。

3. 综合实践能力

优秀西部民族地区定向教师具备丰富的实践经验，能够将理论与实际相结合，将课堂教学与实际生活联系起来，从而使学生能够更好地理解和应用所学知识。通过实际案例和活动，定向教师能够增强学生的动手能力和解决实际问题的能力。这一项教学胜任特征受到教龄的影响，在研究中发现，教龄越长的定向教师，其综合实践能力越强。有趣的是，这一项胜任特征与“学习能力”的胜任特征相关性很强，在表述过程中，教龄较短的教师，如果具备强烈的主动学习动机，其问题解决能力和综合实践能力也表现出优秀趋向。

4. 教学问题解决能力

教学过程中难免会遇到各种问题和困难，尤其是工作于边远民族地区寄宿制学校的定向教师。他们与学生相处时间更长，接触空间更为密切，不仅是普通意义上的教师，更承担着家长角色，必须具备较强的问题解决能力，能够针对不同教学情况提出切实可行的解决方案。能够理性分析问题，寻找问题的根本原因，从而更好地指导和帮助学生是优秀定向教师胜任的重要特征。

教学问题解决能力反映了定向教师的敏锐性和洞察力，无论是在数据呈现还是在访谈过程中都发现，优秀定向教师能够迅速发现教学实践中存在的问题，不仅局限于表面现象，还能够深入挖掘问题背后的本质因素。他们通过对教学问题的全面分析和深层理解，能够准确地把握问题的关键点。例如在访谈过程中，有位牧区定向教师提到，有一位学生经常逃学，在与学生交流无果的情况之下，教师决定从学生的家庭与成长的环境着手，给予学生温暖、关怀与理解，在持续关注之下，学生有了本质的改变。教学问题解决能力彰显了教师的决策能力和执行力。优秀定向教师在提出解决方案的同时，能够充分考虑实施的可行性和效果。他们能够权衡各种因素，做出明智的决策，并付诸行动，确保解决方案能够有效地落实并取得实际效果。

其中还体现了定向教师的沟通和协调能力。在解决问题的过程中，通常需要与学生、家长、同事以及学校管理层进行有效的沟通和协调。他们能够以积极的态度倾听不同意见，充分沟通，协调各方利益，达成共识，从而推动问题的解决。

5. 西部民族地区学生发展知识

西部民族地区学生生活在农区或草原地区，他们通常接受着与城市学生不同的生活方式和文化传统，虽然物质条件、经济发展较为落后，但农牧区的生活节奏相对缓慢，更接近大自然，受到农牧文化的熏陶，有着独特的生活习惯和价值观。西部民族地区学生的生活环境和成长背景与城市学生有很大差异，在知识、兴趣和特长方面也存在明显的差异。独特的成长环境使得农牧区的学生更具自主性和独立性，他们可能更早地参与家庭和社区的事务。优秀民族地区定向教师更关注特定地域中学生的全面发展，了解当地学生的生活习惯、风俗特点、民族特点、学生个性、兴趣和需求，能够因材施教，帮助每个学生发挥潜能，促进其身心健康的发展。

6. 教学共情

教学共情指教师在教学过程中能够理解和感受到学生的情感、思想和经历，并据此调整教学方法和策略的能力。这种能力包括对学生的感受敏感、能够从学生的视角看待问题并以此作为指导教学行为的依据。简而言之，教学共情是教师能够站在学生的角度，理解他们的需求和感受，并在教学中体现这种理解的能力。定向教师的工作性质决定其工作环境多数为民族地区寄宿制学校，寄宿制学校中的学生通常来自不同的地区，从一年级起的寄宿生活使学生面临离家的孤独感、生活自理的能力培养、环境适应等多重挑战。具备教学共情能力的民族地区定向教师能够深刻理解学生的情感状态，关注他们的需求和情感体验，从而能够更好地提供情感支持和教学关怀，建立亲师关系。在寄宿制学校中，学生与教师之间的关系更为密切，教学共情可以帮助教师倾听学生的心声，理解他们的想法和困难，更好地洞察学生的特点和潜力，针对每个学生的个体差异，提供个性化的教育和辅导，成为学生情感发展的榜样，引导他们学会关心、理解他人，培养出性格健全的人才。

7. 国家通用语言文字与民族地区语言教学交互能力

优秀的西部民族地区定向教师具备良好的语言能力，能够灵活运用多种语言进行教学和交流，促进跨文化交流和理解。这一点在牧区寄宿制学校中体现得更深刻：一年级入校住宿的学生由于学前成长的环境与接触的范围相对狭隘，成长过程中基本以民族语言为主，开始学校寄宿生活之后，对于新生事物与知识的理解，需要教师结合当地的语言进行逐步的引导与解释，以提高学生的理解能力。民族语言的辅助对于开展更为有效的教学起着关键作用。民族地区定向教师在开展教学工作过程中对于国家通用语言文字与民族地区语言的运用能力、教学能力、语言交互能力，成为鉴别定向教师优秀与否的重要胜任特征要素之一。

8. 多样化学情分析

西部民族地区的学生群体在文化、语言和社会经济背景上存在显著的多样性。教育环境不断变化，优秀西部民族地区定向教师能够从多样化的学情中分析了解学生的个体差异和特殊需求，从而设计出更适应学生的教学方法和课程内容。例如，考虑到语言差异，教师可能需要采用双语教学或者采取特殊措施来帮助非母语学生理解课程内容。多样化学情分析还涉及对学生学习动机、兴趣和学习风格的理解。西部民族地区的学生可能因为文化背景的不同而展现出不同的学习习惯和偏好。定向教师通过分析这些因素，识别和解决潜在的学习障碍，如文化差异、社会经济因素影响等，从而确保所有学生都有平等的学习机会，这对于促进教育公平和改善边远地区的教育质量尤为重要，也可以更有效地激发学生的学习兴趣，提高教学的吸引力和效果，确保教学效果最大化。

9. 跨学科教学能力

现代教育强调跨学科的综合性，在西部民族地区的教育环境中，优秀定向教师所展现的“跨学科教学能力”是其教学胜任特征中的一项显著优势。这一能力的核心在于教师能够超越单一学科的界限，将不同学科的知识和方法相互融合，创造出一种综合、多元的教学模式，帮助学生形成全面的知识结构。

跨学科教学能力的实质是一种创新的教育思维。它要求教师不仅熟悉自己专业领域的知识，还要具备广泛的学科知识和对其他学科的深入理解。例如，在教授历史时，教师可能会融入地理、文学、艺术甚至科学的元素，使得学生能够从多个角度理解和探究历史事件，从而促进他们全面思维的发展。

跨学科教学能力还体现在教师对教学内容的整合与创新上。优秀的定向教师能够根据学生的兴趣和实际需要，设计出跨学科的教学活动，激发学生的学习热情和探索精神。这种教学方式不仅增强了学生对知识的理解和应用能力，还培养了他们的批判性思维和创新能力。

在本研究中特别值得关注的是，定向教师队伍中包含了一批全科专业教师。这些全科教师在其职前培训和实际教学过程中，已经深刻地融入了“跨学科”以及“学科整合与融合”的教学理念。这不仅是因为他们需要掌握并传授多种学科知识，更重要的是，他们需要将这些知识在教学过程中有效整合，打破传统学科间的界限，创造出一种全新的、综合性的学习体验。这种教学模式更能激发学生的学习兴趣，促进学生全面发展。

这种跨学科的教学方法在西部民族地区尤为适用。这里的学生背景多元，他们需要在认同传承中华优秀传统文化的同时，理解和尊重其他民族文化。全科教师的跨学科教学能力，能够帮助学生在学习科学、历史、语言等多个学科的同时，理解每个学科背后的文化内涵，促进学科间的相互渗透和融合。这不仅是对学生知识层面的教育，更是一种文化认同感和尊重多元文化价值观的培养。

“跨学科教学”使得西部民族地区的定向教师在教学的专业性和创新性上增添了一份深刻的内涵和广阔的视野，使之不仅仅是知识的传递者，更是文化理解和融合的实践者。

10. 多学科设计与教学能力

定向教师需要在主要学科领域具备扎实的知识和教学经验。这是其基本素养，确保他们能够对学生传授深入的学科知识，培养学生的学科思维和技能。只有对主要学科领域有深刻理解，教师才能够在教学过程中做到言之有物，引导学生深入学习。在农牧区教师资源紧缺的情况下，定向教师还要能够学习和掌握其他学科的基本知识和教学方法。虽然不可能像专业学科教师那样深入学习每个学科，但定向教师需要了解其他学科的核心概念和基本原理，以及适用的教学策略。

11. 知识整合能力

优秀西部民族地区定向教师能够对不同领域的知识进行整合，帮助学生建立知识的联系和框架，促进深层次的学习，能够将不同学科的知识内容有机地结合起来，设计出能够促进学生综合能力的教学活动。与“跨学科教学能力”和“多学科教学能力”不同，知识整合能力更侧重于教师对于多元知识内容的深度理解和创新性应用，这一能力对于满足西部民族地区学生的独特学习需求尤为重要。知识整合能力体现了教师在理解和应用知识方面的高度专业性。优秀的定向教师能够从各个学科中提取核心概念，将它们融会贯通，形成一个连贯、综合的教学体系。在这个过程中，教师不是简单地叠加各学科知识，而是通过深入分析和创新思维，使这些知识在新的教学环境中产生新的价值和意义。这种能力尤其适用于西部民族地区多元文化和复杂社会背景的教学需求，能够帮助学生形成更为全面和深入的认知视角。知识整合能力还体现在教师对知识的应用和实践中。在西部民族地区，优秀教师通过将理论知识与实际情况相结合，指导学生将所学知识应用于现实生活和实际问题中。这不仅提升了学生的学习效果，也培养了他们的实践能力和创新思维。

“知识整合能力”侧重于教师将不同学科的知识、理论和概念进行内在联系和融合的能力。这种能力要求教师不仅理解每个学科的核心知识，还能够洞察各学科之间的内在联系，将这些知识融合为一个有机整体，形成更加全面和深入的教学内容。这种整合不是简单的知识叠加，而是对知识进行深度重构和创新性应用，使学生能够从更宏观的角度理解知识。相比之下，“跨学科教学能力”更多地强调的是教师在教学过程中能够跨越不同学科边界，利用不同学科的方法和视角丰富和拓展教学内容。这种能力使教师能在教学实践中灵活运用多学科的知识和技能，创造出多元化的教学场景和学习体验，促进学生综合思维和创新能力的发展。简而言之，知识整合能力更多关注于知识内容的深度融合和重构，而跨学科教学能力则侧重于教学过程中的学科边界穿越和多元视角的应用。两者虽然有交集，但各自在教育实践中发挥着不同的作用。

12. 教学坚守

教育是一项长期而艰巨的工作，工作在西部民族地区的定向教师更需要具备坚持不懈的精神，对教育事业怀有坚定的信念和热情，深知教育教学对农牧区发展及对学生的重要性，对学生的成长和未来寄予同情与厚望，在教学事业中展现出持久的毅力和奋斗精神，不畏困难，不因挫折而气馁，愿意付出持续的努力和时间，致力于为每位学生提供充分的关注和指导，以促进学生全面发展。此外，教学坚守还表现在他们对学生的关心和学习支持上。优秀的西部民族地区定向教师会与学生建立良好的师生关系，关注每个学生的学习和生活情况，耐心倾听他们的问题和困惑，为他们提供积极的指导和鼓励。他们愿意花费额外的时间和精力，对学生的成长给予真挚的关怀，愿意不断努力、持续投入，确保每个学生都得到个性化的关心和帮助。

13. 多样文化教学经验互递

多样文化教学经验互递是教师之间或教师与学生之间相互交流和分享教学经验和知识的过程。这种互递不仅限于传统的教学方法和技巧，还包括教育理念、教学策略、班级管理经验等各方面的内容。经验互递的目的是通过共享和交流，促进教师和学生的共同成长和发展。

西部民族地区具有文化多样性，这些地区包含多个民族，每个民族都有其独特的语言、传统和文化实践。优秀的定向教师需要具备多文化融合教学的能力，能够理解和尊重不同文化背景的学生，有效地在多元文化环境中传授知识。而这些文化对于教师来讲并不能一次性获得，因此教学中的多样文化教学经验的交流能增强教师对不同文化教育方法的理解。通过与来自不同背景的同事分享经验，教师能够学习如何在课堂上更有效地结合不同文化元素，从而提升教学质量。

14. 教学影响力

优秀的西部民族地区定向教师在教育领域具有一定的教学影响力，他们不仅在学校内部受到尊重，还在当地产生积极的影响，推动教育理念在当地的传播，促进教育在当地的改革和发展。

15. 身心健康与体能维护

教育工作需要较强的体力和较好的精神状态，优秀的西部民族地区定向教师可以保持良好的体魄，能够更好地应对工作中的各种挑战。在进行关键事件访谈中，优秀组定向教师反复提及在西部农牧区工作的定向教师必须有一个健康的体魄，才能够更好地应对教学工作中的各种挑战。这意味着教师不仅在教育教学领域表现出色，还注重自身的身体健康和心理素质的培养，以应对工作带来的压力和困难。长年工作在高海拔艰苦地区，本身就具有极强的挑战性，健康的身体能够提供充沛的精力和体力，使定向教师能够更好地履行教学任务。在农牧区的特殊环境下，定向教师要面对更多的工作，比如多于普通教师的授课课时、持续到晚上的宿舍检查、学生生活照料等工作，可能需要长时间站立、走动，甚至需要进行户外教学等。健康的体魄能够在确保定向教师胜任这些工作的同时提高定向教师在高原的抵抗力和免疫力，减少生病的可能性，从而不会因健康问题影响教学工作，提升教师的生活质量和幸福感，使他们更加愿意投入到教育事业中。

16. 本土化教学资源开发

优秀的西部民族地区定向教师能够充分利用周围的教育资源，包括人力资源、教材资源和教育技术资源，以提升教学质量和效果。

综合而言，优秀的西部民族地区定向教师的这些教学胜任特征共同构成了他们在教育领域取得卓越表现的基础。这些特征不仅体现了定向教师个人素质和能力，还对学生的学习成果和发展产生重要影响。综合实践能力、教学问题解决能力、教学创新精神等能力使优秀教师能够有效地引导学生，帮助他们培养实际应用能力和创造力。在不断变化的教育环境中，教学适应能力和跨学科教学能力使优秀教师能够灵活调整教学策略，满足学生多样化的学习需求。而教学共情能力、教学影响力和经验互递等特征则有助于建立积极的师生关系，促进学生的情感发展和社会适应能力。

总之，优秀的西部民族地区定向教师的这些教学胜任特征不仅是教学工作中的重要标志，更是提升学生综合素质的关键因素。这些特征在教育实践中互相交织，共同推动了教育的进步和学生的发展。

本章小结

通过前期对国家政策文本、地方政策文本、行为事件访谈进行综合分析并提取要素，构建了优秀西部民族地区定向教师教学胜任特征结构。本章根据初步构建的胜任力结构编制了西部民族地区定向教师教学胜任力问卷，经过两轮的德尔菲专家问询，针对专家质疑的胜任要素进行了斟酌取舍，最终形成了基于知识特征、技能特征、教学特征、成就特征、自我特质五个一级维度和 42 个二级要素构成的西部民族地区定向教师教学胜任力结构与要素。

根据西部民族地区定向教师教学胜任力结构与要素编制“西部民族地区定向教师教学胜任力问卷”并进行预测和正式施测两轮实证检验。得出西部民族地区定向教师教学胜任力问卷整体 *Cronbach's Alpha* 系数在 0.921 以上，五个一级维度的 *Cronbach's Alpha* 系数在 0.919 以上，问卷的整体自评具有较高的内部一致性。各个维度的信度表现也较为良好。知识特征维度的 *Cronbach's Alpha* 系数为 0.919；技能特征维度的

Cronbach's Alpha 系数为 0.935；教学特征维度的 *Cronbach's Alpha* 系数为 0.957；成就特征维度的 *Cronbach's Alpha* 系数为 0.962；自我特质维度的 *Cronbach's Alpha* 系数为 0.951。这些较高的信度指标表明各个维度的问卷在内部一致性方面表现良好，能够可靠地测量西部民族地区定向教师在不同维度上的教学胜任力。

从教学胜任力一级维度的五个指标来看，西部民族地区定向教师知识特征、技能特征得分最高，教学特征，成就特征、自我特质次之。从胜任力二级要素的 42 个教学胜任特征来看，得分前六的特征分别是：综合实践能力、多样文化教学经验互递、教育教学知识、跨学科教学、（西部地区）学生发展知识、多民族文化知识。得分前六的要素涵盖了西部民族地区定向教师实践素养、专业知识、人文素质等多个方面。综合实践能力、经验互递、教育教学知识等要素强调了定向教师在实际教学中所需的专业知识和能力。综合实践能力和（西部地区）学生发展知识凸显了定向教师需要关注不同地区学生的个性化需求，注重学生全面发展。多民族文化知识的重要性反映了西部多民族地区实际教育教学的多样性，处于农牧区多民族地区的定向教师需要了解不同民族的文化背景，以更好地进行教学。

在问卷设计中，将定向教师分为优秀组与普通组，在教学胜任要素中，优秀组的教学胜任力均高于普通组，模型具备鉴别功能。42 个胜任要素中有 16 个要素能区分出优秀组与普通组，这 16 个胜任要素分别为教学探索创新、学习能力、综合实践能力、教学问题解决能力、（西部地区）学生发展知识、教学共情、国家通用语言文字与民族地区语言教学交互能力、多样化学情分析、跨学科教学能力、多学科设计与教学能力、知识整合能力、教学坚守、多样文化教学经验互递、身心健康与体能维护、教学影响力、本土化教学资源开发，说明本研究建构的西部民族地区教师胜任力量表具有较好的信度与效度。

第六章　西部民族地区定向教师教学胜任力模型应用建议

第一节　构建以教学胜任力为核心的定向教师教学规范

在当前的教育体系中，教师的教学胜任力无疑是推动学生发展和教育质量提升的关键因素。具有实践指导意义的教学规范，能使定向教师更好地适应多样化、个性化的教学需求，将教师的专业知识、教学技能、情感态度及其与学生互动有效结合，可以促进学生全面发展。

一、定向教师教学规范设计中存在的问题

（一）教学适应性不足

教学适应性不足这一问题在西部民族地区定向教师的实际工作中表现得尤为明显。西部民族地区由于其独特的地理位置、文化背景和社会经济条件，对教育提出了特殊的要求。过去的教学规范在以下几个方面可能难以满足这些地区的特定需求：第一，缺乏文化敏感性。西部民族地区拥有丰富的民族文化和语言。然而，现行的教学规范往往基于主流文化设计，未能充分考虑到这些地区特有的文化特征和教学需求，导致教学内容和方法与当地学生的文化背景不完全契合。第二，教育资源的不均衡分配。相较于发达地区，西部民族地区的教育资源相对匮乏，包括师资力量、教学设施和教材等。由于学生的背景和需求各异，需要更多的个性化教学方法。然而，在资源有限的情况下，教师往往难以满足每个学生的个别需求，尤其是在课堂人数较多时。这使得标准化的教学规范难以在资源有限的环境下得到有效实施。第三，技术应用的局限性。虽然现代教育强调科技的融合，但在基础设施较为落后的西部民族地区，高科技教学工具的应

用或多或少受到限制。这就要求教学规范既能灵活适应低科技或无科技时的教学环境，也能和现代教育技术和发展相衔接，使数字素养能力融入教学过程中。第四，教师专业发展的挑战。定向教师在专业知识和技能上可能面临发展瓶颈，尤其是在文化多样性的理解和教学方法的创新上。现有的教学规范未能提供足够的指导和支持，帮助教师应对文化多样性中教学的挑战。

（二）教学灵活性不够

在探讨西部民族地区定向教师实际工作中遇到的“灵活性不够”这一问题时，首先，需要认识到教学规范的设计和实施本应是一个动态、适应性强的过程，尤其是在如西部民族地区这样多元和复杂的教育环境中。以往的教学规范未能充分考虑地区特有的教育需求和挑战，从而限制了教师在教学方法和内容上的灵活性。例如当教学内容中无法有效地涵盖当地民族的文化特点和语言习惯时，就要求教师能够根据学生的文化背景灵活调整教学内容，但现有的教学规范可能在这方面提供的指导还不够完善，限制了教师发挥创意和适应当地文化的能力。其次，教育资源的限制也是一个重要因素。在资源匮乏的情况下，教师需要根据实际可用的教学资源灵活调整教学方法。然而，如果教学规范过于固定，未能提供足够的灵活性供教师根据实际情况进行调整，就可能导致教学效果不佳。最后，西部民族地区的学生群体在学习能力、兴趣和需求上存在差异，这要求教学方法能够更加个性化和多元化，也要求教师可以具备实施个性化教学的能力，满足不同学生的学习和生活需求。

（三）教学中的内隐特征被忽视

在西部民族地区，针对定向教师的教学实践中存在一个显著问题：教学的内隐特性被广泛忽视。这些内隐特性包括对学生个性化需求的深入理解、文化适应能力、情感支持、多语言教学技巧以及创新教学方法的应用等。在这些地区，由于文化背景的多样性和资源的限制，教师面临着独特的挑战。他们不仅需要掌握基础的教学技能，更要深入了解和尊重学生的文化和语言背景，创造一个包容和支持的学习环境。然而，由于缺乏针对性的培训和支持，这些重要的内隐特性往往未能在教学中得到充分体现。这种忽视不仅影响了教育的有效性，也可能阻碍学生的全面发展和学习兴趣的培养。

二、构建以教学胜任力为核心的定向教师教学规范建议

构建以教学胜任力为核心的定向教师教学规范，对于提升西部民族地区的教育质量和效果具有重要意义。教学胜任力作为衡量教师专业能力的关键指标，涵盖了教师的知识水平、教学技能、情感态度及对学生学习的影响力等多个方面。在多元文化和经济欠发达的西部民族地区，教师面临的挑战更为复杂，包括对文化差异的理解、资源匮乏环境下的教学创新以及如何满足学生多样化需求等。

（一）针对定向教师教学过程中的关键事件进行教学规范的设计

本研究构建的定向教师教学胜任力模型中共有 5 个类属，42 项教学胜任特征，在构建以教学胜任力为核心的定向教师教学规范时，采取了全面且细致的方法，凝练于国家、地方政策文本、文献资料、一线定向教师教学关键行为事件，确保这些规范覆盖了教学筹划、设计、实施、管理和评价的各个关键环节。具体而言，本研究中的教学规范的设计基于教学胜任力模型的五个核心维度进行构思和实施。第一个维度是“知识素养规范”，它对应的是模型中的“知识特征”，关注定向教师在学科内容、教育心理学、通识性知识等方面的知识掌握和应用能力，强调对知识的深入理解和灵活运用。第二个维度是“技术素养规范”，它对应的是模型中的“技能特征”，这一部分关注定向教师在选择和应用教学技术、数据处理、信息素养以及创设和管理多元教学环境的能力，旨在提升教师在技能层面的敏感性和创新性。第三个维度是“教学素养规范”，它包括了文化多样性在教学活动设计、教师间的协作、经验的互递、多语教学能力、教学设计的标准化以及在文化多样性环境中的教学经验传递和教学共情能力和对学生学情的准确分析。第四个维度是“教研与专业发展规范”，反映为成就特征。这一部分不仅涵盖了因材施教、以学生为中心的教学理念、教学创新、自主发展意识，还着重体现了教师在教研活动中的成就表现，如教学研究成果、教学质量提升等。这些共同构成了教师成就特征的重要组成部分。这一维度旨在通过强化教师的教研能力和专业发展意识，推动其在教学实践中的不断创新和进步。第五个维度是“自我特质规范”，它对应的是教学胜任力模型中的个人特质部分。这一部分关注定向教师的个性特征、自我认知、自我调控和自我激励能力。它强调教师应具备积极向上的

心态、坚韧不拔的毅力、良好的情绪管理能力以及自我反思和自我提升的能力。这些特质有助于教师在面对教学挑战时保持冷静和自信，不断寻求自我突破和成长，从而更好地适应和满足西部民族地区教育的特殊需求和挑战。

（二）注重教学隐性胜任特征在教学规范中的应用

在设计教学规范时，尤其是针对西部民族地区定向教师的教学，必须重视教师的隐性胜任力。依据 Spencer 在 1993 年提出的胜任力冰山模型，胜任力可以分为两类：一类是容易被觉察和评估的显性胜任力，如技能和知识；另一类是更深层次、隐藏于“冰山”之下的隐性胜任力，包括自我概念、动机和个性特征等。显性胜任力虽易于识别和培养，但真正能深刻影响和决定定向教师工作表现的，往往是那些不易被直接测量和观察到的隐性胜任力。

在西部民族地区的教学环境中，教师的知识特征、技能特征和教学特征构成了他们的显性胜任力。这些能力可以通过传统的培训和教学实践加以提升。然而，更为关键的是成就特征和个人特质这两类隐性胜任力。这两类隐性胜任力包括定向教师的价值观、态度、情感智力、适应性以及对挑战的应对能力等，它们在教学环境中尤为重要。这些隐性特征不仅影响教师与学生的互动质量，还决定了教师在面对技术挑战和文化差异时的适应性和创新能力。

因此，在设计针对西部民族地区定向教师的教学规范时，不仅要考虑提升他们的教学技能和知识水平，更要关注培养他们的隐性教学胜任力。通过综合培训和实践，增强定向教师的自我认知、情感管理能力和跨文化适应性，从而全面提升他们的教学效果和专业发展。这样的教学规范将更加全面和有效，能够真正满足西部民族地区教育的特殊需求。

在目前的教学规范设计中通常看到教师将重点放在了知识掌握、技能应用、教学方法和管理能力等显性胜任特征上，而对那些更为深层的、隐性的胜任特征却往往未予足够重视。这些隐性特征如因材施教、以学生为中心的教学理念、教学探索创新精神、教学共同体意识以及成就动机等，虽不易直接观察，但对教学的影响却是深远且根本的。例如，教师是否能够深入理解学生的个性化需求，是否能与志同道合的同行展开合作和资源共享，在文化多样性教学环境中实现有效的教学经验互递，这些隐性能力并非直接通过行为表现出来，却在实际教学中极为关键。此外，定向教师个人的价值追求、扎根意愿、教学坚持和信念如何与教学实践中的挑战和困境相结合，展现出的成就动机，对在线教学的实施和成效也有着不可忽视的影响。

在多元和动态发展的民族地区教学环境中，定向教师需要对教育和教学问题有深入的理解，并能适应不断变化的新环境和新任务。明确和理解定向教师在特定教育环境下的职责和任务。在西部民族地区，定向教师不仅是知识传授者，还可能需要成为文化传承者、社区参与者和创新引领者。通过明确角色定位，定向教师能够更清楚地认识到自己在教育系统中的地位和作用，从而更好地发挥自己的职能和影响力，这要求他们不仅要掌握专业的教学技能，还需要理解和尊重当地的文化背景，以及能够适应并积极参与当地社区的发展，还要求定向教师具备持续学习的态度和自我反思的能力。因此，在设计教学规范时，应全面考虑定向教师的隐性胜任力，加强对这些深层次特质的培养和支持，以促进定向教师在复杂多变的教学环境中更好地实现个人目标和教育目标，从而提升整体教学质量和效果。

（三）突出教学规范中定向教师在教学中的共同体意识、教学经验互递和协作教学行为

前期的研究表明，优秀定向教师在教学共同体意识和文化多样性教学经验互递等方面，和普通的定向教师存在差异。在设计教学规范时，强调定向教师共同体间的协作和互动至关重要，尤其是在民族地区的教育背景下。相较于教学中的单打独斗，民族地区的教育实践更多依赖于教师团队的合作精神和教学资源、经验的共享。这意味着定向教师在个人发展和教学活动的策划、实施过程中，需要主动与志同道合的同事建立合作，共同开发和分享教学资源，有效地传递教学经验。在这种合作的过程中，定向教师能够相互学习、共同成长，并且在互动中获取隐性知识，从而提升整体的教学水平。

例如，在农牧区的教学点，教学活动通常不是由单个教师独立完成的，而是通过教学点驻点教师与走教教师之间的紧密协作实现的。这种协作不仅包括课前的教学准备、课堂教学，还涉及课后的评价和反馈，既要求定向教师在教学设计和执行方面的协同，也要求在教学评价和调整中相互配合。因此，制定专门的教学规范来指导这种协作模式是至关重要的

（表 6-1）。

此外，定向教师共同体的有效运作还需要每位成员具备平等、有效的沟通能力和建立信任的能力。这不仅限于定向教师之间的互动，也包括与其他教师、学生的交流。在这样的教学环境中，教师应当鼓励开放的讨论，尊重每位成员的观点，共同探索最佳的教学方法和策略。

表 6-1　西部民族地区定向教师教学共同体及教学经验互递行为示例

课前	（定向） 驻点教师	1. 课程准备： 确定教学目标和核心内容。 准备教学材料和辅助工具。 规划课堂活动和学生参与方式。 2. 环境布置： 检查教室设施，确保教学环境适宜。 布置适合本次课程主题的教学环境。 3. 学生情况汇总： 收集并整理学生的学习背景和需求信息。 针对特殊需求学生制定适应性教学策略。 4. 与走教教师沟通协调： 与走教教师共享课程目标、教学计划和学生信息。 讨论并确定各自的教学职责和协作方式。 5. 学生预习指导： 指导学生进行课前预习。 准备引导问题和讨论话题，激发学生兴趣。
	走教教师	1. 教学计划研究： 研究驻点教师提供的教学计划和材料。 了解学生的学习背景和需求。 2. 教学内容补充： 根据自身专长和教学经验，补充或调整教学内容。 准备额外的教学资源或活动以丰富课程。 3. 与驻点教师沟通： 确认教学分工和课堂活动的具体安排。 讨论如何有效结合各自的教学风格和方法。 4. 教学方法和技巧准备： 根据学生特点和教学内容，准备相应的教学方法和技巧。 计划如何引导学生参与和互动。 5. 处理学生反馈： 了解学生对预习材料的反应和理解情况。 准备根据学生预习情况调整教学计划。

（续）

课中	（定向）驻点教师	1. 主导课程开展： 引入课程主题，激发学生兴趣。 展示核心教学内容，确保学生能够理解。 2. 课堂管理： 维持课堂秩序，保持良好的学习环境。 观察学生反应，及时调整教学节奏和方法。 3. 学生互动引导： 鼓励学生提问和参与讨论。 组织小组活动，促进学生间的合作学习。 4. 与走教教师协作： 在特定环节交接给走教教师，如深入探讨、专题讲解等。 协助走教教师理解学生反馈，共同优化教学过程。 5. 学生表现记录： 记录学生在课堂上的表现和进步。 关注学生的参与度和学习态度。
	走教教师	1. 辅助教学内容展开： 在驻点教师的基础上补充和深化教学内容。 提供不同视角或专业知识，丰富教学内容。 2. 参与课堂互动： 参与学生讨论，提供指导和反馈。 与学生互动，增强学生的学习动力。 3. 专题讲解或活动引导： 负责特定专题的讲解或组织相关活动。 利用自身专长引导学生进行深入探究。 4. 与驻点教师协调： 根据课堂进展与驻点教师进行即时沟通和调整。 确保教学活动的连贯性和一致性。 5. 观察和反馈学生表现： 观察学生对教学内容的反应和理解。 课堂结束后与驻点教师共同讨论学生表现，进行评估。
课后	（定向）驻点教师	1. 课堂回顾与总结： 总结课堂重点，强调学习要点。 根据学生的表现和反应，进行课堂效果评估。 2. 学生作业布置与指导： 布置适合的作业，确保学生能够巩固和深化课堂所学。 提供作业指导，确保学生完成目标和要求。 3. 与走教教师协商和反馈： 与走教教师共同讨论课堂情况，交换观察和感受。

（续）

	（定向） 驻点教师	针对学生的学习情况和需求，进行教学策略的调整。 4. 学生学习跟踪与支持： 关注学生的作业完成情况和学习进度。 提供必要的辅导和支持，帮助学生解决学习中的问题。 5. 家长沟通与协作： 与家长沟通学生的学习情况和表现。 鼓励家长参与孩子的学习过程，形成家校合力。
课后	走教教师	1. 课堂反思与评价： 反思自己的教学方法和效果，评估学生的反应和学习情况。 将反思和评价结果与驻点教师共享，共同寻求改进方法。 2. 补充教学资源与资料： 根据课堂情况，提供补充资料和资源，加深学生对课程内容的理解。 策划额外的学习活动或扩展材料，丰富学生的学习体验。 3. 课后辅导与答疑： 为学生提供课后辅导，帮助他们理解难点和关键概念。 及时解答学生的疑问，确保他们掌握课程内容。 4. 共同制定教学改进计划： 与驻点教师一起制定针对未来课程的改进计划。 讨论如何结合双方的优势，更有效地提升教学质量。 5. 持续的专业发展与学习： 反思和学习新的教学方法和技巧，不断提升自己的教学能力。 与驻点教师和其他同行交流经验，共同进步。

定向教师共同体的协作还应超越单一学校或教学点的界限，延伸到更广泛的区域和网络。通过建立区域或民族地区的定向教师教学网络点、民族地区教学网络点，教师可以相互交流成功经验和面临的挑战，共同探索适应特定文化和地理环境的教学策略。这种广泛的协作和交流不仅能提升教师个人的教学能力，还能促进整个民族地区教育水平的提升。

第二节　以鉴别性教学胜任力为导向实施教学培训

本研究形成了16项具有鉴别性的教学胜任力特征，实施以鉴别性教学胜任力为导向的定向教师教学培训能够精准地识别并强化定向教师在实际教学中所需的关键能力。特别是在西部民族地区，这种以鉴别性能力为核心的培训可以帮助教师更好地适应特殊的教学条件和学生需求。鉴别性教学胜任力关注的是那些能够明显区分优秀教师与一般教师的核心能力，如综合实践能力、国家通用语言文字与民族地区语言交互教学运用能力、教学问题解决能力、教学探索创新、（特定地域）学生发展知识、教学共情、跨学科教学能力、本土化教学资源开发、教学坚守、经验互递等。通过这样的培训，定向教师能够更深入地了解和掌握教学的精髓，提升自身的教学技巧和专业水平。

一、定向教师培养中存在的问题

（一）定向教师培养需求泛化与精细化培养对接的错位

在分析定向教师培养需求泛化与精细化培养对接的错位时，首先需要理解这一现象的本质：在民族地区的教育环境中，对于定向教师的培养需求往往呈现出一种泛化趋势，而没有针对性地细化到具体教育实践和地域文化的特殊性。这种泛化的需求在某种程度上忽视了民族地区教育的特殊性，如文化多样性、语言差异、资源限制等因素。

由于这种泛化的需求设定，定向教师培养计划往往缺乏对于具体教学场景的深入理解和精细化的设计。在实际教育过程中，这种缺乏针对性的培养方式可能导致定向教师难以有效应对具体的教学挑战，比如如何融入当地文化、如何应对学生的多元语言背景以及如何在资源有限的情况下创新教学方法等。

泛化的培养需求与精细化培养之间的错位还表现在对定向教师个人发展需求的忽视上。在民族地区，教师不仅是知识的传递者，更是文化的传承者和社区的重要成员。他们的个人成长、文化适应能力以及与社区互动的技巧同样重要。因此，定向教师培养计划需要更加关注教师的个性化需求和特定环境下的角色定位。

值得注意的是，在分析西部民族地区定向教师培养的需求泛化与精细化培养对接的错位问题时，民族地区对定向教师需求的提法是一个关键的观察点。通常情况下，这些需求被描述为数量多少、涉及哪些科目以及需要在哪些地区服务等。然而，这种描述方式忽略了对定向教师更深层次能力和特质的需求，如文化适应能力、教育创新能力以及对学生多元需求的敏感性等。

由于这种泛化的需求表述，西部民族地区定向教师的培养计划往往只关注于满足基本的数量和科目需求，而未能深入挖掘和应对教育实践中的具体挑战。这种培养策略的局限性在于无法有效地培养教师使其适应和满足民族地区多样化和复杂的教学环境。例如，如何在多语言环境中进行有效教学、如何在资源匮乏的情况下创新教学方法以及如何处理不同文化背景下的学生互动等问题，都需要在培养计划中得到更细致和深入的考虑。

此外，这种泛化的需求描述还忽略了教师个人的成长和职业发展需求。民族地区的教育环境不仅需要教师具备扎实的学科知识和教学技能，还需要他们有强烈的社区责任感、文化敏感性以及持续自我发展的意愿。因此，西部民族地区定向教师的培养计划需要从单纯的数量和科目需求转向更全面、更深入地考虑教师的全方位发展，以便更好地适应和满足民族地区特有的教育需求。

总之，民族地区对定向教师的需求表述的泛化与培养计划的精细化对接错位，揭示了当前教师培养体系在满足特定教育环境需求方面的不足。只有深入理解民族地区的具体需求，并在培养计划中综合考虑教师的专业技能、个人发展以及文化适应能力，才能有效地弥合这一鸿沟。

（二）定向教师教学精准培训方案的缺失

在探讨定向教师培训内容泛化问题时，我们首先要认识到当前培训体系中存在的根本缺陷。这一体系往往采取一种“一刀切”的通用培训模式，试图用统一的教学方法和理念来适应各种教育环境。然而，这种方法在西部民族地区显得尤为不足，因为它忽视了该地区独特的教育需求和挑战。

第一，存在培训内容的泛化问题。在现有的定向教师培训体系中，通常采用的是一种适用于广泛教育环境的通用培训模式，这种模式往往忽略了西部民族地区的特殊教育需求和挑战。西部民族地区的文化多样性要求教师不仅要掌握基础的教学技能，更要具备跨文化交际和教学的能力。但是，通用的培训模式往往缺乏对这种文化敏感性和多元文化教学方法的培养，导致教师在实际教学中无法有效应对不同文化背景学生的需求。例如，这些地区的文化多样性、语言差异以及学生的独特学习背景等都未能在培训内容中得到充分体现和关注。第二，培训方法的不适应性。标准化的培训方法可能无法有效地应对西部民族地区的实际教学情况。例如，缺乏对多语言教学技巧、跨文化交流能力和创新教学方法的培训，使得定向教师在面对具体教学场景时感到力不从心。第三，培训资源的分配不均也是一个重要问题。西部民族地区可能面临教师专业发展资源的匮乏，如专业培训师资、教学材料以及实践机会等，这使得教师难以获得有效的培训和提升。然而，标准的培训课程往往假设教师能够获得充足的教学资源，未能提供在资源受限情况下的创新教学策略，使得教师在资源贫乏的环境中难以发挥最佳教学效果。第四，定向教师培训评估和反馈机制的缺失问题。在很多情况下，培训效果的评估并不充分，缺乏对定向教师教学实践的持续跟踪和反馈，导致培训效果难以得到实时监控和调整。

现行的定向教师培训内容在西部民族地区表现出明显的泛化问题，未能针对西部民族地区的特殊教育环境进行精细化设计和调整。这种缺乏针对性的培训不仅限制了定向教师能力的发展，也影响了教育质量的提升和学生学习的有效性。因此，迫切需要对培训体系进行深入的改革和优化，以更好地满足西部民族地区的具体教育需求。

二、以鉴别性教学胜任力为导向实施教学培训的建议

（一）加强西部民族地区定向教师需求方与培养方之间的深度合作与对话

1. 精准培养匹配需求

精准培养匹配需求，指的是在定向教师培养过程中，根据西部民族地区的实际需求和特点，有针对性地开展培养活动，以确保培养出的定向教师能够真正满足西部民族教育实际的需求。这一理念强调将定向教师培养与实际教学工作紧密结合，使培养过程更具有针对性、实用性和有效性。

精准培养匹配需求的核心在于深入了解民族地区学校需求和教育背景。首先，培养方需要通过与西部民族地区教育行政部门、学校、主管领导、一线教师进行深入的沟通和对话，通过座谈会、问卷调查、个别访谈等方式全面把握当地教育的需求，了解在教学实践中遇到的问题、面临的挑战以及发展方向。根据需求方的需求，精心设计定向教师培养内容和方式，这意味着培养方需要根据西部地区的实际教育教学情况，制定相应的培养计划和课程安排，培养内容应当与西部民族地区教师实际工作密切相关，具有实际操作性。在西部民族地区，寄宿制学校是教育的主要形式之一。学生从小学一年级起就开始寄宿，他们在学校内生活、学习和成长，形成了独特的学习环境和教育需求。这就要求定向教师不仅要具备优秀的

教学能力，还需要具备管理和关怀学生的能力。因此，在定向教师的培养过程中，需要重点培养他们的教育管理能力和情感教育能力，使他们能够更好地满足寄宿制学校的特殊需求。

西部边远的农牧地区通常面临教育资源匮乏的情况，学校条件相对简陋。定向教师不仅要具备多学科教学能力，还需要具备创新能力和资源整合能力。在培养过程中，可以通过模拟教学、案例教学等方式，让定向教师在相对有限的条件下进行教学设计和教学实践，培养定向教师在资源有限的情况下创造性地进行教学的能力。考虑到西部民族地区的特殊情况，定向教师培养还需要注重实际操作性，培养过程可以融入实际教学实践，适当调整并延长每学期进入民族地区见习与实习的时间，让定向教师亲身体验农牧地区教育的真实情况。同时，可以邀请有丰富民族地区教育经验的教师进行实地指导，帮助新教师更好地适应和融入教育环境。在西部多民族农牧地区，学生的家庭背景和文化差异较大，这对定向教师的跨文化教育能力提出了挑战。因此，在培养中需要加强他们的跨文化沟通和理解能力，使他们能够更好地与学生及其家庭进行有效的交流和合作。

2. 协同探索定向教师教育合作共同体

西部民族地区教育面临着独特的生存与学习环境和条件，包括学校分布分散、资源匮乏、师资不足等问题，这使得定向教师在教育实践中需要面对更多的挑战。培养单位与当地政府、学校协同探索定向教师教育合作共同体，能共同探索有效的教育模式和方法，在定向教师培养过程中分享教师培养经验、教学经验，共同解决教育难题，促进定向教师之间的交流与合作，还可以促进不同学校、不同地区之间的合作与资源共享。这有助于充分利用有限的教育资源，提高资源利用效率，实现优势互补，为农牧区学生提供更全面、优质的教育服务，提高农牧区教育的质量和效果。

在开展协同探索定向教师教育合作共同体中，首先要确定共同体目标与理念。明确建立合作共同体的目标、合作的方向，确保各方都有共同的认知和期望。在成员招募与组织过程中，注重邀请不同学校、不同年级的定向教师加入合作共同体，形成一个跨学校、跨年级的定向教师团队。可以通过学校、教育局等渠道进行招募，确保成员的多样性和代表性。其次，建立合作共同体的运作机制，明确成员的职责与权利，制定合作规则和流程，确保合作顺利进行。可以设立合作委员会或工作小组，负责组织和协调合作活动。积极组织开展各类合作活动，如常规教学研讨会、教学观摩、教学设计比赛等，鼓励成员之间的互动与交流。由于西部地区地域辽阔，空间跨度大，实地的观摩可能不易实现，可以借助线上线下相结合的方式，进行教学资源分享、经验交流等活动。再次，鼓励定向教师在教育实践中共同探索创新的教育模式和方法，邀请高校课程专家与省市级优秀教师参与到工作当中，定期开展教学研究、行动研究等活动，不断总结经验和教训，推动教育实践的创新和改进。在积极利用国家智慧教育平台的同时，建立农牧区定向教师资源共享平台，成员可以在平台上分享教学资源、教案、教材、教具等，实现资源互助与支持。同时，也可以利用平台进行问题求助与答疑，促进成员之间的互助与支持。定期对合作共同体的运作进行评估，收集定向教师的反馈意见，发现问题并进行改进。可以根据评估结果进行调整和优化，确保农牧区定向教师合作共同体的持续发展和有效运作。

（二）制定西部民族地区定向教师针对性培训方案

西部民族地区的地理、人口特点、学生群体特点、文化传统、学生成长背景、教育环境与城市地区存在显著差异。本研究显示，是否了解省情、当地多民族文化知识、西部民族地区学生发展知识是鉴别西部民族地区优秀定向教师与普通定向教师的重要胜任特征。工作于西部民族地区的定向教师需要了解这些差异，才能有针对性地进行教学和教育管理。对在职定向教师进行针对性培训可以帮助定向教师更深入地了解西部民族地区学生的需求和特点，提升西部民族地区定向教师教学胜任力。

1. 结合之前的研究结果，可以制定一套有针对性的西部民族地区定向教师教学胜任力提升培训方案

培训目标包括“提升定向教师的教育教学水平，使其能够更好地适应西部民族地区教育环境的需要”“培养定向教师的跨学科教学能力，使其能够胜任多学科教学任务”“培养定向教师的教学问题解决能力和创新能力，使其能够灵活应对教育实践中的挑战”“增强定向教师的教学共情能力，使其能够更好地理解和关心西部民族地区学生的需求”“培养定向教师的专业成长意识，鼓励教师不断学习和提升个人教育素养”五个目标。

培训内容可以涵盖六个方面。①西部民族地区教育特点和挑战：介绍

西部民族地区教育的特点、问题和挑战，帮助定向教师深入了解所在地区的教育环境。②跨学科教学培训：为西部民族地区定向教师提供多学科教学方法和策略的培训，帮助定向教师在教学中融合不同学科的知识和技能。③教学问题解决与创新培训：培养西部民族地区定向教师的教学问题解决能力和创新能力，通过真实案例分析、讨论等方式提高定向教师的创造力和解决问题的能力。④教学共情与心理支持培训：培养西部民族地区定向教师的教学共情能力，提供心理支持技巧、教育心理学、发展心理学、高原儿童心理学等方面的培训，使定向教师能够更好地理解当地学生需求并提供关爱和支持。西部民族地区定向教师在教学过程中会遇到各种与学生心理健康相关的情况，如在多民族西部民族地区，不同民族的学生可能面临文化认同和身份困扰。多民族聚集的客观现实，决定了学生拥有在多个文化环境中成长的经历，学生既要适应传统的本民族文化，又需要融入主流文化，这种身份的多重性会导致学生产生认知上的不安全感和矛盾感，影响心理健康。本研究在实地调研中还发现西部民族地区学生的家庭生活受到各种因素的影响，如经济困难、农牧业收成波动等，一些学生可能经历家庭变故，如父母离异、失去亲人等，导致他们产生情感困扰和心理创伤，地理条件和文化差异，使学生之间的交往可能受限，导致他们感到孤独和隔离。定向教师作为学校中与学生接触时间、空间最长最广的"家长角色"教师，有必要关注并及时干预这些问题，为学生提供关键的心理支持和帮助，促进他们的健康成长和发展。而在访谈中发现，部分定向教师对这一部分的知识与技能的欠缺，使得教师个人工作开展受到局限与束缚。此外，教学共情与心理支持培训也有助于提升西部民族地区定向教师的自身情感健康。在西部民族地区的工作环境中，定向教师可能会面临较大的工作压力和情感疲劳，通过培训，教师可以学习如何更好地管理自己的情感和压力，保持积极的情绪状态，提高工作满意度和幸福感。⑤教育技术应用培训：教育技术在现代教育中扮演着至关重要的角色。随着信息技术的发展，教育技术已经成为教育领域的一个重要组成部分。西部民族地区教师的工作环境和学生群体较为特殊。在西部民族地区，学生的家庭背景、文化传统等与城市地区存在较大的差异，教育资源也可能相对匮乏，本研究的访谈数据显示，工作在西部民族地区的定向教师需要同时面对多个年级和学科的教学任务，工作量较大，而教育技术的应用可以提高教师的教学效率，弥补这些差距。利用网络课程、在线资源等，可以为西部民族地区学生提供更广阔的学习机会和知识渠道。教师可以利用多媒体教学、在线评价等工具，更高效地完成教学任务，应对教学中的各种挑战，释放出更多的时间用于教学设计和个别指导。通过教育技术应用培训，西部民族地区定向教师可以学习如何利用教育技术来丰富教学内容，满足学生多样化的学习需求，有效地传授知识，提高教学效果，提升个人工作胜任力。⑥教育研究和自我成长培训：培养定向教师的教育研究意识，鼓励西部民族地区定向教师进行实地教育实践的研究和反思，推动自我成长。

培训方法可以以线下研讨会、在线培训课程、实践活动、同行互助等方式进行。本研究结果显示，优秀组的西部民族地区定向教师在经验互递方面与普通组定向教师存在差异，具备优秀胜任力特征的西部民族地区定向教师更注重与同事间的互助与经验分享，这可能与西部民族地区的教育资源相对有限，学校可能缺乏足够的教学设施、教材和培训机会有关。在这样的环境下，定向教师之间往往需要互相帮助，分享各自的教学经验、教材资源和有效的教学方法，以弥补资源不足。另外，从访谈记录中梳理出在偏远地区工作的定向教师，面临更为强烈的孤独感和压力，与普通地区普通教师之间的交流不足以帮助西部民族地区定向教师解决在发展中遇到的困难与问题，必要的相同情境与环境中的同行互助与经验互递可以提供情感上的支持，在倾诉过程中分享彼此工作中的困难和挑战，减轻压力，获得情感上的共鸣和归属感。

培训前期，可以借鉴本研究中的西部民族地区定向教师教学胜任力问卷，进行培训前测与后测，以评估培训的效果和提升情况。定期收集西部民族地区定向教师的培训反馈意见，了解培训内容和方式的满意度，根据反馈意见进行调整和改进，设立定期评估机制，对培训方案进行定期评估，根据评估结果进行持续改进和优化。

2. 制定差异化的定向教师培训和支持计划

研究结果显示，由于寄宿制学校的教师在教学组织管理和学情分析方面表现较好，可以重点强化他们在多学科教学设计与实施能力方面的培训，以提高他们在创新教学方法和技术应用方面的能力。同时，鉴于寄宿制学校学生的特殊性，还需要加强教师在学生心理健康和情感支持方面的培训。

对于走读制学校的教师，由于他们在多学科设计与教学能力方面更为突出，可以进一步加强他们在特定区域开展教学和教学组织管理方面的培训。此外，鉴于走读制学校更加依赖社区资源，可以增加关于社区参与和合作的培训，帮助教师更好地利用社区资源，提高教学的实效性和地方适应性。

3. 制定有针对性的定向教师专业发展计划

前期研究表明，在西部民族地区，定向教师的教学胜任力随着教龄的增长而呈现出显著的多样性。根据本研究形成的知识特征、技能特征、教学特征、成就特征和自我特质 5 个一级教学维度，42 个定向教师教学胜任力模型要素和 16 条鉴别性教学胜任要素，结合对教师专业发展理论的深入研究和对定向教师实际工作情况的研究观察，将定向教师教龄分为四个阶段：1～2 年、3～5 年、6～0 年和 11 年以上。本研究发现，拥有 6～10 年教龄的定向教师在积累了丰富的教学经验和深厚的专业知识之后，表现出更高水平的教学问题解决能力和教育教学技能。而教龄较短的教师则更加专注于提升学习能力和教学创新，不断通过学习和实践来增强自己的教学胜任力。教龄为 3～5 年的教师在条理性、教学筹划和教学资源开发等方面表现出色，显现了他们在职业发展初期的积极进取和成熟稳健。这一发现提供了对于不同阶段定向教师教学胜任力特点的全新理解，为进一步的教师专业发展和培训提供了宝贵的参考。据此，可以制定有针对性的定向教师专业发展计划（表 6-2）。

表 6-2　不同教龄定向教师培训学习任务

教龄	培训学习任务	培训理由	任务序列	难度说明
1～2 年	1. 基础教育理论 2. 教学方法的培训，帮助他们快速适应 3. 提供必要的支持和资源	新教师需要理论和实践的基础知识以快速适应教学职责与教学工作。促进他们的快速成长	理论学习：教育基础理论、教学方法论 ↑↓ 实践模拟：课堂教学模拟、案例分析 ↑↓ 创新与探索：参与教学创新项目，实践教学方法探索	难度相对较低，重点在于基础知识的建立和实践技能的初步培养

（续）

教龄	培训学习任务	培训理由	任务序列	难度说明
3～5年	1. 强化在教学筹划、条理性及教学资源开发方面的能力 2. 通过案例研讨、工作坊等方式，提供实践中的学习机会，使他们能够更好地管理和优化教学过程	此阶段教师需要提高教学过程的组织和管理能力	教学筹划：学习高效教学计划的制定 ↑↓ 条理性发展：案例研讨，提高信息整合和处理能力 ↑↓ 本土化资源开发：参与工作坊，学习如何开发和利用教学资源	难度中等，要求教师具备一定的教学经验和综合能力
6～10年	1. 重点放在进阶的专业知识和领导力培养上 2. 鼓励他们参与教师培训和指导新教师的工作，以传承经验和知识	具有丰富经验的教师需要进一步提升专业水平和领导能力	高级专业知识：深入学习专业领域知识 ↑↓ 领导力培养：学习领导技巧，参与管理层培训 ↑↓ 导师制：指导新教师，传承经验	难度较高，需要教师在专业知识和领导力上都有所提升
11年以上	1. 提供更多关于教育创新、策略研究和高级教学技能的培训 2. 鼓励他们在教育研究和学术活动中发挥更大的作用，成为学校和地区内的教学带头人	资深教师应成为教育创新和研究的领导者	教育创新：参与最新教育技术和方法的研究 ↑↓ 策略研究：深入探索高级教学策略和方法 ↑↓ 学术领导：参与教育研究项目，发表学术成果	难度最大，要求教师具备高级研究能力和深厚的教育背景

第三节　基于教学胜任力模型设计定向教师教学评价策略

西部定向教师教学胜任力模型，是根据教师在教学岗位上的优异表现精心构建的能力集群。该模型涵盖了五大类胜任力要素和42个精细划分的胜任特征因子，每个因子都有明确的定义、五个层级评价标准及对应的行为描述。这些特征因子不仅源于定向教师的实际教学行为，而且具备动态变化的特性，与工作任务紧密结合。因此，该模型不仅可以预测定向教师的教学行为表现，还具备清晰的界定和明确的分级功能，便于进行准确评估。

这种基于教学胜任力的评价模型越来越多地应用于实际评价中，其作用主要体现在选拔、培训和个体发展三个方面。对于西部民族地区的定向教师而言，这种评价模型的核心目的在于确保他们具备胜任该地区特殊教学环境的能力，同时能够展现出高效的教学行为和结果。教学胜任力模型正好满足了评价指标体系的内在要求，它不仅具有高度的预测性和量化性，而且易于评估，为构建科学、全面的评价体系提供了坚实的基础。这种模型的应用，对于提升教师教学质量、促进其职业发展，推动整个西部民族地区教育水平的提高具有实际作用。

一、西部民族地区定向教师教学评价中存在的问题

尽管科学的评估对于促进定向教师的成长和技能提升至关重要，但目前西部民族地区的定向教师评价体系尚不完善，这限制了一线教师依据科学标准推动自身职业发展和自我完善。本研究的调研数据显示，约 75% 的定向教师反映，在教学实践过程中，他们的教学能力有所增强；同时，有近一半的教师认为，在民族地区的教学实践中，与同行的交流合作及经验分享，有效促进了他们的专业成长。然而，多数定向教师在访谈中指出，针对他们的教学过程和成果并未形成特别的评价体系。部分学校仅通过学生考试成绩进行总结性评估，且这种评估常与普通教师相比较，呈现出单一的评价指标，忽视了教学过程的重要性。此外，尽管一些学校尝试采用自评、互评和专家评的综合评价方式，增加了评价主体的多样性，但仍存在过于主观的问题。例如，普林斯顿教育研究所（Educational Testing Service，简称 ETS）的教师效能研究致力于教育评估和相关研究，包括基本教学技能、学科知识、教师效能研究，旨在提供数据支持，以帮助制定有效的教育政策和改进教学实践，其中具体教师的具体教学行为就显得尤为关键。研究访谈中有教师指出，定向教师因其职前培养采取的是定制化、高度专注的方式，使得他们在日后的教学工作中展现出与常规培

养教师不同的特质和成效。这种差异虽不是短期内即可显现，但在教师考核时，应当对这些潜在的、独特的能力加以重视和识别。简而言之，考核体系需要对定向教师的这些隐性优势予以足够的认可和评价，确保他们的特殊培养和专业发展得到合理的体现和应有的重视。

在现实中，教师们普遍反映当前评价方式过于依赖打分，缺乏多元化的评价策略，这不仅难以准确揭示教学过程中的不足，也无法有效发挥评价在教学改进中的功能性作用。因此，当前评价体系对于定向教师的职前培养和职后专业提升的作用十分有限。针对这一现状，亟须构建一个更为全面、科学和有针对性的评价体系，以促进定向教师在专业技能和教学实践方面的全面发展。

西部民族地区定向教师当前的教学评价体系主要存在以下问题。

首先，评价目标发生偏移。多数学校的教师评价主要关注职位评定、晋升及评优等方面，而非真正的教学能力的提升。在此过程中，评价指标往往显得主观和随意，缺乏明确界定，导致评价效度受损。为此，建议建立以教学质量和教师专业发展为导向的评价体系，明确量化和定性指标，确保评价的客观性和公正性。

其次，评价导向出现偏移。当前的评价体系倾向于强调量化的显性成果，忽视了定向教师教学过程中的形成性评价。为改进这一点，建议引入多维度评价体系，注重定向教师的教学投入、态度、理念和效能等胜任力的综合评估，从而更全面地反映定向教师的教学能力。

最后，现有的评价体系不够完善。许多学校的评价方法无法全面反映定向教师的知识、能力、态度、精神和品质。因此，提倡构建科学、全面、客观的教师教学评价体系，结合定性评价和定量评价，深化指标的细化和量化程度。利用这样的评价体系，提高民族地区的教学质量和教师队伍的整体素质。

二、基于定向教师教学胜任力模型设计定向教师教学评价策略建议

（一）设置与多维度教学胜任指标匹配的评价体系

结合本研究得到的 42 个西部民族地区定向教师教学胜任力要素，构建一个综合性的评价体系，意味着要全面考量定向教师在教育教学领域的

多方面能力和表现。第一，关注教学技能与多学科知识。在评价体系中应重视定向教师在多学科背景下的教学技能，关注教师如何将不同学科的知识有效融合并传授给学生。这包括教师对所教学科的深入理解及跨学科教学设计的能力。第二，注重学情分析与对民族地区文化多样性的理解。特别强调定向教师在文化多样性背景下与学生的互动能力，如何与不同文化背景下的学生建立有效沟通，促进他们的共同学习。第三，课程设计与本土化教学资源开发。考量定向教师在课程设计方面的创新能力，特别是如何开发和利用符合西部民族地区特色的教学资源，以及如何设计符合本土文化背景的教学活动。第四，教学反思与持续学习。评价定向教师在教学过程中的反思能力以及对持续专业发展的态度，这涉及定向教师如何根据教学经验和学生反馈调整教学策略，以及他们如何进行自我提升和学习。

（二）完善定向教师教学成果长期跟踪评估体系

定向教师的教学能力和专业成长是一个复杂且渐进的过程，它们的完全体现和准确评估通常需要较长的时间周期。这一点可以从以下几个方面进行更深入的阐释。首先，教学能力的提升并非一蹴而就，而是一个持续的学习和成长过程。定向教师在职业生涯早期可能更多地专注于基础教学技能和课堂管理，随着经验的积累，他们会逐渐发展更深层次的教学策略，比如课程设计创新、学生差异化教学、跨文化交流能力等。这些高级技能往往需要时间和实践来磨炼。其次，专业成长不仅限于教学技能的提升，还包括教育理念的深化、教育研究的参与以及专业网络的构建。这些方面的成长通常随着教师对所教学科和教育领域的深入理解逐步展现，需要经历不同阶段的探索和积累。最后，定向教师在特定教育环境下，面临的挑战和需求与一般教育环境不同。他们需要时间来适应这些特殊环境，掌握如何在文化多样性背景下进行有效教学。这种适应过程涉及深入理解当地文化、学生需求及社区特性，这是一个长期的学习和实践过程。

而短期内的评价可能只能捕捉到定向教师能力的表面情况，无法全面反映他们的深层次教学能力和专业成长。长期的、综合的评价机制能更准确地捕捉定向教师的真实水平和潜在能力，从而促进他们的持续发展。

基于此，建议实施长期跟踪评估。第一，定期评估。设定固定的时间周期（如每学期、每学年）对定向教师的教学表现进行评估，以获取连续的数据和反馈。第二，建立职业发展档案。建立教师的职业发展档案，记录其教学实践、专业培训、学术成就等方面的信息。这种档案随时间累积，可以更全面地展示教师的职业成长轨迹。第三，采取多元评价方式。结合自我评估、同行评价、学生反馈和管理员评价等多种方式，以获得更全面的评估结果。第四，长期目标设定与追踪。帮助定向教师设定长期的职业发展目标，并定期检查其实现情况。例如，可以设定提高学生学习成绩、参与专业学术会议、发表教学研究成果等具体目标。第五，定期的教学观察与反馈。定期对教师的课堂教学进行观察，并提供具体的反馈和建议，帮助定向教师及时调整和改进教学方法。

（三）根据不同评价目标制定个性化评价指标与策略

明确评价目标是制定有效评价策略的首要步骤。具体而言，这一过程涉及以下三个方面。

第一，涉及定向教师职业发展的目标。

在这个目标下，评价主要关注教师个人的成长和进步，比如教学技能、专业知识、教育理念的发展等。评价的目的是帮助教师识别自己的优势和改进领域，从而制定个人发展计划，提升其职业素养和教学能力。根据研究结果，评价指标应更多参考五个一级维度中的成就特征和自我特质。

在西部民族地区这样的偏远地区，定向教师面临着诸多挑战和困难，如资源匮乏、交通不便、多样化的学生背景等，这些因素使得教育工作变得更加复杂和具有挑战性。在这种环境下，坚定的理想信念对于西部民族地区定向教师来说具有重要的意义，它能够为他们提供持久的动力，让他们在艰苦的条件下持续投入教育事业，并充分发挥其教育使命。

本研究发现，具备优秀教学胜任力的西部民族地区定向教师有着对自我的积极肯定态度，能从个人教育教学中获得成就感、荣誉感与自豪感，从而更为坚定地投入教育事业。更为重要的是，坚定的理想信念能够为教师提供持久的内在动力。在西部民族地区这样的环境中，外部的奖励和激励可能有限，而内在的动力才是教师长期投入教育事业的关键。拥有坚定的理想信念意味着教师内心深处有一股强大的动力驱使着他们，让他们愿意付出持续的努力和时间，去追求教育的目标，去影响学生的成长。在西部民族地区这样的特殊环境下，坚定的理想信念是定向教师不断进步和发展的重要保障，也是教育事业蓬勃发展的不竭动力。在实际的教育教学工作中，有必要帮助定向教师深刻理解自己的教育使命，明确教育的价值和意义。通过培训、研讨会等方式，引导定向教师深入思考自己为何选择在西部民族地区从事教育工作，以及对学生成长的影响。这有助于激发教师内心的理想信念，让他们深知自己的使命。向教师展示一些在西部民族地区取得优异成绩的教育者的先进事迹，让定向教师看到成功的可能性和影响力。这些榜样可以激励教师效仿，坚信自己的努力能够取得积极的成果。帮助定向教师定期进行自我反思，审视自己的教育实践和成果，更清晰地看到自己的成长和进步，增强个人的信心和信念。

明晰的职业发展路径可以让定向教师清楚地知道自己目前所处的位置和未来的发展方向，这能够激发教师内心的动力和目标感，使他们更有动力去追求自身的职业发展。可以为定向教师的发展提供个人成长规划建议，让教师了解从新手教师到专家教师的成长阶段，根据发展路径上的不同阶段设定适合自己的学习和发展计划，有针对性地参与培训、学习和实践，提升自己的能力和素质。当定向教师能够看到自己在职业发展路径上的进步和成就时，会获得满足感和成就感，从而激发更多的积极性和投入度。西部民族地区教育的高质量发展，首先是高素质的教师队伍的建设与稳定，明晰的职业发展路径可以帮助西部民族地区定向教师更好地规划未来，有助于他们更稳定地留在农牧地区从事教育工作，在知道自己可以在职业生涯中不断进步和发展时，更有可能坚守岗位，为农牧地区的教育事业做出贡献。

在实际的教育教学工作开展中，可以为定向教师提供一个清晰的职业发展框架，将定向教师的职业发展划分为不同的阶段，明确每个阶段的职业目标、所需能力和素质。这可以为定向教师提供一个整体的职业发展蓝图，让他们清楚自己的发展方向。与培养单位、用人单位、政府部门联合设立专门的教师发展规划咨询服务，建立西部民族地区定向教师与有丰富经验的专家或高级教师之间的导师制度，为新手教师提供指导，帮助他们了解职业发展的可能性，并分享自己的经验和教训，为西部民族地区定向教师提供个性化的发展规划指导。组织有针对性的教师发展培训课程，帮助定向教师了解不同阶段的职业发展要求和路径，这些课程可以涵盖未来教师发展规划、定向教师卓越能力提升、教学方法、学习方法等内容，让定向教师掌握实用的发展技能。鼓励西部民族地区定向教师参与学术研究和项目实践，拓宽自己的教育视野和职业发展机会。这不仅可以提升他们的专业水平，还可以为职业发展路径提供更多可能性。联合当地政府部门及用人单位设立定向教师奖励机制，对在职业发展中表现出色的西部民族地区定向教师进行认可和奖励，比如可以组织各种形式的课程整合、跨学科教学等针对性较强的教学实践类、教学设计类竞赛活动。

第二，涉及教学质量提升的目标。

评价的焦点是定向教师的教学实践，更多地体现为五个一级维度中的教学特征，如课堂管理、教学方法、课程设计、学生评估等。通过评价，旨在提高教师的教学效果，创造更佳的学习环境，从而提升整体教学质量。

在西部民族地区定向教师的教学质量提升评价中，课堂管理不仅包括维持良好的学习秩序，还涉及如何激发学生的学习兴趣和创造积极互动的学习环境。在这一评价过程中，课堂观察成为关键的方法，通过实地观察教师的课堂管理策略和学生互动情况，可以直观地了解教师的教学效果。教学方法的评估涉及教师如何运用多样化、创新的教学策略提高学生的参与度和学习效率。课程设计方面的评价则侧重于教师是否能根据学生的实际需求和地区特色合理安排教学内容，同时运用学科融合等创新教学模式。教师的学情分析能力包括对学生学习进度的把握、对学生理解难点的准确识别以及基于这些信息调整教学计划的能力。定向教师本土化教学资源的开发能力则重点考查教师如何利用当地文化和资源丰富教学内容，使教学更贴近学生的实际生活和文化背景。

第三，涉及西部民族地区定向教师发展评估的目标。

定期对西部民族地区定向教师的发展进行评估，帮助他们了解自己的进展情况。评估结果可以为教师提供参考，帮助他们调整和优化自己的发展计划。这些评估可以包括教学表现评估、教育教学知识评估、学生发展指导评估、多学科教学能力评估、教育技术应用评估、综合胜任力评估、自我评估等。通过对这些内容的定期评估，可以帮助西部民族地区定向教师全面了解自己的教学和发展情况，发现自身的优势和不足，制定有针对性的发展计划，促进个人的职业成长和提升。同时，这也有助于学校和教育机构更好地了解教师的需求，提供精准的培训和支持，进一步提升整个教育体系的质量。

在具体实施过程中，为避免将定向教师框定得过于死板，针对西部民族地区定向教师发展评估的具体操作和实施方式需要灵活和有针对性。第一，进行多维度评估。评估可以采用多维度的方式，综合考虑定向教师的教学能力、专业素养、教育技术应用、学生关怀等方面，不仅关注学术知识，而且关注教育情感和职业发展规划等维度。第二，采取多种评估方法。包括课堂观察、教学设计分析、学生问卷调查、教师自我评估和反思、同行评价等。通过多角度的评估方法，可以更全面地了解定向教师的表现。第三，制定个性化发展计划。基于评估结果，制定个性化的发展计划，根据定向教师的优势和需求，提供有针对性的培训和支持。每位教师的发展计划可以因人而异，避免将教师框定得过于死板。第四，兼具灵活性和包容性。评估和发展计划应当具有一定的灵活性和包容性，允许定向教师在不同阶段有不同的发展重点和目标。第五，给予学校支持。学校可以为定向教师提供充足的发展资源，包括培训课程、研讨会、教育技术支持等，鼓励教师积极参与评估和发展计划，营造一个积极的发展氛围。评估西部民族地区定向教师的发展应当注重多样性、个性化和灵活性，旨在帮助教师实现更好的职业成长，而不是将他们框定在死板的评估标准中，这样可以更好地满足西部民族地区教育的特殊需求，促进教师的积极发展。

本章小结

西部边远的农牧地区通常面临教育资源匮乏的情况，学校条件相对简陋。定向教师不仅要具备多学科教学能力，还需要具备创新能力和资源整合能力。本章结合之前研究，从加强西部民族地区定向教师需求方与培养方之间的深度合作与对话，制定有针对性的培训方案方面提出了适合的方案。

第七章 研究总结与展望

课题研究围绕西部民族地区定向教师教学胜任力模型构建，采用实证研究和理论研究相结合的研究方法，以西部定向教师、卓越教师、定向全科在岗教师且就职于西部民族地区的定向教师为研究对象，分析西部民族地区定向教师的教学胜任现状、问题及原因，结合实际，提出了适合西部民族地区定向教师的教学胜任模型。

一、研究总结与回顾

采用经典建模方法——行为事件分析法（Behavioral Event Interview，BEI）、文献法、修正的任务分析法、处境分析法、德尔菲法（专家调查法）、问卷法、观察法以使研究更准确与科学。研究结合行为事件访谈法，进行开放的行为回顾式探察。本研究共访谈定向教师 20 人，其中包括工作于农牧区的定向教师 10 人、工作于牧区的定向教师 10 人，根据教师对教育教学事件详细完整的描述，深入了解他们在实际情况下的行为和反应，从而更准确地预测他们在未来类似情境中的表现。将访谈录音进行转录之后，用主题识别的方式进行标记，并从中抽取、提炼出行为指标，获得定向教师教学胜任力特征，建立定向教师教学胜任力模型，避免了抽象的理论假设，使评估过程更科学和可靠。使用修正的任务分析法对传统任务分析法进行改进和修正，确定教学胜任特征在工作中的优先级和权重，并进行数据分析，比较差异形成对结果的修正。使用德尔菲法（专家调查法）进行反馈匿名函询，收集和测量定向教师的观点、态度、意见、行为和胜任特征等信息时使用了问卷法。预测试中共发放问卷 220 份，收回有效问卷 200 份，回收率为 91%，正式施测中共发放问卷 1 300 份，收回有效问卷 1 204 份，回收率为 92.6%。被试教师来自西藏自治区、甘肃天祝藏族自治县、陕西省、宁夏回族自治区、青海黄南藏族自治州、玉树藏族自治州、海北藏族自治州、海南藏族自治州、海西蒙古族藏族自治州、黄南藏族自治州。为深入探查西部民族地区定向教师在实际场域中的真实工作状态、生活状态与行为状态，研究还采用了观察法，用于收集和记录定向教师日常生活工作环境及教育教学中的实际行为和情况。通过直接观察和记录教师在特定情境中的行为和反应，以获取准确、客观的数据。比如在进行农牧区定向教师日常生活场域观察中，捕捉其细节变化与行为，及时记录并进行数据的补充，在实际观察中要尽量客观记录，以保证数据的真实性。

通过调查及数据分析，得到西部民族地区定向教师教学基准性胜任力及鉴别性胜任力，参考基准性胜任力特征和鉴别性胜任力特征，从个体因素与组织因素着手，探寻胜任力的差异根源。层层凝练定向教师教学胜任力模型，结合德尔菲问询结果及试测结果对模型进行修正，形成西部民族地区教师教学胜任力模型，对胜任力模型进行验证与结果分析，提出西部民族地区教师教学胜任力提升策略与建议。

二、结论与对策

（一）形成定向教师教学基准性胜任力特征和鉴别性胜任力特征

根据访谈数据 T 检验结果，找出西部民族地区教师教学胜任力特征差异具有显著性的特征，结合《西部民族地区教师教学胜任力特征核检表》频次统计表中的统计数据，将部分核检表中的特征进行合并，析出西部民族地区定向教师教学胜任力主观诉求中的胜任基准性特征和鉴别性特征（表 7-1）。

表 7-1　西部民族地区定向教师教学胜任基准性特征和鉴别性特征

组别	胜任特征			
优秀定向教师胜任特征	综合实践能力	教学问题解决能力	教学探索创新	学习能力
	国家通用语言文字与民族地区语言运用能力		（特定地域）学生发展知识	
	教学适应能力	跨学科教学能力	知识整合能力	共情能力
	教学坚守	经验互递	多学科教学	强健体魄
	本土化教学资源开发		设计实施能力	
定向教师共有胜任特征	教学理念	教师责任感	教学组织与实施	沟通与合作
	教育教学知识	多学科知识	自我控制	条理性
	信息素养	公平公正	健康知识＋基本运动技能	
	学情分析	教学筹划	教师效能	乐于奉献
	教学反思	西部民族地域性知识	情感投入	

基准性胜任特征，又称为共性胜任特征，是指定向教师在一般性教学工作中所必备的、通用的胜任特征。本研究中的基准性特征是指定向教师在教育教学工作中所具备的共同素质特征，是定向教师成为合格教育者的基础和前提。只有具备了这些通用的素质，定向教师才能在各种教育环境下胜任工作，提供高质量的教育服务，促进学生的全面发展。基准性胜任特征是定向教师专业成长的坚实基础，是其能够不断进步和成长为优秀的教育者的起始条件。鉴别性胜任特征，也称为个性化胜任特征，指的是教师在特定教学背景和学校环境下所需要具备的个性化、适应性较强的胜任特征。本研究中的鉴别性胜任特征是指在青海农牧地区工作中，用于甄别出优秀定向教师的高级别胜任特征，这些特征是区分优秀定向教师与普通定向教师的关键因素，属于甄别、区分性胜任特征。

（二）构建西部民族地区定向教师教学胜任力模型

通过前期对国家政策文本、地方政策文本、行为事件访谈综合提取要素，构建了西部民族地区定向教师教学胜任力结构与要素，根据初步构建的胜任力结构要素编制了西部民族地区定向教师教学胜任力问卷。经过两轮的德尔菲专家问询，针对专家质疑的胜任要素进行了斟酌取舍，最终形成了基于思想道德、广博学识、卓越能力、自我特质、驱动力五个一级维度和 42 个二级要素构成的西部民族地区定向教师教学胜任力结构与要素（表 7－2）。

表 7－2　西部民族地区定向教师教学胜任力模型

胜任力一级要素	胜任力二级要素
A 知识特征	A1 教育教学知识、A2 心理学知识、A3 通识性知识、A4 多学科知识、A5（西部民族地区）学生发展知识、A6 西部民族地域性知识、A7 多民族文化知识、A8 信息素养
B 技能特征	B1 综合实践能力、B2 跨学科教学能力、B3 知识整合能力、B4 综合分析与多维评价能力、B5 国家通用语言文字应用与民族地区语言交互能力、B6 健康知识＋基本运动技能、B7 教学问题解决能力、B8 教学探索创新、B9 教学资源开发
C 教学特征	C1 教学筹划、C2 教学理念、C3 多学科教学设计与实施能力、C4 学情分析、C5 教学管理、C6 教学反思、C7 教学共情、C8 经验互递、C9 条理性、C10 教学期望、C11 协同教学、C12 教学共同体意识
D 成就特征	D1 教师效能、D2 教学坚守、D3 教学影响力、D4 从教信念、D5 扎根意愿
E 自我特质	E1 发展能力、E2 契约精神、E3 自我控制、E4 公平公正、E5 人际理解、E6 宽容、E7 耐心、E8 强健体魄

（三）形成西部民族地区定向教师教学胜任力测查工具量表

形成西部民族地区定向教师教学胜任力测查工具量表。根据定向教师教学胜任力结构与要素编制西部民族地区定向教师教学胜任力问卷并进行预测和正式施测两轮实证检验。得出西部民族地区定向教师教学胜任力问卷整体 *Cronbach's Alpha* 和折半系数均在 0.921 以上，五个一级维度的 *Cronbach's Alpha* 在 0.919 以上，五个维度的折半系数在 0.875 以上，问卷的整体自评具有较高的内部一致性。各个维度的信度表现也较为良好。信度指标表明各个维度的问卷在内部一致性方面表现良好，能够可靠地测量西部民族地区定向教师在不同维度上的胜任力。

从胜任力一级维度的五个指标来看，西部民族地区定向教师知识特征、技能特征得分最高，其次为教学特征，成就特征与自我特质再次之。在问卷设计中，将教师分为优秀组与普通组，在胜任要素中，优秀组的胜任力均高于普通组，模型具备鉴别功能。42 个胜任要素中有 16 个要素能区分出优秀组与普通组，这 16 个胜任要素分别为教学探索创新、学习能力、综合实践能力、教学问题解决能力、西部民族地区学生发展知识、共情能力、国家通用语言文字与民族地区语言运用能力、适应能力、跨学科教学能力、多学科设计与教学能力、知识整合能力、教学坚守、多样文化教学经验互递、强健体魄、教学影响力、本土化教学资源开发，印证了本研究建构的西部民族地区教师胜任力指标具有较好的信度与效度。

（四）进行西部民族地区定向教师教学胜任力问卷测试

预测问卷的信度与效度呈现度均在理想结果之上，扩大测定范围进行农牧区定向教师教学胜任力的测定。正式测试中共发放问卷 1 300 份，收回有效问卷 1 204 份，回收率为 92.6%，被试教师来自西藏、甘肃、陕西、宁夏、青海。

西部民族地区定向教师教学胜任力问卷整体 *Cronbach's Alpha* 和折半系数均在 0.921 以上，五个一级维度的 *Cronbach's Alpha* 在 0.919 以上，五个维度的折半系数在 0.875 以上，问卷的整体自评具有较高的内部一致性。问卷整体的高信度表现表明该问卷在评估西部民族地区定向教师的胜任力时，具有较高的测量可靠性。信度指标表明各个维度的问卷在内部一致性方面表现良好，能够可靠地测量西部民族地区定向教师在不同维度上的胜任力。本研究数据显示问卷一级维度的相关系数在 0.700～

0.950之间，在 $P<0.01$ 置信水平上显著相关，在正式测试中，结构效度良好。

观察相关系数的数值大小，可以发现问卷整体与成就特征之间的相关性系数最高，为0.950。这意味着在评估中，问卷整体得分与成就特征得分之间的线性关系最为显著。相比之下，问卷整体与教学特征之间的相关性系数为0.933，稍低于问卷整体与成就特征之间的相关性。而问卷整体与知识特征、技能特征、自我特质之间的相关性系数也较高，分别为0.838、0.897和0.914。另外，数据中的相关性系数均在 $P<0.01$ 的水平上显著。这表示不同维度之间的相关性不太可能是由于随机因素引起的，而是具有一定的统计意义和实际意义。这一点进一步加强了各个维度之间相关性的可靠性。

综合而言，西部民族地区定向教师教学胜任力问卷的五个维度（知识特征、技能特征、教学特征、成就特征、自我特质）之间存在着较为强烈的正向线性相关关系。这意味着在评估西部民族地区定向教师教学胜任力时，各个维度之间的得分变化是相互协调的，定向教师在一个维度上的表现往往与其他维度也有类似的得分表现。这对于教育管理部门和教师培训机构在制定培训和提升计划时具有重要的参考价值，可以有针对性地促进教师在不同维度上的综合素质的提升，以推动西部民族地区教育事业的进一步发展。

（五）西部民族地区定向教师教学胜任力研究结果

1. 定向教师教学胜任力的总体现状

根据对1 204名西部民族地区定向教师的问卷统计，定向教师教学胜任力总评分为4.26分，自评分数整体较高，西部民族地区定向教师群体对自身的教学胜任力持肯定态度。其原因包括西部民族地区的定向教师为“定向招生、定向培养、定向就业”的特殊培养模式，往往接受过专业的教师培训，这些培训旨在提升他们的教学技能和知识。由于定向教师的选拔和培训通常较为严格，这使得他们在专业知识和教学技能方面具有较高的自信。定向教师在培养过程中注重实践经验与实地经验的累积，培养前期“见习、实习、研习、顶岗支教”方式的实战策略，提升了定向教师在西部民族地区就职时的备用教学经验。这些实践经验不仅提高了他们的教学能力，也增强了他们对自己教学能力的信心。

西部民族地区的定向教师通常对当地的文化和语言有深入的了解，能够更好地适应当地的教育环境。他们的文化敏感性使得教学内容和方法更加符合学生的文化背景和需求，从而提高教学的吸引力和有效性。掌握当地语言是进行有效教学和学生互动的关键。定向教师能使用学生的母语进行教学，这不仅有助于更好地解释和阐述教学内容，也能增强师生间的情感联系，使学生感到更加舒适和受尊重。文化和语言的优势使得他们在进行教学活动时更为得心应手，能够更有效地与学生沟通和互动。

从胜任力的五个维度来看，知识特征、技能特征得分最高，教学特征、成就特征次之，自我特质认可度相对较低，五个维度呈现出一定的特点和趋势。知识特征和技能特征得分最高，这点可以从定向教师定向培养的特殊方式中找到解释，定向教师在职前和职后培训中，往往会着重于知识和技能的培养。知识特征和技能特征涉及教学技能、课堂管理等实际操作能力，对定向教师的评估和考核体系更侧重于知识和技能方面的考察。例如，对于定向教师的教育教学知识和教学方法等方面可能有更详细、更严格的评价标准，这会导致在这些维度上得分较高，另外这些方面也是教师教育和培训的核心内容，因此在评估中得分较高。此外，技能特征的高得分反映了定向教师这个群体注重努力追求专业技能，以满足西部民族地区学生多样化学习需求的决心。这种情况下，定向教师不仅要具备丰富的知识储备，还要通过不断学习来适应不断变化的教育环境。

教学特征和成就特征在得分上次之。西部民族地区的定向教师不仅是知识的传递者，还承担着文化传承和融合的重要角色。在教学特征方面，他们需要适应多样化的文化背景和不同的学生需求，这要求他们在教学设计、教学实施和课堂管理上具有较高的灵活性和创新性。然而，由于教育资源限制、地区特性和专业培训的局限性，这些能力的培养和实践可能不如知识和技能那样得到充分的发展，导致定向教师在教学特征方面的得分相对较低。另外，在西部民族地区，社区和家庭在教育教学中扮演着重要角色，社区的参与和支持可以促进学生学习效果的提升，反过来也提高教师效能。然而，如果社区和家庭参与不足，可能会限制定向教师在这些方面的表现。

自我特质认可度相对较低。虽然定向教师来自当地，但这并不意味着他们能够完全适应或满足当地教育环境的所有要求。自我特质如发展能力、契约精神、自我控制、公平公正和强健体魄等，受到多种因素的影响，包括教育体系内的挑战、社会经济环境、个人心理状态和职业发展路径等。在教育体系内，西部民族地区可能面临着教育资源的不均等分配问题。资源的稀缺不仅限于物质层面（如教学设施、学习材料），也包括专业发展机会、教育培训和学术支持等。这种资源的有限性可能直接影响定向教师的发展能力，限制他们在教学技能和知识方面的提升，从而影响他们对自身能力的认可和自信。再者，西部民族地区的社会经济环境对定向教师的自我特质认可也有重要影响。经济条件相对落后的地区可能给定向教师带来额外的经济压力，这不仅影响他们的生活质量，也可能导致工作动力和教育热情的下降。此外，社会经济环境的限制可能导致教育成效不如预期，这反过来会影响定向教师的自我效能感和职业满意度。定向教师的个人心理状态也是一个不容忽视的因素。长期面对教育资源的不足和社会经济的限制，可能导致他们感到挫败或无力。这种心理状态可能影响他们的自我控制、公平公正的态度以及对职业的热情。特别是在较为封闭的西部民族地区，社会支持系统的不完善可能加剧了这种心理压力。此外，职业发展路径对定向教师的自我特质认可也有深远影响。在西部民族地区，教师的职业晋升和发展机会可能相对有限。这种局限性不仅影响他们的职业规划，也可能导致他们在职业成就和个人价值实现上感到受限。职业发展的不确定性和局限性可能导致教师对自己的未来缺乏信心，从而影响他们对自身特质的认可。最后，需要考虑的是西部民族地区的社会文化背景。尽管定向教师来自当地，但他们仍然需要在保持个人文化特色和适应现代教育要求之间找到平衡。这种文化和教育的双重压力可能对他们的自我认同和自我特质的认可产生影响。他们可能在维持传统文化价值观和适应现代教育模式之间感到挣扎，这种挣扎可能影响他们的契约精神和自我效能感。

从西部民族地区定向教师教学胜任力二级维度的 42 个要素来看，得分前六的要素为综合实践能力、多样文化教学经验互递、教育教学知识、跨学科教学、（西部地区）学生发展知识、多民族文化知识，得分排名后五的特征分别是教学期望、心理学知识、条理性、自我控制、本土化教学资源开发。

得分前六的要素涵盖了西部民族地区定向教师实践素养、专业知识、人文素质等多个方面。综合实践能力、经验互递、教育教学知识等要素强调了定向教师在实际教学中所需的专业知识和能力。综合实践能力和（西部地区）学生发展知识凸显了定向教师需要关注不同地区学生的个性化需求，注重全面发展。多民族文化知识的重要性反映了西部多民族地区实际教育教学的多样性，处于农牧区多民族地区的定向教师需要了解不同民族的文化背景，以更好地进行教学。

得分排名后五的特征（教学期望、心理学知识、条理性、自我控制、本土化教学资源开发）可以从定向教师的综合素质和专业发展角度进行解读。跨学科教学要求定向教师在不同学科领域进行教学，需要具备较强的综合素质，能够将不同学科的知识进行整合。受民族地区经济发展及生活习俗的影响，多数定向教师工作地点在当地的寄宿制学校，这些学校从一年级起学生便开始寄宿学习。低龄寄宿、长时间与跨空间距离的特点，要求定向教师更好地了解寄宿制学生的心理需求与寄宿教学理念，更好地引导学生的学习、成长和发展。条理性和自我控制则强调了定向教师在教学过程中需要冷静、理智地做出判断和控制情绪，以保证教学质量。本土化教学资源开发则凸显了定向教师需要善于在资源匮乏的环境中发现和应用一切有利于教学及工作的各种资源，以提升学生的学习效果。显然，从这一方面来考虑，定向教师在职前的培养中还存在着不足与可提升的空间。

2. 不同性别、学校类别、教龄的农牧区定向教师教学胜任力水平

本研究发现，不同性别、学校类别、教龄的农牧区定向教师在胜任力水平上存在差异。

首先，不同性别的农牧区定向教师在胜任力水平上存在差异。男女教师在影响力、沟通方式、情感表达等方面存在不同，在胜任力的表现方面有所区别。例如，女性教师在尊重他人、情感投入、共情能力方面更为突出，而男性教师在组织管理、问题解决能力等方面表现较好。

其次，不同学校类别的农牧区定向教师的胜任力水平也存在差异。寄宿制学校与走读制学校在教育资源、学生群体、教学环境等方面的客观条件，影响着定向教师的胜任力表现。例如，寄宿制学校的定向教师在组织管理、特定区域学生发展知识、关怀理解学生等方面具备较强的能力，而农区走读制小学的定向教师在多学科设计与教学能力方面更为突出。

最后，不同教龄的农牧区定向教师在胜任力水平上也呈现出一定差异。由于定向教师的培养年限并不长，参考教师专业发展理论及定向教师的实际工作情况，按照1～2年、3～5年、6～10年、11年以上进行了教龄划分[①]，其中教龄为6～10年的教师积累了丰富的教学经验和专业知识，从而在问题解决、教育教学中表现出更高的胜任力。而教龄较短的教师则更加注重学习能力与探索创新，通过不断提升自身能力来提高胜任力。教龄为3～5年的教师则在条理性、时间管理、善于利用周围资源方面呈现出良好的胜任力。

3. 不同绩效水平农牧区定向教师教学胜任力差异比较

在测试时，将曾经获得过国家级、省级、州县区（乡）级优秀教师、教学能手及教学名师荣誉称号的西部民族地区定向教师归为高绩效组，其他教师为普通组，其中优秀教师578名，普通教师626名。本研究得到了两个不同组别在不同维度项目上的均值和标准差，以及计算得出的t值。在知识特征这一项目中，优秀组的均值为4.42，而普通组的均值为4.31。在技能特征、教学特征、成就特征、自我特质等项目中，同样也可以看到优秀组在均值上均优于普通组，这表明优秀组在多个维度上的绩效得分较高。标准差则提供了绩效得分在各组内部分散程度的信息。在大多数项目中，两个组别的标准差相对较接近，这意味着绩效得分的变化在两个组内部的分散程度相似，这可能与定向教师最低学历为专科或本科有关。t值是用来判断两组均值之间差异是否显著的统计指标，本研究的t值超过了显著性水平，优秀组和普通组的绩效差异是显著的，且差异程度较高。具体来说，在教学特征、成就特征和自我特质等维度上，优秀组的绩效明显优于普通组，且差异在统计上是显著的（$P<0.01$）。这意味着在西部民族地区定向教师的优秀组与普通组的绩效比较中，优秀组在多个维度上表现出明显的优势，尤其在教学特征、成就特征和自我特质等方面，其差异在统计上是显著的。

在42个二级要素中，16个教学胜任要素体现出显著的差异，从另一

---

① Brookfield S D. Becoming a Critically Reflective Teacher [M]. San Francisco: Jossey-Bass, 1995.

个方面也说明构建的西部民族地区定向教师教学胜任力模型可以很好地鉴别优秀组与普通组。其中存在显著差异的是教学探索创新、学习能力、综合实践能力、教学问题解决能力、西部地区学生发展知识、教学共情、国家通用语言文字与民族地区语言教学交互能力、多样化学情分析、跨学科教学能力、多学科设计与教学能力、知识整合能力、教学坚守、多样文化教学经验互递、身心健康与体能维护、教学影响力、本土化教学资源开发，与之前在定向教师关键事件访谈中提取到的鉴别性胜任力特征形成了互证。

（六）提出西部民族地区定向教师教学胜任力提升路径

1. 加强西部民族地区定向教师需求方与培养方之间的深度合作与对话

（1）精准培养匹配需求。精准培养匹配需求，指的是在定向教师培养过程中，根据西部民族地区的实际需求和特点，有针对性地开展培养活动，以确保培养出的定向教师能够真正满足西部民族地区教育实际。这一理念强调将定向教师培养与实际教学工作紧密结合，使培养过程更具有针对性、实用性和效果性。

（2）协同探索定向教师教育合作共同体。农牧区教育面临着独特的生存与学习环境，包括学校分布分散、资源匮乏、师资不足等问题，这使得定向教师在教育实践中需要面对更多的挑战。培养单位与当地政府、学校协同构建定向教师教育合作共同体，能共同探索有效的教育模式和方法，在定向教师培养过程中分享教师培养经验、教学经验，共同解决教育难题，促进定向教师之间的交流与合作，还可以促进不同学校、不同地区之间的合作与资源共享。这有助于充分利用有限的教育资源，提高资源利用效率，实现优势互补，为农牧区学生提供更全面、优质的教育服务，提高农牧区教育的质量和效果。

2. 制定农牧区定向教师针对性培训方案

农牧区的地理、人口特点、学生群体特点、文化传统、学生成长背景、教育环境与城市地区存在显著差异。本研究显示，是否了解青海省省情、当地多民族文化知识、农牧区学生发展知识是鉴别农牧区优秀定向教师与普通定向教师的重要胜任特征。工作于农牧区的定向教师需要了解这些差异，才能更好地、有针对性地进行教学和教育管理。对在职定向教师进行针对性培训可以帮助定向教师更深入地了解农牧区学生的需求和特点，提升农牧区定向教师教学胜任力。结合之前的研究结果，可以制定一套针对西部民族地区定向教师教学胜任力提升的培训方案。培训目标包括“提升定向教师的教育教学水平，使其能够更好地适应农牧区教育环境的需要”“培养定向教师的跨学科教学能力，使其能够胜任多学科教学任务”“培养定向教师的问题解决能力和创新能力，使其能够灵活应对教育实践中的挑战”“增强定向教师的共情能力，使其能够更好地理解和关心农牧区学生的需求”“培养定向教师的专业成长意识，鼓励教师不断学习和提升个人教育素养”。

3. 成就定向教师卓越追求中的自我塑造

（1）涵养定向教师坚定的理想信念。在西部民族地区，定向教师面临着诸多挑战和困难，如资源匮乏、交通不便、多样化的学生背景等，这些因素使得教育工作变得更加复杂和具有挑战性。在这种环境下，坚定的理想信念对于农牧区定向教师来说具有重要的意义，它能够为他们提供持久的动力，让他们在艰苦的条件下持续投入教育事业，并充分发挥其教育使命。

（2）明晰职业发展路径。明晰的职业发展路径可以让定向教师清楚地知道自己目前所处的位置和未来的发展方向，这能够激发教师内心的动力和目标感，使他们更有动力去追求自身的职业发展。可以为定向教师的发展提供个人成长规划建议，让教师了解从新手教师到专家教师的成长阶段，根据发展路径上的不同阶段设定适合自己的学习和发展计划，有针对性地参与培训、学习和实践，提升自己的能力和素质。当定向教师能够看到自己在职业发展路径上的进步和成就时，会增强他们的满足感和成就感，从而激发更多的积极性和投入度。农牧区教育的高质量发展，首先是高素质的教师队伍的建设与稳定，明晰的职业发展路径可以帮助农牧区定向教师更好地规划未来，有助于他们更稳定地留在农牧地区从事教育工作，在知道自己可以在职业生涯中不断进步和发展时，更有可能坚守岗位，为农牧地区的教育事业做出贡献。

（3）定期开展农牧区定向教师发展评估。定期对农牧区定向教师的发展进行评估，帮助他们了解自己的发展情况。评估结果可以为教师提供参考，帮助他们调整和优化自己的发展计划。这些评估可以包括教学表现评估、教育教学知识评估、学生发展指导评估、多学科教学能力评估、教育技术应用评估、综合胜任力评估、自我评估等。通过对这些内容的定期评估，可以帮助农牧区定向教师全面了解自己的教学和发展情况，发现自身的优势和不足，制定有针对性的发展计划，促进个人的职业成长和提升。同时，这也有助于学校和教育机构更好地了解教师的需求，提供精准的培训和支持，进一步提升整个教育体系的质量。

三、改进与完善

本研究经历了三年疫情特殊时期，使课题的实际研究计划发生了变化，在研究过程中发现了新的问题，也面临着不少的挑战与困难。

一是农牧区的实地调查工作空间跨度大、耗时久，对于定向教师的全面观察与调研需要经过一个完整的周期。本研究发现牧区定向教师的工作地点海拔基本超过 3 800 米，住宿、生活条件艰苦，跟岗研究从早上6：00开始，延续到 22：30 学生安全就寝，教师基本全部在走动、讲课、备课、批改作业、辅导、处理日常与突发事件、关照学生三餐饮食、完成兼职工作等，对于研究人员来说体力是一个极大的挑战，也更能体会定向教师在访谈中提到的：从事农牧区教育教学工作的定向教师需要一个强健体魄。

二是实际研究工作的落实存在困难。在调查过程中发现，获取教育主管部门的支持是开展调查研究工作的前提。如果没有当地教育主管部门人员的支持，教师的配合程度不是太高，但如果由主管部门人员陪同调查，观察数据又会受到一定程度的人为影响，如果在开展调研过程中解决这个问题，使研究结果更为客观和科学，还要进行再思考与设计。

三是学校调查中，尽管已进行过调查的缘由解释，但涉及的教师和学校主管领导仍然会有调查焦虑，问卷真实性受到影响。如何解决这一问题也需要认真思考解决，德尔菲法的使用在实际研究中可以更为灵活，在模型生成初期、中期、末期都可以采用专家会诊、专家问询的方式进行，使研究结果更为有效。

四是在实际工作开展中，课题研究还可以再深入，特别是在调查数据统计比较分析方面，还可以与单科教师、普通教师、非师范类教师进行比较，以期获得更可靠的结论。

五是在模型调查后的一段时间，还应该进行后续的回访与数据补充，通过分析实际的实施效果，补充完善西部民族地区定向教师教学胜任力模型，使其处于更新与动态完善的过程中，扩大其使用范围。根据农牧区及边远地区教育发展的实际情况，真实掌握和了解农牧区教师新的工作与发展需求，优化和完善定向教师教学胜任力模型。

参考文献

博伊德·W，金·E，1985. 西方教育史［M］. 任宝祥、吴元训，译. 北京：人民教育出版社.

陈学恂，1986. 南洋公学章程［C］//中国近代教育史教学参考资料［M］. 北京：人民教育出版社.

陈永明，1998. 国际师范教育改革比较研究［M］. 北京：人民教育出版社.

陈永明，2003. 教师教育研究［M］. 上海：华东师范大学出版社.

陈永明，等，1999. 国际师范教育改革比较研究［M］. 北京：人民教有出版社.

成有信，1990. 十国师范教育和教师［M］. 北京：人民教有出版社.

程良宏，2017. 教学的文化实践属性研究［D］. 上海：华东师范大学.

达万吉，2013. 民族中小学双语教师质量研究［D］. 北京：中央民族大学.

邓金，1989. 培格曼最新国际教师百科全书［M］. 教育与科普研究所，编译. 北京：学苑出社.

迪安韦布，2010. 美国教育史：一场伟大的教有实验［M］. 陈露茜，等，译. 合肥：安撒教有出版社.

丁邦平，2001. 论美国教师教育的改革与创新一教师专业发展学校及对我们的启示［J］. 首都师范大学学报（社会科学版）(2).

杜威，1991. 我们怎样思维·经验与教育［M］姜文闵，译. 北京：人民教育出版社.

房敏，孙颖，吕慎敏，等，2021. 基于教学胜任力的师范生计算思维评价量表开发——以斯滕伯格成功智力理论与思维教学理论为支点的探索［J］. 电化教育研究，42（2）：112－120.

冯晖，2016. 边疆少数民族地区高校教师社会资本与教学绩效关系研究［D］. 南京：南京大学.

苟晓玲，2021. 理性观照下的教学经验研究［D］. 长沙：湖南师范大学.

顾明远，梁忠义，2000. 世界教育大系（法国教育卷）［M］. 长春：吉林教育出版社.

顾明远，1998. 教育大辞典［M］. 上海：上海教育出版社.

郝永林，2015. 研究型大学教师教学胜任力建模——基于41份文本分析的理论构建［J］. 高教探索（8）：76－81.

郝兆杰，潘林，2017. 高校教师翻转课堂教学胜任力模型构建研究——兼及“人工智能十”背景下的教学新思考［J］．远程教育杂志，35（6）：66－75．
何齐宗，康琼，2021．乡村小学教师教学胜任力的现状、问题与对策——基于江西省的调查分析［J］．中国教育学刊（3）：82－86．
何齐宗，龙润，2018．小学教师教学胜任力的调查与思考［J］．课程．教材．教法，38（7）：112－118．
何齐宗，熊思鹏，2015．高校教师教学胜任力模型构建研究［J］．高等教育研究，36（7）：60－67．
何齐宗，赵志纯，2018．高校教师教学胜任力的调查与思考［J］．中国大学教学，（7）：77－79，85．
何永贤，2019．延边地区朝鲜族幼儿教师双语教学胜任力研究［J］．东疆学刊，36（4）：91－96．
胡绪，2021．教师一般育人能力及其发展研究［D］．重庆：西南大学．
胡钰，景嘉伊，2018．基于海外实践的全球胜任力课程开发研究［J］．现代教育技术，28（8）：98－105．
黄健毅，2017．西南民族地区中小学生科学态度及其影响因素研究［D］．重庆：西南大学．
霍姆斯小组，1992．明日之教师——美国霍尔姆斯组织的报告［R］．葛正明，等，译．长春：东北师范大学出版社．
教育部师范教育司，2001．教师专业化的理论性与实践性［M］．北京：人民教育出版社．
教育部师范教育司，教育部考试中心，2011．中小学及幼儿园教师资格考试标准及大纲（适用于初级中学教师资格申请者）［M］．北京：高等教育出版社．
金忠明，2008．教师教育的历史、理论与实践［M］．上海：上海教育出版社．
靳彤，2012．学科教学胜任模型的理论建构［J］．湖南社会科学（5）：202－206．
靳希斌，2009．教师教育模式研究［M］．北京：北京师范大学出版社．
卡内基工作组，1988．国家为培养二十一世纪的教师做准备［C］//徐进，等，译．国家教育发展与政策研究中心．发达国家教育改革的动向和趋势．北京：人民教育出版社．
李虎林，唐宽晓，2022．义务教育教师工作资源对教师胜任力的影响——工作重塑的中介作用［J］．教师教育研究，34（1）：64－70．
李俐，李智元，2013．藏汉双语教师教学胜任力评价标准建构研究［J］．西藏大学学报（社会科学版），28（2）：154－157．
李三福，吴姝璇，邝娅，2015．农村中小学教师胜任特质的现状及其发展困境［J］．求索（1）：188－191．
李晔，李哲，鲁铱，等，2016．基于长期绩效的中小学教师胜任力模型［J］．教育研究与实验（2）：74－78．
李友芝，等，1983．中国近现代师范教育史资料：第1册［M］．［出版者不详］

廖宏建，张倩苇，2017. 高校教师 SPOC 混合教学胜任力模型——基于行为事件访谈研究［J］. 开放教育研究，23（5）：84－93.
林秀艳，2010. 西藏中小学汉语教学的理论与实践研究［D］. 北京：中央民族大学.
刘刚，2021. 大学教师教学学术核心能力及提升策略研究［D］. 徐州：中国矿业大学.
刘佳，2018. 中学教师影响教学有效性的能力素质与关键行为研究［D］. 上海：华东师范大学.
刘捷，谢维和，2002. 栅栏内外：中国高等师范教育百年省思［M］北京：北京师范大学出版社.
刘鹂，2013. 教师教育者教学能力研究［D］. 西安：陕西师范大学.
刘问岫，1984. 中国师范教育简史［M］. 北京：人民教育出版社.
刘问岫，1993. 当代中国师范教育［M］. 北京：教育科学出版社.
刘新阳，2016. "教师—资源"互动视角下的教师教学设计能力研究［D］. 上海：华东师范大学.
马红宇，唐汉瑛，汪熹，等，2012. 中小学教师胜任特征模型构建及其绩效预测力研究［J］. 教育研究与实验（3）：77－82.
邱燕楠，李政涛，2020. 从"在线教学胜任力"到"双线混融教学胜任力"［J］. 中国远程教育，41（7）：7－15，76.
尚晓东，沙鹏，石文典，2015. 中小学教师胜任力迫选式测验的编制及应用［J］. 心理学探新，35（5）：474－480.
盛艳燕，2017. 教师胜任力研究的取向与态势——基于核心期刊的文献计量分析［J］. 高教探索（1）：105－112.
石梦，2016. 民族教育政策执行影响因素研究［D］. 北京：中央民族大学.
宋遂周，2010. 我国民族院校人才培养模式研究［D］. 北京：中央民族大学.
孙卉，2021. 农村预备师资的心理健康教育胜任力研究［D］. 南京：南京师范大学.
孙培青，2009. 中国教育［M］. 上海：华东大学出版社.
孙亚玲，2004. 课堂教学有效性标准研究［D］. 上海：华东师范大学.
塔娜，2015. 民族小学双语教师专业发展研究［D］. 北京：中央民族大学.
陶格斯，2011. 文化差异与民族学生学业质量［D］. 北京：中央民族大学.
万川，王冠楠，2017. 基于社会性软件的农村中小学教师教学胜任力提升的实践研究［J］. 中国电化教育（3）：103－108.
万昆，饶宸瑞，饶爱京，2021. 后疫情时期何以发展教师在线教学胜任力［J］. 电化教育研究，42（8）：93－100.
王碧梅，2017. 小学科学教师课堂教学能力的评价研究［D］. 西安：陕西师范大学.
王大磊，2011. 共和国中小学教师专业发展的政策研究［D］. 上海：华东师范大学.
王文增，魏忠凤，王一鸣，2020. 胜任力对中小学体育教师专业发展的影响：职业认同和工作旺盛感的链式中介作用［J］. 中国临床心理学杂志，28（6）：1289-1292.
王宪平，2006. 课程改革视野下教师教学能力发展研究［D］. 上海：华东师范大学.
韦小满，古钦晖，任玉丹，等，2021."三区三州"小学数学教师教学胜任力研究：基于多层链式中介模型的实证分析［J］. 民族教育研究，32（5）：114-121.
吴振利，2010. 美国大学教师教学发展研究［D］. 长春：东北师范大学.
谢红雨，2016. 云南民族文化传承之区域教育路径研究［D］. 昆明：云南师范大学.
谢建，2020. 教师精准教学能力模型构建研究［D］. 长春：东北师范大学.
熊思鹏，何齐宗，2016. 高校青年教师教学胜任力的调查与思考［J］. 教育研究，37（11）：126-132.
徐继红，2013. 高校教师教学能力结构模型研究［D］. 长春：东北师范大学.
徐建平，谭小月，武琳，等，2011. 优秀中小学教师胜任特征分析［J］. 教育学报，7（1）：48-53.
徐建平，张厚粲，2006. 中小学教师胜任力模型：一项行为事件访谈研究［J］. 教育研究（1）：57-61，87.
徐洁，2015. 中学英语初任教师教学能力发展研究［D］. 重庆：西南大学.
颜正恕，2015. 高校教师慕课教学胜任力模型构建研究［J］. 开放教育研究，21（6）：104-111.
杨俐俐，2015. 少数民族地区小学生学业困难转化策略研究［D］. 北京：中央民族大学.
杨宁，2013. 师范生教育技术能力发展：目标层次、影响因素与培养策略［D］. 长春：东北师范大学.
姚利民，2004. 有效教学研究［D］. 上海：华东师范大学.
叶剑强，米帅帅，毕华林，2022. 新时代理科教师胜任力模型构建与内涵解析［J］. 教师教育研究，34（1）：71-77.
叶澜，李政涛，等，2010."新基础教育"研究史［M］. 北京：教育科学出版社.
袁磊，王冠楠，闫耀丽，2015. 社交网络促进农村中小学教师教学胜任力的模型构建［J］. 电化教育研究，36（12）：115-120.
张琳，2019. 师范生信息化教学能力培养研究［D］. 上海：华东师范大学.
赵靖茹，2012. 我国藏族的民族教育政策研究［D］. 上海：复旦大学.
赵雪晶，2014. 我国中学教师教学评价素养研究［D］. 上海：华东师范大学.
赵忠君，郑晴，2020. 智慧学习环境下高校教师胜任力关键要素识别研究［J］. 湘潭大学学报（哲学社会科学版），44（4）：118-122.
郑旭东，2019. 面向我国中小学教师的数字胜任力模型构建及应用研究［D］. 上海：华东师范大学.
周波，2019. 高校教师教学价值自觉研究［D］. 成都：四川师范大学.
周大众，2017. 文化生态视角下民族地区中小学生发展论［D］. 重庆：西南大学.

周榕，2012. 胜任力模型：高校教师远程教学能力研究的新视角［J］. 现代教育技术，22（10）：94－98.

周榕，2014. 高校教师远程教学胜任力评估体系构建——基于灰色系统方法［J］. 电化教育研究，35（4）：112－120.

周榕，2017. 高校教师远程教学胜任力培训设计模型构建——基于复杂学习的视角［J］. 电化教育研究，38（6）：116－122.

周琬謦，2017. 应用型大学教师教学能力评价体系研究［D］. 厦门：厦门大学.

朱旭东，2017. 教师资格注册与考试制度国际比较研究［M］. 北京：北京师范大学出版社.

筑波大学教育学研究会，1986. 钟启泉，译 . 现代教育学基础［M］. 上海：上海教育出版社.

［Author Vnknown］，2019. Teacher Competence in Developing Creativity Elementary School Students［J］. International Journal of Engineering and Advanced Technology，9（2）.

Abdunnazr P T，2018. Emotional Maturity and Teacher Competence among Pre－Service Teachers［J］. International Journal of Research in Social Sciences，8（12）.

Agung I，2018. Improvement of Teacher Competence and Professionalism and School Management Development in Indonesia［J］. American Journal of Educational Research，6（10）.

Blömeke Sigrid，Jentsch Armin，Ross Natalie et al，2022. Opening up the black box：Teacher competence，instructional quality，and students' learning progress［J］. Learning and Instruction，79.

Choi Mee Soon，Jo Hye Young，2020. A study on teacher competency difference perceived by teachers and learners：Focusing on S University［J］. Korean Association For Learner－Centered Curriculum And Instruction，20（2）.

Deitje Katuuk，Sjamsi Pasandaran，Recky H E，2019. Sendouw. Analysis of Elementary School Teacher Competency Based on Education Background［J］. International Journal of Recent Technology and Engineering（IJRTE），8（2s）.

Deny Setiawan，Joni Sitorus，Natsir M，2018. Inhibiting Factor of Primary School Teacher Competence in Indonesia：Pedagogic and Professionalism［J］. Asian Social Science，14（6）.

Djoy Daniel Ondang，Henny N Tambingon，Shelty D M Sumual，2019. The Effect of Time Management and Teaching Motivation on Professional Teacher Competence（Study at Junior High School Manado City，Indonesia）［J］. Journal of Education and Practice，10（21）.

Francesca Caena，Christine Redecker，2019. Aligning teacher competence frameworks to

21st century challenges: The case for the European Digital Competence Framework for Educators (Digcompedu) [J]. European Journal of Education, 54 (3).

Iskandar Agung, 2018. Improvement of Teacher Competence and Professionalism and School Management Development in Indonesia; Improvement of Teacher Competence and Professionalism and School Management Development in Indonesia; Improvement of Teacher Competence and Professionalism and School Management Development in Indonesia [J]. American Journal of Educational Research, 6 (10).

Iurii L Mosenkis, Liudmyla V Lukianyk, Oleksandr M Strokal, et al, 2020. Application of Cloud Educational Technologies for Teacher Competence Development [J]. International Journal of Learning, Teaching and Educational Research, 19 (5).

Johannes König, Daniela J Jäger Biela, Nina Glutsch, 2020. Adapting to online teaching during COVID - 19 school closure: teacher education and teacher competence effects among early career teachers in Germany [J]. European Journal of Teacher Education, 43 (4).

Kamwitha A Muthanje, Khatete I Wafula, Riechi A Rasugu, 2020. Teacher Competency on Learner Promotion in Embu County Integrated Public Primary Schools, Kenya [J]. World Journal of Education, 10 (3).

Kang Min Jung, Jin Xiao Dan, Kim Kyung Chul, 2016. An analysis of research trends of early childhood teacher competencies [J]. The Journal of Korea Open Association for Early Childhood Education, 21 (3).

Kusumaningtyas D A, Jumadi, Istiyono E, 2020. The Readiness of the Teacher Training Institution in Preparing Teacher Competencies [J]. Universal Journal of Educational Research, 8 (8).

Lai Chee Sern, Mohammed Adamu Hamisu, Kahirol Mohd Salleh Babayo Yakubu Adamu, 2019. Differences of TVET Teachers' Perceptions on Competency across Different Types of TVET Institutions in Nigeria [J]. International Journal of Recent Technology and Engineering (IJRTE), 7 (6s5).

Marco Snoek, Jurriën Dengerink, Bas de Wit, 2019. Reframing the teacher profession as a dynamic multifaceted profession: A wider perspective on teacher quality and teacher competence frameworks [J]. European Journal of Education, 54 (3).

Maritasari D B., Setyosari P, Kuswandi D, 2020. The effect of training and supervision on teacher performance through teacher competence as a mediating variable in primary schools [J]. Universal Journal of Educational Research, 8 (11 C).

McKim Aaron, Sorenson Tyson, Velez Jonathan, et al, 2017. Analyzing the Relationship between Four Teacher Competence Areas and Commitment to Teaching [J]. Journal of

Agricultural Education, 58 (4).

Meicky Shoreamanis Panggabean, Karel Karsten Himawan, 2016. The Development of Indonesian Teacher Competence Questionnaire [J]. Journal of Educational, Health and Community Psychology, 5 (2).

Muslihaza Abdul Musikin, Mohd Effendi, Ewan Mohd Matore, 2020. Issues and Recommendations on Teacher's Competency in Assessment Literacy [J]. Journal of Critical Reviews, 7 (17).

Nur Ida, Ihat Hatimah, Mustofa Kamil, et al, 2019. Andragogical Content Knowledge (ACK) Model in Improving Tutor Competence [J]. International Journal of Recent Technology and Engineering (IJRTE), 7 (6s5).

Nurdin, 2021. Demands for Early Childhood Education Teacher Competence in the Millennial Era [J]. International Journal of Sciences: Basic and Applied Research (IJSBAR), 59 (1).

Putnam Tara, Newton Maria, Brusseau Timothy, et al, 2021. The Preservice Teacher Competency Performance Scale: A Standards-Based Assessment Scale to Track Teacher Competency During a PETE Preparation Program [J]. Journal of Physical Education, Recreation & Dance, 92 (6).

Safitri, Erna Retna, Zulfiati Syahrial, et al, 2019. The Evaluation of Teacher's Competencies on Special Education Programs [J]. International Journal of Recent Technology and Engineering (IJRTE), 8 (2s9).

Sang Myong Shin, 2016. A Study on the Effects of Competency Factors of Secondary School Teachers Influencing Teacher Efficacy [J]. The Journal of Korean Teacher Education, 33 (4).

Sarwa, Aman Simaremare, Novi Indah Hasibuan, et al, 2020. Teacher readiness in accommodating the TPACK framework to meet teacher competence the 21st Century [J]. Journal of Physics Conference Series, 1511 (1).

Seonghun Kim, Yeonju Jang, Seongyune Choi, et al, 2021. Analyzing Teacher Competency with TPACK for K-12 AI Education [J]. KI-Künstliche Intelligenz, 35 (2): 139-151.

Siri Abu, Supartha I Wayan Gede, Sukaatmadja I P G, et al, 2020. Does teacher competence and commitment improve teacher's professionalism [J]. Cogent Business & Management, 7 (1).

Sulaiman J, Ismail S N, 2020. Teacher competence and 21st century skills in transformation schools 2025 (TS25) [J]. Universal Journal of Educational Research, 8 (8).

Sumaryanta, Djemari Mardapi, Sugiman, et al, 2018. Assessing Teacher Competence and

Its Follow - up to Support Professional Development Sustainability [J]. Journal of Teacher Education for Sustainability, 20 (1).

Sung Shun Weng, Yang Liu, Juan Dai, 2020. A Novel Improvement Strategy of Competency for Education for Sustainable Development (ESD) of University Teachers Based on Data Mining [J]. Sustainability, 12 (7).

Sylvia Y F Tang, Angel K Y Wong, May M H Cheng, 2016. Configuring the three - way relationship among student teachers' competence to work in schools, professional learning and teaching motivation in initial teacher education [J]. Teaching and Teacher Education, 60.

Vasileios Symeonidis, 2019. Teacher competence frameworks in Hungary: A case study on the continuum of teacher learning [J]. European Journal of Education, 54 (3).

Waluyanti Sri, Sofyan Herminarto, 2018. Tiered teacher competency qualification standards as CPD guide VHS teachers [J]. Jurnal Pendidikan Vokasi, 8 (1).

Yuliany Yuliany, 2019. The Role of Teacher Competence Testing to Increase the Learning Quality (Peran Uji Kompetensi Guru Dalam Meningkatkan Kualitas Pembelajaran) [J]. al - Afkar, 3 (1).

Zulaikha Mohamed, Martin Valcke, Bram De Wever, 2016. Are they ready to teach? Student teachers' readiness for the job with reference to teacher competence frameworks [J]. Journal of Education for Teaching, 43 (2).

附　　录

附 A

西部民族地区定向教师教学胜任力研究行为事件访谈提纲

尊敬的老师，您好！

我们正在开展有关西部民族地区定向教师教学胜任力的研究工作，访谈内容主要是围绕您工作开展中的印象深刻事件，比如让你受到鼓舞的事情，或让您感到无能为力的事情。对于您的个人信息，我们将会严格保密。

一、介绍您的基本信息、学习经历和教学生涯。

姓名：	性别：	民族：	工作年限：
年龄：	学历：	职称：	所授科目：

二、访谈问题

1. 请问您平常主要负责哪些工作？有学校里其他需要兼职的工作吗？是哪些？

2. 请描述您在工作中最成功的三件事。当时发生了什么事情？为什么会出现这样的事情？当时您是怎么想的，您打算怎么做？您实际上是怎么做的？您与哪些人一起处理这件事情？感觉如何？

3. 请描述您在工作中您自认为处理得并不成功，或自认为存在缺憾的三件事情。当时发生了什么事情？为什么会出现这样的事情？当时您是怎么想的，您打算怎么做？您实际上是怎么做的？您与哪些人一起处理这件事情？感觉如何？

4. 您认为作为一名工作在西部民族地区的定向教师需要具备什么样的素质？

5. 您认为西部民族地区的定向教师这个职业对哪些个性品质有突出

的要求？

6. 您认为在西部民族地区工作，并成为一名优秀的定向教师，应具备什么特征？您觉得自己最需要补充哪方面的知识？

感谢您能在百忙之中接受访谈。谢谢！

附 B

西部民族地区定向教师教学胜任力编码词典示例一

胜任力名称	本土化教学资源开发（Localization of Teaching Resources Competency，LTRC）
定义	根据中国西部民族地区的特定文化、历史和社会背景，开发与之相适应的教学材料和资源。这包括利用当地的民族文化遗产、自然环境、社会习俗等元素，设计出贴近学生生活实际、反映地方特色的教学内容。利用这样的本土化资源，教师能够更有效地进行教学，同时帮助学生建立对自身文化的认同感和自豪感，促进学生全面发展。
核心问题	能够有效开发和利用本土化教学资源吗？
重要性说明	在西部民族地区，使用本土化教学资源对于提高教学质量、促进学生认同和理解本土文化非常重要。对于定向培养的教师，掌握这一能力是关键，以确保他们在定向就业后能有效地融入和服务于当地教育环境。

等级	等级定义	行为描述
1级	了解本土化教学资源的基本概念	教师能够识别西部民族地区文化的基本元素，如传统节日、民族服饰或风俗习惯等，并尝试将这些元素简单地融入课堂教学中。例如，教师可能在历史或语文课上提及当地的历史故事或民间传说，但这种融合还相对表面，没有深入探讨这些元素与教学内容的深层联系。
2级	应用基本的本土化教学资源	教师开始根据西部民族地区的文化背景设计初步的教学资源。例如，在教学中使用本地民族音乐或艺术作为案例，讲解音乐或美术课程。这一级别的教师能够较好地识别并利用当地文化资源，但可能还未能全面地把这些资源融合到系统的教学设计中。
3级	系统实施本土化教学资源的开发和应用	教师能够系统地开发和应用本土化教学资源。例如，创建涵盖本地民族历史、文化和社会现象的综合教学材料，并有效地将这些材料融入不同学科的教学中。这种教学方式不仅丰富了学生的学习体验，也加深了他们对本土文化的理解和认同。
4级	深入理解并创新开发本土化教学资源	教师在本土化教学资源开发方面展现出高度的创新性和敏感性。例如，教师可能会设计跨学科的项目，让学生深入研究当地的社会问题或文化特色，并运用所学知识提出解决方案。这种教学不仅促进了学生对本土文化的深入理解，也锻炼了他们的批判性思维和创新能力。
5级	领导并推广本土化教学资源的开发和使用	教师在本土化教学资源开发方面达到专家级别，能够领导和推广这一实践。在西部民族地区，这意味着教师不仅能够创造丰富、多元的本土化教学资源，还能够指导和激励其他教师开发和应用这些资源。例如，举办工作坊或研讨会，分享成功的案例和策略，促进整个教育系统对本土化教学资源的重视和运用。
相关特征		多民族文化知识　教学理念　多学科教学设计与实施能力

附 C

西部民族地区定向教师教学胜任力编码词典示例二

胜任力名称	跨学科教学能力（Interdisciplinary Teaching Competency，ITC）
定义	指教师在教学过程中能够整合多个学科领域的知识、概念和方法，以促进学生全面理解和应用知识的能力。
核心问题	能有效地结合不同学科的知识和方法进行教学吗?
重要性说明	跨学科教学能够促进学生全面理解知识，提高创新思维和解决问题的能力。

等级	等级定义	行为描述
1级	了解跨学科教学的基本概念	教师能识别和说明不同学科间的基本联系。例如，在教授历史时，能简单提及与地理相关的内容，如地理位置对历史事件的影响。在课堂上，教师可能通过提问或简短讨论的方式，让学生思考学科间的联系，但尚未在教学计划中系统地整合这些学科内容。
2级	探索跨学科教学的基本应用	教师在课堂教学中开始尝试结合两个相关学科的概念。例如，在数学课上，教师可能会用自然科学的实例来解释数学概念，或在语文课上分析文学作品中的历史背景。这种尝试还比较初级，主要是在课堂讨论中或通过作业任务来实现学科的简单结合。
3级	系统实施跨学科教学方法	教师能设计并实施包含多个学科内容的综合教学计划。例如，在一个单元中，教师可能会结合科学、数学和语言艺术，让学生通过实验来学习科学概念，用数学技能分析实验数据，并通过写作来报告实验结果。这种跨学科教学方法能让学生从多个角度理解和应用知识，教师在此过程中扮演着积极的设计和引导角色。
4级	深入理解并创新应用跨学科教学	教师不仅能深入理解跨学科教学的理论，还能创新性地应用于教学实践。例如，可能会设计一个项目，让学生结合艺术、科学和社会学科，探索一个社会问题或科学现象。这种教学方式不仅要求学生在学科间转换思维模式，还要求他们运用批判性思维和创造性思维来解决问题。教师在这个过程中起到了整合者和启发者的角色。
5级	领导并推广跨学科教学实践	教师在跨学科教学领域达到了专家级别，能够领导和推广跨学科教学实践。例如，教师可能会参与或领导学校或区域层面的跨学科课程开发项目，指导其他教师如何实施跨学科教学。这个级别的教师通常会分享自己的经验和策略，帮助同事提高跨学科教学能力，从而影响更广泛的教育环境。
相关特征		多民族文化知识　　区域社会文化认知 多学科教学设计与实施能力　　本土化教学资源开发

附 D

西部民族地区定向教师教学胜任力编码词典示例三

胜任力名称	教学共情（Teaching Empathy，TE）
定义	指的是教师在文化多样性背景下教学过程中能够理解并感受学生的情感和思想，包括学生的学习经历、情绪状态以及个人背景。这种共情能力使教师能够更有效地与学生沟通，调整教学方法以适应学生的个别需求，从而创造一个支持性和包容性的学习环境。
核心问题	如何理解和响应学生的情感和需求？
重要性说明	在西部民族地区，教师的共情能力对于理解学生多元文化背景、促进学生的情感健康、提高学生的学习动力至关重要。对于定向培养教师，这一能力帮助他们更好地融入当地社区，满足学生的特定需求。

等级	等级定义	行为描述
1级	识别基本的学生情感和需求	教师能够识别学生的基本情感状态，如快乐、沮丧或兴奋。在课堂上，教师可能注意到学生的表情和语气，以判断他们的情绪，但可能还没有积极地响应或调整教学方法来满足学生的情感需求。例如，教师可能注意到某个学生看上去沮丧，但尚未主动询问或提供帮助。
2级	响应学生的情感和需求	教师开始在教学中响应学生的情感需求。例如，面对西部民族地区学生群体的多样性，教师可能在学生表现出挫败或困惑时提供鼓励和支持，尝试用学生更熟悉的本土语言进行解释，以减轻他们的焦虑。这一级别的教师能够在一定程度上调整自己的教学方式，以更好地满足学生的情感和文化需求。
3级	理解学生的情感背景	教师能够深入理解并考虑学生的个人和文化背景，将这种理解融入教学实践中。例如，针对西部民族地区的学生，教师可能会根据他们的家庭和社区背景选择教学材料，或在课堂讨论中引入与学生文化相关的话题。教师在课堂互动中会更加注意学生的情感反应，努力创建一个包容和理解多元文化的学习环境。
4级	有效地应用共情于教学实践	教师在共情方面表现出高度的敏感性和创造力，能够深入理解并积极响应学生的情感和文化需求。在西部民族地区，这意味着教师不仅能够识别和应对学生的个别情感反应，还能够创造性地融入本土文化元素，设计教学活动和材料，以更好地连接学生的文化身份和学习内容。例如，通过组织与本土文化相关的项目，让学生能够在学习中看到自己文化的价值和意义。
5级	领导和推广共情教学实践	教师在教学共情方面达到专家级别，能够领导和推广共情教学实践。在西部民族地区，这意味着教师不仅在自己的教学中实施高水平的共情策略，还能够指导和激励其他教师采用共情教学，特别是针对多元文化和语言环境。这个级别的教师通常会在教师培训中分享自己的经验，开展工作坊和研讨会，帮助提升整个教育体系对学生情感和文化需求的敏感性和响应能力。
相关特征		心理学知识　教学反思　人际理解

附 E

西部民族地区定向教师教学胜任力编码词典示例四

胜任力名称	人际理解（Interpersonal Understanding，IU）
定义	理解和尊重不同个体在种族、文化、性别、年龄、宗教、身份、语言、生理和心理特征等方面的差异性。这种理解是基于对人类社会多样性的深刻认识，并且能在人际交往和工作中体现出来的能力。
核心问题	教师如何理解并适应不同文化背景学生的交际方式和需要？
重要性说明	在西部民族地区，定向教师面临着文化多样性背景学生群体。有效的人际理解能力有助于建立信任和尊重，促进学生的参与和学习，具备人际理解能力对定向教师来说至关重要。

等级	等级定义	行为描述
1级	识别基本的多民族文化特征	教师能识别不同文化背景学生的基本沟通方式，如肢体语言和表情。在西部民族地区，教师可能注意到不同民族学生在交流中的特定习惯，但可能还未能有效地适应或调整自己的沟通方式来更好地与学生互动。
2级	理解不同民族文化的基本差异	教师开始尝试根据学生的文化背景调整沟通方式。例如，在与某些文化背景的学生交流时，教师可能会采取更为温和或直接的方式，以更好地与学生建立联系。这一级别的教师开始意识到并尝试适应学生的沟通需求，但可能还未能完全理解或满足这些需求。
3级	应用多民族文化知识于教学	教师能够有效地根据不同学生的文化和个人背景进行沟通。在西部民族地区，这意味着教师不仅理解不同民族学生的沟通风格，还能够根据这些风格调整教学策略和沟通方法。例如，教师可能会采用不同的提问和反馈方式，以更好地满足不同学生的沟通和学习需求。
4级	深入理解并尊重多民族文化差异	教师在人际理解方面表现出高度的敏感性和创新能力。在西部民族地区，这可能体现为教师能够创造性地设计沟通策略，以促进不同文化背景学生之间的互动。例如，教师可能会组织多元文化交流活动，让学生分享各自的文化背景，同时引导学生学会如何尊重和理解不同文化中的沟通方式。
5级	促进多民族文化的交流与融合	教师在人际理解方面达到专家级别，能够领导和推广有效的跨文化沟通实践。在西部民族地区，这意味着教师不仅在自己的教学中实施高水平的人际理解策略，还能够指导其他教师如何有效地交流。
相关特征		心理学知识　教学共情　人际理解　宽容　耐心

附 F

第一轮西部民族地区定向教师教学胜任力要素筛选专家咨询表

尊敬的专家：

您好！诚挚邀请您参与一项关于西部民族地区定向教师教学胜任力的德尔菲专家咨询问卷调查。本次调查旨在通过您的专业知识，深入探讨和评估西部民族地区教师在教学实践中所需具备的关键能力和素质，以促进该地区教育质量的提升。

本次调查问卷共分为四部分：西部民族地区定向教师教学胜任力一级要素咨询（第一部分）、二级要素咨询（第二部分）、专家基本情况调查（第三部分）以及专家自评调查（第四部分）。

基于前期文献审查、国家与地方政策分析以及行为事件访谈，归纳出了 42 个影响西部民族地区定向教师教学胜任力的因素。这些因素被组织成 5 个不同的维度，具体详情可参见附表。我们希望您能就这些维度及其包含的指标体系提供反馈和修改建议。在表格中，每个要素都配有一个五级评分系统，用于表示其重要性，其中：5 分＝最重要，4 分＝重要，3 分＝一般，2 分＝不重要，1 分＝最不重要。

请在您认为适当的评分栏内打“√”标记。如果您认为某一要素不适用于本研究，请在“修改意见”栏中注明“删除”，或提出具体修改意见。此外，若您认为还有其他要素需要增加，请在“增补要素”栏中填写。请注意，无论是修改还是增补的要素，也需要进行重要程度的评估，以确保所有要素都具备可测量性和实用性。

您的见解将为我们提供宝贵的参考和指导，帮助我们更准确地理解和定义教师在这一特殊教育环境中的教学胜任力要求。我们将根据您的反馈，对定向教师培训项目提出调整和优化建议，以更好地满足西部民族地区教育发展的需求。感谢您抽出宝贵时间参与本次调查。我们衷心期待您的宝贵意见和建议。

感谢您的支持！

第一轮西部民族地区定向教师教学胜任力一级要素咨询表（一）

二级胜任力要素	要素释义	修改意见	5分	4分	3分	2分	1分
A知识特征	定向教师在特定工作环境中所需的一般教育教学知识和理论						
B技能特征	定向教师在特定工作环境中为从事专业教学工作，完成 教育教学工作应具备的专业能力						
C教学特征	定向教师在适应多样化教学环境教学过程中所展现的一系列关键能力和行为						
D成就特征	定向教师在特定工作环境中职业生涯中的成就感和影响力，涉及教师个人对自己教学工作的满意度、对学生和社区的积极影响						
E自我特质	定向教师在特定工作环境中从事专业教育教学，完成教学计划年持有的性格、态度、价值观和其他自身条件特征						

第一轮西部民族地区定向教师教学胜任力二级要素咨询表（二）

一级要素	二级胜任要素	要素解读	修改原因	5分	4分	3分	2分	1分
A知识特征	A1教育教学知识	掌握基本的教学计划、教学设计、教学方法、学生评估、课堂管理的相关知识						
	A2心理学知识	了解教育过程中的心理现象和教育心理学理论。更注重高原儿童心理学知识						
	A3通识性知识	广泛知识和基本素养，不局限于特定领域，涵盖多方面的学科内容和人文科学知识						
	A4多学科知识	了解小学阶段内两门以上多个学科教学的广泛知识，包括语文、数学、英语、道德与法治、体育、音乐、艺术等						

（续）

一级要素	二级胜任要素	要素解读	修改原因	5分	4分	3分	2分	1分
A知识特征	A5（西部民族地区）学生发展知识	是指了解和理解西部民族地区学生的成长背景信息和发展特点，制定相应的教育计划和教学策略，以满足农牧区学生的需求以便更好地理解和支持学生的发展。 包括①了解西部民族地区文化和价值观。不同地域的文化和价值观可能会塑造学生的行为方式、社交习惯和认知模式。了解这些特点可以帮助教育者更好地理解学生，促进其全面发展；②了解西部民族地区的社会经济状况对学生发展的影响。不同地域的经济发展水平、社会资源分配等因素都会对学生的学习环境、家庭支持和机会平等产生影响。了解这些因素可以帮助全科教师制定针对性的教育措施，满足学生的需求；③了解西部民族地区的教育资源和机会分布情况。不同地域的学校设施、师资力量、教学质量等因素都会对学生的学习机会和发展产生影响。了解这些情况可以帮助定向教师合理配置资源，提供平等的教育机会						
	A6西部民族地域性知识	了解和掌握西部民族地区的情况，包括地理、历史、经济、文化、社会等方面的知识。为定向教师在西部民族地区生活、工作、学习等提供更全面的背景和参考。①地理和气候特点：了解西部民族地区的地理位置、地形地貌、气候特点等。这包括西部民族地区各省（区）的自然地理条件、山川河流、气候类型等，有助于对西部民族地区的整体环境和资源有全面的了解。②历史和文化传统：了解西部民族地区的历史沿革和文化传统。这包括西部民族地区的历史变迁、重要历史事件、文化遗产、民俗传统等，有助于对西部民族地区的文化底蕴和民族特色有深入的认识。③经济发展和						

（续）

一级要素	二级胜任要素	要素解读	修改原因	5分	4分	3分	2分	1分
A知识特征	A6 西部民族地域性知识	产业特点：了解西部民族地区的经济发展状况和产业结构。这包括西部民族地区主要经济领域、重要产业、经济特色和发展趋势等，有助于对农牧区的经济实力和发展方向有全面的了解。④教育和科研机构：了解西部民族地区的教育体系和科研机构。对教育资源和科技创新有更深入的了解						
	A7 多民族文化知识	了解和掌握西部民族地区世居多民族文化，包括这些民族的传统习俗、语言、宗教、节日、艺术等方面的知识，以支持教学工作的更好开展						
	A8 信息素养	了解和掌握与教育教学相关的计算机、网络和数字信息等相关的基础技术知识						
B技能特征	B1 综合实践能力	在实际情境中综合运用知识、技能和经验，解决问题、应对挑战的综合能力						
	B2 跨学科教学能力	在教学过程中整合不同学科领域知识的能力，通过跨学科的教学方法和策略，促进学生综合性思维、问题解决能力和学科间的交叉理解与应用						
	B3 知识整合能力	具有知识整合意识，能将从不同学科、领域或来源获取的知识进行有效整合、综合和应用的能力						
	B4 综合分析与多维评价能力	在处理问题或情况时，能够全面考虑多个方面的因素，进行深入综合分析，并对不同维度进行全面评价的能力						

（续）

一级要素	二级胜任要素	要素解读	修改原因	5分	4分	3分	2分	1分
B技能特征	B5 国家通用语言文字应用与民族地区语言教学交互能力	牢固掌握国家通用语言的基本规范、语法规则、词汇表达和语用习惯，具备听、说、读、写等多方面的语言技能和用法。掌握当地民族地区语言，能够运用正确的语言形式和语境进行交流。在开展教育教学工作中能进行语言交互，以促进知识的理解，消除与家长、他人间的沟通障碍，更好地服务于教育教学工作						
	B6 健康知识＋基本运动技能	基于农牧区全科教师工作地点的特殊性（基本在寄宿制学校），低年级学生寄宿管理中，要求全科教师必须具备基本的生活照料、心理健康、卫生常识、营养均衡、常见疾病预防和保健基础知识；基本运动技能是指掌握的一些基本的身体运动技巧和能力。这些技能包括了跑步、跳跃、投掷、接球等基本的身体动作，能够保证全科教师在体育教学中具备基本的身体协调和运动控制能力。专项运动技能是指对特定的运动项目运动规则及相关知识的初步了解。这些技能可以包括篮球、足球、乒乓球等各种不同的运动项目						
	B7 教学问题解决能力	分析、识别教学中出现的问题本质，并找出有效解决方法的核心能力。对全科教师而言更注重连锁问题、多个问题并行出现时的解决能力						
	B8 教学探索创新	定向教师在开展多学科教学、课程整合中对于教育教学新领域和未知经验的好奇心和渴望去主动了解和探索的愿望。体现了对知识和经验的渴求，以及对新事物的兴趣和开拓精神。探索欲推动个体不断积累新的知识和技能，促进个人成长和发展						
	B9 教学资源开发	面对有限资源环境时，能够充分认识和利用身边的各种资源，包括人际关系、信息、知识、技能等，以达成目标、解决问题或创造机遇的能力。以敏锐的观察力和良好的沟通能力，能够从身边的环境中发现潜在的资源，并善于运用这些资源来提升自己的效率和成功的可能性						

（续）

一级要素	二级胜任要素	要素解读	修改原因	5分	4分	3分	2分	1分
C 教学特征	C1 教学筹划	指的是教师在教学活动开始之前，对教学目标、内容、方法、评估等方面进行的系统规划和安排						
	C2 教学理念	是指教师在教育教学过程中所遵循的基本信条和价值观，这些理念指导着他们的教学行为和决策。包括对多元文化包容性的理解						
	C3 多学科教学设计与实施能力	定向教师在教学过程中具备多个学科教学设计与教学实施的能力						
	C4 学情分析	指教师对教学过程、教学内容以及学生学习情况进行系统性分析的过程。这包括对学生的学习需求、学习风格和学习效果的分析，以及对教学方法、教学策略和教学资源的评估和调整						
	C5 教学管理	指的是教师在教育教学过程中进行有效规划、组织、指导和监控等活动，以确保教学目标的顺利实现和教学质量的持续提升						
	C6 教学反思	是指教师对自己的教学实践进行深入思考和自我评估的过程。这包括对教学方法、教学内容、学生反应、教学效果以及自身教学行为的回顾和分析						
	C7 教学共情	是指能够理解和感受他人情感、体会他人感受，并能够积极关注和关心他人的能力。全科教师的工作特性决定了学生与教师有更长的相处时间、更密切的空间范围，形成对学生更为深刻的影响，共情体现出对学生及他人内心体验的共鸣和关爱，是问题解决、学生心理支持的情感智慧和人际交往的重要基础						
	C8 经验互递	面对困难、艰苦条件的环境时，教师之间相互分享和传递经验和知识的过程。包括师生、同事、学生间的直接或间接的经验互递						

（续）

一级要素	二级胜任要素	要素解读	修改原因	5分	4分	3分	2分	1分
C教学特征	C9条理性	能够全面考虑各种因素和要素，制定全面、有效的规划和方案的能力。包括对时间的管理和完成过程中条理性						
	C10教学期望	对学生未来发展的教学希望和期待的感受。是教师对未来发展、成就和生活状态的积极预期和信心						
	C11协同教学	是一种教学模式，指两位或多位教师合作，共同规划、实施和评估教学活动。在这种模式下，教师们共享责任，利用各自的专长和资源，为学生提供更加全面和多元化的学习体验。协同教学不仅可以提高教学效果，增强学生的学习动力，还能促进教师之间的专业成长和经验交流。这种教学方式特别适用于多样化的教育环境，能够更好地满足不同学生的学习需求						
	C12教学共同体意识	指的是教师认识到自己是一个更广泛教育共同体的一部分，并在这个共同体内积极参与交流、协作和共享资源的意识和态度。这种意识强调教师之间的合作、学习和支持，鼓励他们超越个人教室的界限，与同事共同探讨教育实践，共同解决教学中遇到的问题，以及共享教育理念和资源						
D成就特征	D1教师效能	教师在完成某项任务、实现目标或克服困难后所产生的满足感和自豪感，是个人动力来源						
	D2教学坚守	是一种持续不断努力，不因困难而放弃的教学执著与精神品质						
	D3教学影响力	对学生行为、态度、观点或决策产生积极影响的能力。全科教师与学生有更多空间与时间中的交集，对学生的生成具有重要影响作用，拥有影响力意味着全科教师能够通过自己的言行和行为，使学生产生积极、乐观、阳光、健康的倾向						

（续）

一级要素	二级胜任要素	要素解读	修改原因	5分	4分	3分	2分	1分
D 成就特征	D4 从教信念	愿意面对艰难教学环境，承担西部农牧区或更为边远地区学校或教学点的教育教学工作。并确保工作有质量地完成，有更为坚毅的从教意志与坚定理想信念						
	D5 扎根意愿	爱祖国、爱西部、爱家乡。热爱农牧区教育，喜欢高原的自然环境和文化特色，愿意在这个特殊的地域展开教育工作。愿意为农牧区教育事业的进步与发展贡献自己的力量，将自己的教育事业深深植根于高原地区，具有对高原教育的持久、特殊、难以割舍的情感。更注重定向教师扎根西部、扎根高原、长期从教，投身西部教育的意愿，具备奉献精神						
E 自我特质	E1 发展能力	教师不断学习、提升和拓展自身潜力和能力						
	E2 契约精神	遵守承诺、信守约定，诚实守信的价值观和态度。全科教师在接受国家公费师范生培养后，应尽力履行自己在艰苦地区任教的责任和义务，信守履行服务年限承诺						
	E3 自我控制	教师在面对冲动、与学生的冲突或情绪波动时，能够自我调节、抑制或引导行为和情绪的能力						
	E4 公平公正	对待每个学生都一视同仁，不偏袒不偏心，依据公正的标准和原则来分配教育教学资源、权利和机会，确保在学习过程中每个学生都有平等的机会和待遇						
	E5 人际理解	对他人的权利、尊严和差异持有一种积极和包容的态度，不侵犯他人的权益，尊重他人的选择、观点和个人空间						
	E6 宽容	对学生的言行、观点或行为持宽容、宽厚的态度						
	E7 耐心	教学过程中，能够对学生保持冷静、耐心、恒心，不轻易发脾气						

（续）

一级要素	二级胜任要素	要素解读	修改原因	5分	4分	3分	2分	1分
E自我特质	E8强健体魄	健康、强壮的身体素质和体力。青海农牧区全科教师的工作环境平均海拔在3 000米左右，牧区的全科教师工作环境在4 000米左右，在严峻环境中工作的全科教师不仅要承担教学工作，还要参与学生生活管理、心理疏导等各项繁多工作，健康的体魄是工作开展与扎根高原的必备条件						

第一轮西部民族地区定向教师教学胜任力专家咨询基本情况表（三）

姓名		年龄		学历	
职务或职称		教龄		联系电话	
E-mail		工作单位			

第一轮西部民族地区定向教师教学胜任力专家咨询自评表（四）

请对第一部分和第二部分中的一级要素和二级要素的判断依据、影响程度按大、中、小在相应位置打勾，熟悉程度按很熟悉、熟悉、一般、不了解、完全不了解打勾。

判断依据	影响程度		
	大	中	小
理论分析			
实践经验			
个人直觉			
相关研究参考			

咨询专家调查内容熟悉程度				
很熟悉	熟悉	一般	不了解	完全不了解

附 G

第二轮西部民族地区定向教师教学胜任力要素筛选专家咨询表

尊敬的专家：

您好！本调查表是在第一轮专家咨询基础上，经过数据分析统计，综合专家意见和本课题组讨论，修改部分一级要素、二级要素的命名与内涵基础上，制定而成。

与第一轮调查相比，调整了一级教学胜任力要素中的释义，二级教学胜任要素中，A6 省情知识调整为“区域社会文化认知”；B6 健康知识＋基本运动技能调整为“基本运动技能教学”；B9 教学资源开发调整为“本土化教学资源开发”；C4 学情分析调整为“多样化学情分析”；C5 教学管理调整为“多样文化教学管理”；C8 经验互递调整为“多样文化教学经验互递”；E8 强健体魄调整为“身心健康与体能维护”，本轮中进行了修正的要素在前添加“＊”，以示提醒。本轮专家咨询要素中标注在第一轮专家函询修改建议。

第二轮教学胜任力要素专家咨询表中共形成 5 项一级要素和 42 项二级要素，请您再次就西部民族地区定向教师教学胜任力要素进行筛选与判定，下表中各要素分别对应五个等级，程度说明为：

5 分＝最重要　4 分＝重要　3 分＝一般　2 分＝不重要　1 分＝最不重要

感谢您的支持！

第二轮西部民族地区定向教师教学胜任力一级要素咨询表（一）

二级胜任力要素	要素释义	第一轮专家函询修改建议	本轮修改意见	5分	4分	3分	2分	1分
A知识特征	定向教师在特定工作环境中所需的一般教育教学知识和理论，这一维度涵盖了教师为有效教学所需具备的核心知识体系							
B技能特征	定向教师在特定工作环境中为从事专业教学工作，完成 教育教学工作应具备的专业能力，这一维度侧重于教师在实际教学过程中所需的操作性技能和应用能力							
*C教学特征	定向教师在适应多样化教学环境教学过程中所展现的一系列关键能力和行为，这一维度强调了教师在完成教学任务、达成教学目标过程中所表现的各种能力和特质							
D成就特征	定向教师在特定工作环境中职业生涯中的成就感和影响力，涉及教师个人对自己教学工作的满意度、对学生和社区的积极影响。这一维度主要关注教师的成果和效果							
*E自我特质	定向教师在特定工作环境中从事专业教育教学，完成教学计划年持有的教师个人的品质、性格特征以及个人价值观等内在因素。这些特质对教师的教学风格、与学生和同事的互动方式，以及教育效果都有着深远的影响							

第二轮西部民族地区定向教师教学胜任力二级要素咨询表（二）

一级要素	二级胜任要素	要素解读	第一轮专家函询修改建议	本轮修改意见	5分	4分	3分	2分	1分
A知识特征	A1 教育教学知识	掌握基本的教学计划、教学设计、教学方法、学生评估、课堂管理的相关知识							
	*A2 心理学知识	指教师对于特定区域（如高原地区、民族地区）环境下学生心理特征和行为模式的了解和研究。涉及对高原地区特有的环境因素如高海拔低氧环境对学生心理健康的影响，以及民族地区文化多样性背景对学生心理发展的特殊作用的深入理解，这些知识的掌握有助于教师更好地理解和支持学生，特别是在应对学生的适应性问题、文化身份认同和情感需求方面	突出特定区域（如高原地区、民族地区）环境下学生心理特征和行为模式的了解和研究						
	A3 通识性知识	广泛知识和基本素养，不局限于特定领域，涵盖多方面的学科内容和人文科学知识							
	A4 多学科知识	了解知晓小学阶段内两门以上多个学科教学的广泛知识，包括语文、数学、英语、道德与法治、体育、音乐、艺术等							
	*A5（西部民族地区）学生发展知识	是指了解和理解西部民族地区学生的成长背景信息和发展特点，制定相应的教育计划和教学策略，以满足农牧区学生的需求以便更好地理解和支持学生的发展。 包括①了解西部民族地区文化和价值观。不同地域的文化和价值观可能会塑造学生的行为方式、社交习惯和认知模式。了解这些特点可以帮助教育者更好地理解学生，促进其全面发展；②了解西部民族地区的							

（续）

一级要素	二级胜任要素	要素解读	第一轮专家函询修改建议	本轮修改意见	5分	4分	3分	2分	1分
A知识特征	* A5（西部民族地区）学生发展知识	社会经济状况对学生发展的影响。不同地域的经济发展水平、社会资源分配等因素都会对学生的学习环境、家庭支持和机会平等产生影响。了解这些因素可以帮助全科教师制定针对性的教育措施，满足学生的需求；③了解西部民族地区的教育资源和机会分布情况。不同地域的学校设施、师资力量、教学质量等因素都会对学生的学习机会和发展产生影响。了解这些情况可以帮助定向教师合理配置资源，提供平等的教育机会	包括认识到这些地区学生可能面临的特殊挑战，如语言差异、文化差异、教育资源的限制等，以及这些因素如何影响他们的学习和个人发展						
	* A6 区域社会文化认知	了解和掌握西部民族地区的情况，包括地理、历史、经济、文化、社会等方面的知识。为定向教师在西部民族地区生活、工作、学习等提供更全面的背景和参考。①地理和气候特点：了解西部民族地区的地理位置、地形地貌、气候特点等。这包括西部民族地区各省（区）的自然地理条件、山川河流、气候类型等，有助于对西部民族地区的整体环境和资源有全面的了解。②历史和文化传统：了解西部民族地区的历史沿革和文化传统。这包括西部民族地区的历史变迁、重要历史事件、文化遗产、民俗传统等，有助于对西部民族地区的文化底蕴和民族特色有深入的认识。③经济发展和产业特点：了解西部民族地区的经济发展状况和产业结构。这包括西部民族地区主要经济领域、重要产业、经济特色和发展趋势等，有助于对农牧区的经济实力和发展方向有全面的了解。④教育和科研机构：了解西部民族地区的教育体系和科研机构。对教育资源和科技创新有更深入的了解	A6 省情知识调整为“区域社会文化认知”。 突出教师对中国西部民族地区的社会结构、文化特征、历史背景及其对教育的影响的深入了解和理解。这包括对当地社会的风俗习惯、传统价值观、社会动态以及教育体系的认识，使教师能够在这一特定文化和社会环境中更有效地进行教学和学生指导						

（续）

一级要素	二级胜任要素	要素解读	第一轮专家函询修改建议	本轮修改意见	5分	4分	3分	2分	1分
A 知识特征	A7 多民族文化知识	了解和掌握西部民族地区世居多民族文化，包括这些民族的传统习俗、语言、宗教、节日、艺术等方面的知识，以支持教学工作的更好开展							
	* A8 信息素养	了解和掌握与教育教学相关的计算机、网络和数字信息等相关的基础技术知识	包括信息获取和评估能力、信息处理和分析能力、信息应用和创新能力、数字工具和技术应用能力、信息安全和伦理意识						
B 技能特征	B1 综合实践能力	在实际情境中综合运用知识、技能和经验，解决问题、应对挑战的综合能力							
	* B2 跨学科教学能力	在教学过程中整合不同学科领域知识的能力，通过跨学科的教学方法和策略，促进学生综合性思维、问题解决能力和学科间的交叉理解与应用	能够将所学的知识和技能应用到实际情境中，灵活地运用各种资源和方法						
	B3 知识整合能力	具有知识整合意识，能将从不同学科、领域或来源获取的知识进行有效整合、综合和应用的能力							
	B4 综合分析与多维评价能力	在处理问题或情况时，能够全面考虑多个方面的因素，进行深入综合分析，并对不同维度进行全面评价的能力							

（续）

一级要素	二级胜任要素	要素解读	第一轮专家函询修改建议	本轮修改意见	5 分	4 分	3 分	2 分	1 分
B 技能特征	B5 国家通用语言文字应用与民族地区语言教学交互能力	牢固掌握国家通用语言的基本规范、语法规则、词汇表达和语用习惯，具备听、说、读、写等多方面的语言技能和用法。掌握当地民族地区语言，能够运用正确的语言形式和语境进行交流。在开展教育教学工作中能进行语言交互，以促进知识的理解，消除与家长、他人间的沟通障碍，更好地服务于教育教学工作							
	* B6 基本运动技能教学	基于农牧区全科教师工作地点的特殊性（基本在寄宿制学校），低年级学生寄宿管理中，要求全科教师必须具备基本的生活照料、心理健康、卫生常识、营养均衡、常见疾病预防和保健基础知识；基本运动技能是指掌握的一些基本的身体运动技巧和能力。这些技能包括了跑步、跳跃、投掷、接球等基本的身体动作，能够保证全科教师在体育教学中具备基本的身体协调和运动控制能力。专项运动技能是指对特定的运动项目运动规则及相关知识的初步了解。这些技能可以包括篮球、足球、乒乓球等各种不同的运动项目	B6 健康知识＋基本运动技能调整为“基本运动技能教学”						
	B7 教学问题解决能力	分析、识别教学中出现的问题本质，并找出有效解决方法的核心能力。对全科教师而言更注重连锁问题、多个问题并行出现时的解决能力							
	B8 教学探索创新	定向教师在开展多学科教学、课程整合中对于教育教学新领域和未知经验的好奇心和渴望去主动了解和探索的愿望。体现了对知识和经验的渴求，以及对新事物的兴趣和开拓精神。探索欲推动个体不断积累新的知识和技能，促进个人成长和发展							

（续）

一级要素	二级胜任要素	要素解读	第一轮专家函询修改建议	本轮修改意见	5分	4分	3分	2分	1分
B 技能特征	*B9 本土化教学资源开发	面对有限资源环境时，能够充分认识和利用身边的各种资源，包括人际关系、信息、知识、技能等，以达成目标、解决问题或创造机遇的能力。以敏锐的观察力和良好的沟通能力，能够从身边的环境中发现潜在的资源，并善于运用这些资源来提升自己的效率和成功的可能性	B9 教学资源开发调整为“本土化教学资源开发”；强调根据中国西部民族地区的特定文化、历史和社会背景，开发与之相适应的教学材料和资源。这包括利用当地的民族文化遗产、自然环境、社会习俗等元素，设计出贴近学生生活实际、反映地方特色的教学内容						
C 教学特征	C1 教学筹划	指的是教师在教学活动开始之前，对教学目标、内容、方法、评估等方面进行的系统规划和安排							
	C2 教学理念	是指教师在教育教学过程中所遵循的基本信条和价值观，这些理念指导着他们的教学行为和决策。包括对多元文化包容性的理解							
	C3 多学科教学设计与实施能力	定向教师在教学过程中具备多个学科教学设计与教学实施的能力							
	*C4 多样化学情分析	指教师对教学过程、教学内容以及学生学习情况进行系统性分析的过程。这包括对学生的学习需求、学习风格和学习效果的分析，以及对教学方法、教学策略和教学资源的评估和调整	C4 学情分析调整为“多样化学情分析”；强调在多样文化背景对学生学习情况的分析；强调基于学生多样性的个性化教学设计						

（续）

一级要素	二级胜任要素	要素解读	第一轮专家函询修改建议	本轮修改意见	5分	4分	3分	2分	1分
C教学特征	*C5 多样文化教学管理	指的是教师在教育教学过程中进行有效规划、组织、指导和监控等活动，以确保教学目标的顺利实现和教学质量的持续提升	C5 教学管理调整为“多样文化教学管理”；强调教师在文化多样性背景下，有效地组织、协调和管理教学活动的能力						
	C6 教学反思	是指教师对自己的教学实践进行深入思考和自我评估的过程。这包括对教学方法、教学内容、学生反应、教学效果以及自身教学行为的回顾和分析							
	C7 教学共情	是指能够理解和感受他人情感、体会他人感受，并能够积极关注和关心他人的能力。全科教师的工作特性决定了学生与教师有更长的相处时间、更密切的空间范围，形成对学生更为深刻的影响，共情体现出对学生及他人内心体验的共鸣和关爱，是问题解决、学生心理支持的情感智慧和人际交往的重要基础							
	*C8 多样文化教学经验互递	面对困难、艰苦条件的环境时，教师之间相互分享和传递经验和知识的过程。包括师生、同事、学生间的直接或间接的经验互递	C8 经验互递调整为“多样文化教学经验互递”；指的是在文化多样性教育环境中，教师之间相互分享和交流各自在不同文化背景下的教学经验、策略和见解。这种互递不仅增进了教师对不同文化理解的深度和广度，也促进了教学方法的创新和多样性，帮助教师更好地应对文化多样性带来的教学挑战						

（续）

一级要素	二级胜任要素	要素解读	第一轮专家函询修改建议	本轮修改意见	5分	4分	3分	2分	1分
C 教学特征	C9 条理性	能够全面考虑各种因素和要素，制定全面、有效的规划和方案的能力。包括对时间的管理和完成过程中条理性							
	C10 教学期望	对学生未来发展的教学希望和期待的感受。是教师对未来发展、成就和生活状态的积极预期和信心							
	*C11 协同教学	是一种教学模式，指两位或多位教师合作，共同规划、实施和评估教学活动。在这种模式下，教师们共享责任，利用各自的专长和资源，为学生提供更加全面和多元化的学习体验。协同教学不仅可以提高教学效果，增强学生的学习动力，还能促进教师之间的专业成长和经验交流。这种教学方式特别适用于多样化的教育环境，能够更好地满足不同学生的学习需求	*C11 协同教学指的是在包含多种文化背景的教育环境中，教师之间通过合作和共享资源，共同设计和实施教学活动。这种协作方式强调在教学策略、内容和方法上融入文化多样性的元素，以适应不同文化背景学生的需求，促进文化理解和尊重，以及提高教学效果						
	C12 教学共同体意识	指的是教师认识到自己是一个更广泛教育共同体的一部分，并在这个共同体内积极参与交流、协作和共享资源的意识和态度。这种意识强调教师之间的合作、学习和支持，鼓励他们超越个人教室的界限，与同事共同探讨教育实践，共同解决教学中遇到的问题，以及共享教育理念和资源							

（续）

一级要素	二级胜任要素	要素解读	第一轮专家函询修改建议	本轮修改意见	5分	4分	3分	2分	1分
D成就特征	D1 教师效能	教师在完成某项任务、实现目标或克服困难后所产生的满足感和自豪感，是个人动力来源							
	D2 教学坚守	是一种持续不断努力，不因困难而放弃的教学执著与精神品质							
	D3 教学影响力	对学生行为、态度、观点或决策产生积极影响的能力。全科教师与学生有更多空间与时间中的交集，对学生的生成具有重要影响作用，拥有影响力意味着全科教师能够通过自己的言行和行为，使学生产生积极、乐观、阳光、健康的倾向							
	*D4 从教信念	愿意面对艰难教学环境，承担西部农牧区或更为边远地区学校或教学点的教育教学工作。并确保工作有质量地完成，有更为坚毅的从教意志与坚定理想信念	深知农牧区学生面临的特殊环境和挑战，愿意投身到这个特殊的教育领域；对农牧区的文化、习俗和传统有深入了解，并重视在教育过程中传承和弘扬优秀传统文化及特色；努力寻找适合农牧区学生的教学方法和资源，充分发掘学生的潜力和特长，为他们提供与农牧区实际情况相适应的教育内容和体验；深知农牧区教育对于地方经济发展和社会进步的重要性，愿意承担起这份责任，为农牧区学生的成长和未来奉献自己的智慧和力量；积极参与农牧区的教育改革和发展						

（续）

一级要素	二级胜任要素	要素解读	第一轮专家函询修改建议	本轮修改意见	5分	4分	3分	2分	1分
D成就特征	*D5 扎根意愿	爱祖国、爱西部、爱家乡。热爱农牧区教育，喜欢高原的自然环境和文化特色，愿意在这个特殊的地域展开教育工作。愿意为农牧区教育事业的进步与发展贡献自己的力量，将自己的教育事业深深植根于高原地区，具有对高原教育的持久、特殊、难以割舍的情感。更注重定向教师扎根西部、扎根高原、长期从教，投身西部教育的意愿，具备奉献精神	*D5 扎根意愿指对自己的家乡地区有深厚的情感和热爱。持有对家乡的土地、人民、文化和历史的情感认同和关怀。对于长期在特定教育环境（如西部民族地区）从事教学工作的愿望和决心						
E自我特质	E1 发展能力	教师不断学习、提升和拓展自身潜力和能力							
	E2 契约精神	遵守承诺、信守约定，诚实守信的价值观和态度。全科教师在接受国家公费师范生培养后，应尽力履行自己在艰苦地区任教的责任和义务，信守履行服务年限承诺							
	E3 自我控制	教师在面对冲动、与学生的冲突或情绪波动时，能够自我调节、抑制或引导行为和情绪的能力							
	*E4 公平公正	对待每个学生都一视同仁，不偏袒不偏心，依据公正的标准和原则来分配教育教学资源、权利和机会，确保在学习过程中每个学生都有平等的机会和待遇	强调文化多样性下的教育公平						

（续）

一级要素	二级胜任要素	要素解读	第一轮专家函询修改建议	本轮修改意见	5 分	4 分	3 分	2 分	1 分
E 自我特质	* E5 人际理解	对他人的权利、尊严和差异持有一种积极和包容的态度，不侵犯他人的权益，尊重他人的选择、观点和个人空间	理解和尊重不同个体在种族、文化、性别、年龄、宗教、身份、语言、生理和心理特征等方面的差异性。这种理解是基于对人类社会多样性的深刻认识，并且能在人际交往和工作中体现出来的能力						
	E6 宽容	对学生的言行、观点或行为持宽容、宽厚的态度							
	E7 耐心	教学过程中，能够对学生保持冷静、耐心、恒心，不轻易发脾气							
	* E8 身心健康与体能维护	健康、强壮的身体素质和体力。大部分西部农牧区定向教师的工作环境平均海拔在 3 000 米，牧区的定向教师工作环境在 4 000 米左右，在严峻环境中工作的全科教师不仅要承担教学工作，还要参与学生生活管理、心理疏导等各项繁多工作，健康的体魄是工作开展与扎根高原的必备条件	E8 强健体魄调整为“身心健康与体能维护”，对于定向教师而言，工作环境存在挑战（如高海拔带来的氧气稀薄、生活条件相对落后、工作压力大等），保持良好的身体健康和心理状态对于他们有效履行教职工作至关重要						

第二轮西部民族地区定向教师教学胜任力专家咨询基本情况表（三）

姓名		年龄		学历	
职务或职称		教龄		联系电话	
E - mail		工作单位			

第二轮西部民族地区定向教师教学胜任力专家咨询自评表（四）

请对第一部分和第二部分中的一级要素和二级要素的判断依据、影响程度按大、中、小在相应位置打勾，熟悉程度按很熟悉、熟悉、一般、不了解、完全不了解打勾。

判断依据	影响程度		
	大	中	小
理论分析			
实践经验			
个人直觉			
相关研究参考			

咨询专家调查内容熟悉程度				
很熟悉	熟悉	一般	不了解	完全不了解

附 H

西部民族地区定向教师教学胜任力调查问卷

尊敬的老师：

您好！这是一份用于评价西部民族地区定向教师教学工作表现的问卷。问卷分两部分，第一部分有关您的个人信息，第二部分是包含 42 项工作行为描述的问题，完成本问卷大约需要 15 分钟。您的参与对我们研究至关重要，请您根据真实情况在相应选项打勾，各个选项的意思为：

1 表示“完全不符合” 2 表示“基本不符合” 3 表示“不确定”

4 表示“基本符合” 5 表示“完全符合”

感谢您的合作！

第一部分：基本信息

1. 您的性别：A. 男 B. 女

2. 您的民族：A. 汉族 B. 回族 C. 藏族 D. 撒拉族 E. 蒙古族 F. 土族 E. 其他

3. 您的教龄：A. 1～2 年 B. 3～5 年 C. 6～10 年 D. 15 年以上

4. 您所教授的学段：A. 幼儿园 B. 小学 C. 中学

5. 您的职称：A. 未评级 B. 初级 C. 中级 D. 高级

6. 您所在学校区域：A. 城区 B. 农区 C. 牧区 D. 农牧区

7. 您所在学校类型：A. 走读学校 B. 寄宿制学校 C. 寄宿制，部分走读

8. 是否为省、市、区、州、国家级骨干教师/特级教师/教学能手/优秀教师/模范教师？

A. 是 B. 否

9. 学校及其他教师对您的教学评分为：

A. 95 分以上 B. 85～94 分 C. 61～84 分 D. 60 分以下

10. 您对自己的整体评分为：

A. 95 分以上 B. 85～94 分 C. 61～84 分 D. 60 分以下

第二部分：教学胜任力自评部分

1. 教育教学知识：教育教学知识是指教育工作者所需的关于教育和教学过程的专业知识，包括教育理论和原理、课程设计和教学方法、教育技术和资源利用、班级管理和师生关系、评估和反馈。

1 2 3 4 5（下略）

2. 心理学知识：是指教师对于特定区域（如高原地区、民族地区）环境下学生心理特征和行为模式的了解和研究。涉及对高原地区特有的环境因素如高海拔低氧环境对学生心理健康的影响，以及民族地区文化多样性背景对学生心理发展的特殊作用的深入理解，这些知识的掌握有助于教师更好地理解和支持学生，特别是在应对学生的适应性问题、文化身份认同和情感需求方面。

3. 通识性知识：通识性知识是指涵盖广泛领域的综合性知识，它超越学科的界限，涵盖人文、社会科学、自然科学等多个领域的基本概念、原理和理论。

4. 多学科知识：教师掌握并能够融合运用来自不同学科领域的知识，以促进学生全面发展的能力。这不仅涉及对自己专业领域的深入理解，还包括对其他领域知识的基本掌握和应用。

5. （西部民族地区）**学生发展知识：**指教师对西部民族地区学生的成长背景、心理发展、学习特点以及文化身份的深入理解。这包括认识到这些地区学生可能面临的特殊挑战，如语言差异、文化差异、教育资源的限制等，以及这些因素如何影响他们的学习和个人发展。

6. 区域社会文化认知：指的是教师对中国西部民族地区的社会结构、文化特征、历史背景及其对教育的影响的深入了解和理解。这包括对当地社会的风俗习惯、传统价值观、社会动态以及教育体系的认识，使教师能够在这一特定文化和社会环境中更有效地进行教学和学生指导。

7. 多民族文化知识：指教师对中国西部地区不同民族文化的深入理解和认识，包括各民族的历史、传统、价值观、社会习俗和教育观念。这一知识使教师能够在多元文化背景下进行敏感且有效的教学，促进不同文化背景学生之间的理解和尊重，为促进文化多样性和融合提供支持。

8. 信息素养：信息获取、处理和应用方面的能力，涵盖了有效地利用信息和数字技术的能力。包括信息获取和评估能力、信息处理和分析能力、信息应用和创新能力、数字工具和技术应用能力、信息安全和伦理意识。

9. 综合实践能力：指具备全面培养学生的知识、技能、情感和品德的能力。通过学科知识和教学技能、心理管理、人际交往、德育和综合评价等方面的能力，综合思维和创新能力，能够综合考虑多个因素和角度，能够将所学的知识和技能应用到实际情境中，灵活地运用各种资源和方法，做出全面和有效的决策，有效地解决复杂问题的能力。

10. 跨学科教学能力：指教师在教学过程中能够整合多个学科领域的知识、概念和方法，以促进学生全面理解和应用知识的能力。

11. 知识整合能力：将来自不同学科的知识和概念进行连接和融合，发现它们之间的关联和相互作用。他们能够超越学科的界限，将不同领域的知识有机地结合起来，形成综合性的认知和理解。

12. 综合分析与多维评价能力：指的是教师在教学过程中综合运用各种信息和数据，从多个角度对教学效果、学生表现和学习进度进行分析和评估的能力。这不仅包括学术成绩的评估，还涉及对学生的能力发展、态度、行为等方面的全面考量。

13. 国家通用语言文字应用与民族地区语言交互教学能力：牢固掌握国家通用语言的基本规范和用法，了解国家通用语言的语法规则、词汇表达和语用习惯，能够运用正确的语言形式和语境进行交流。具备听、说、读、写等多方面的语言技能，能够流利地进行听说读写的活动。并能使用民族地区语言是。能够流利、准确地在两种语言环境中进行口头和书面交流，能够自如地阅读、理解和运用两种语言的词汇、语法、语调和语用规则，有效地表达自己的想法和意见。能够在教学中灵活运用两种语言进行教学和教学指导的能力。

14. 基本运动技能教学：是教师教授学生基础体育运动技能的能力，如跑步、跳跃、投掷、平衡等。

15. 教学问题解决能力：是教师在教学过程中遇到各种挑战或困难时，能够有效识别、分析问题，并采取合适的策略和方法来解决这些问题的能力。这包括对课堂管理问题、学生学习障碍、教学资源限制等情况的应对，以及能够灵活调整教学计划和方法，确保教学目标的顺利实现。

16. 教学探索创新：指教师在教学和教育实践中具备提出创新想法、

方法和教学策略的能力。

17. 本土化教学资源开发：根据中国西部民族地区的特定文化、历史和社会背景，开发与之相适应的教学材料和资源。这包括利用当地的民族文化遗产、自然环境、社会习俗等元素，设计出贴近学生生活实际、反映地方特色的教学内容。通过这样的本土化资源，教师能够更有效地进行教学，同时帮助学生建立对自身文化的认同感和自豪感，促进学生全面发展。

18. 教学筹划：指的是教师在教学活动开始之前，对教学目标、内容、方法、评估等方面进行的系统规划和安排。

19. 教学理念：是指教师在教育教学过程中所遵循的基本信条和价值观，这些理念指导着他们的教学行为和决策。包括对多元文化包容性的理解。

20. 多学科教学设计与实施能力：设计并实施富有创新性和互动性的教学活动的能力。这包括将不同学科的概念和技能融合到课程中，创造跨学科学习环境，促进学生全面思维的发展，并有效实施这些教学计划，以适应多元化的学习需求和教育目标。

21. 多样化学情分析：是指教师对学生在知识水平、学习能力、文化背景、个人兴趣等方面的多样性进行深入理解和综合评估的能力。这包括识别和适应不同学生的学习需求，以及根据这些多样化的学情来调整教学方法和策略，以实现更高效和包容的教学效果。强调基于学生多样性的个性化教学设计。

22. 多样文化教学管理：是指教师在文化多样性背景下，有效地组织、协调和管理教学活动的能力。这涉及对不同文化背景学生的包容、理解以及在教学策略、课堂互动和学习评估中考虑文化多样性。目的是创造一个促进文化交流与尊重、满足所有学生学习需求的教学环境。

23. 教学反思：对自己的教学行为、教育实践和学生学习情况进行深入思考和评估的能力，以改进教学方法和策略，提升教学效果和学生学习成果，获得洞察力和改进的机会。包括教师反思文化差异对教学的影响。

24. 教学共情：指的是教师在文化多样性背景下教学过程中能够理解并感同身受学生的情感和思想，包括学生的学习经历、情绪状态以及个人背景。这种共情能力使教师能够更有效地与学生沟通，调整教学方法以适应学生的个别需求，从而创造一个支持性和包容性的学习环境。

25. 多样文化教学经验互递：指的是在文化多样性教育环境中，教师之间相互分享和交流各自在不同文化背景下的教学经验、策略和见解。这种互递不仅增进了教师对不同文化理解的深度和广度，也促进了教学方法的创新和多样性，帮助教师更好地应对文化多样性带来的教学挑战。

26. 条理性：指的是教师在教学计划、课堂组织、思维表达以及教学活动中展现出的清晰、有序和逻辑性。这包括能够系统地规划教学内容，合理安排课堂流程，以及在教学交流中清楚、连贯地表达思想，从而使学生能够更好地理解和吸收教学内容。

27. 教学期望：指的是教师对学生学习成果和发展潜力的预期，这些期望反映了教师对学生能力的信心和支持。它包括对学生在学业成绩、思维能力、行为表现等方面的正面预测，以及通过高期望激励学生达到更高的学习目标。教师的这种积极期待对学生的自我认知、动机和学习成效具有重要影响。

28. 协同教学：指的是在包含多种文化背景的教育环境中，教师之间通过合作和共享资源，共同设计和实施教学活动。这种协作方式强调在教学策略、内容和方法上融入文化多样性的元素，以适应不同文化背景学生的需求，促进文化理解和尊重，以及提高教学效果。

29. 教学共同体意识：指的是教师认识到自己是一个更广泛教育共同体的一部分，这个共同体包括同事、学生、家长以及更大的社会环境。教师不仅关注个人的教学活动，还积极参与和贡献于共同体内的合作、交流和发展活动，共同促进教育的质量和效果。这种意识有助于建立支持性的教育环境，鼓励知识分享和团队合作。

30. 教师效能：指的是教师对自身教学能力的信心和自信。这包括教师对于能够有效促进学生学习、管理课堂和应对教学挑战的自我评估和信念。具有高教师效能的教师通常更能积极应对教育中的困难，创新教学方法，并在教学实践中取得更好的成效。

31. 教学坚守：坚定不移是指在面对挑战和困难时，保持坚守初心、坚定的信念和决心，在工作岗位上坚定地履行职责，恪尽职守，不轻易放弃，坚守自己的信念和原则。具有面对逆境和困难时的韧性和毅力，保持乐观和积极的态度，坚持不懈地追求目标。

32. 教学影响力： 指的是教师在教学过程中对学生学习、思维方式和价值观产生积极影响的能力。这包括通过高质量的教学实践激发学生的兴趣和学习热情，引导学生形成正确的学习态度和价值观念，以及在学生的个人成长和发展方面产生长远的正面效果。

33. 从教信念： 深知农牧区学生面临的特殊环境和挑战，愿意投身到这个特殊的教育领域；对农牧区的文化、习俗和传统有深入了解，并重视在教育过程中传承和弘扬优秀传统文化及特色；努力寻找适合农牧区学生的教学方法和资源，充分发掘学生的潜力和特长，为他们提供与农牧区实际情况相适应的教育内容和体验；深知农牧区教育对于地方经济发展和社会进步的重要性，愿意承担起这份责任，为农牧区学生的成长和未来奉献自己的智慧和力量；积极参与农牧区的教育改革和发展。

34. 扎根意愿： 指对自己的家乡地区有深厚的情感和热爱。保持对家乡的土地、人民、文化和历史的情感认同和关怀。对于长期在特定教育环境（如西部民族地区）从事教学工作的愿望和决心。这包括教师对于当地社区的投入、对教育事业的热忱，以及愿意在这一领域深耕细作、持续贡献自己的专业技能和知识。扎根意愿体现了教师对教育事业的承诺和对于服务地区社区的责任感。

35. 发展能力： 在职业发展过程中不断提升自身的专业素养、教学技能、领导力、完善自我的能力。

36. 契约精神： 根据培养、就业约定，自觉履行教师的职责和义务，以诚实、守信、尽责的态度去履行承诺，不违背承诺，坚守自己的承诺和责任。在行为和言辞中保持真实、恪守承诺，履行责任。

37. 自我控制： 个人管理和调节自己的情绪、思想和行为的能力。这种能力使人能够在面对诱惑、挑战或压力时保持自律，做出理智和合适的反应。强调在文化多样性背景下的自我调节和适应能力。

38. 公平公正： 是指教师在教学过程中坚持平等对待每一位学生，无论其背景、能力或特征。这涵盖了在评估、资源分配、机会提供以及对待学生的行为上都保持一视同仁的原则，强调文化多样性下的教育公平。

39. 人际理解： 理解和尊重不同个体在种族、文化、性别、年龄、宗教、身份、语言、生理和心理特征等方面的差异性。这种理解是基于对人类社会多样性的深刻认识，并且能在人际交往和工作中体现出来的能力。

40. 宽容：“宽容”指的是教师在教学和人际交往中表现出的理解、接纳和尊重不同个体差异（如学生的文化背景、学习能力、行为特点等）的态度。

41. 耐心：指的是教师在教学过程中展现出的对学生学习节奏、能力差异的理解和接纳，以及在面对学生的问题和挑战时保持冷静和持续支持的态度。强调在跨文化教学环境中应对学习差异和文化冲突的耐心。

42. 身心健康与体能维护：对于定向教师而言，工作环境存在挑战（如高海拔带来的氧气稀薄、生活条件相对落后、工作压力大等），保持良好的身体健康和心理状态对于他们有效履行教职工作至关重要。强调教师自身需要保持良好的身心状态，以便更有效地履行教学职责，为学生树立积极健康的榜样。

附 I

西部民族地区定向教师教学胜任特征核检表

性别：□男　□女　　　任教学段：□幼儿园　□小学　□中学

培养方式：□定向培养　□非定向培养

请您浏览下面列举的各项胜任特征，然后在您认为教师教学工作中最重要的胜任特征前面的方框内打“√”号。“√”的数量为10～15个。

□公平性	□客观性	□适应性
□“多语言交互”教学能力	□反思能力	□毅力
□批判性思维	□创造性	□敏感性
□上进心	□尊敬他人	□应对挑战
□分析性思维	□主动性	□注重质量
□组织管理能力	□长期从教	□坚定不移
□个人影响力	□技术专长	□团队协作
□灵活性	□自信	□信念
□自我控制与管理	□信息收集	□共情能力
□领导能力	□成就动机	□概念性思维
□承诺	□安全意识	□甘于奉献
□冒险性	□责任心	□坚持性
□服务意识	□关注秩序	□正直诚实
□计划性	□自我学习	□沟通技能
□专业知识	□效率感	□自我评价
□抓住机遇	□热情	□稳定的情绪
□期望感	□创建信任感	□艺术感
□宽容性	□承受力	□特定地域学生发展知识
□谈判能力	□跨学科综合能力	□选择性

□推理能力	□跨文化理解	□决策能力
□解释信息的能力	□理解能力	□明确的发展目标
□遵守规则	□本土教学资源开发能力	□活力

图书在版编目（CIP）数据

西部民族地区定向教师教学胜任力研究 / 马文姝著.
北京 ：中国农业出版社，2025. 4. -- ISBN 978-7-109
-33195-2

Ⅰ. G625.1

中国国家版本馆 CIP 数据核字第 2025T8W256 号

西部民族地区定向教师教学胜任力研究
XIBU MINZU DIQU DINGXIANG JIAOSHI JIAOXUE SHENGRENLI YANJIU

中国农业出版社出版
地址：北京市朝阳区麦子店街 18 号楼
邮编：100125
责任编辑：边 疆
版式设计：小荷博睿　　责任校对：周丽芳
印刷：中农印务有限公司
版次：2025 年 4 月第 1 版
印次：2025 年 4 月北京第 1 次印刷
发行：新华书店北京发行所
开本：700mm×1000mm　1/16
印张：18.5
字数：300 千字
定价：88.00 元